Stephan Marks

Warum folgten sie Hitler?

Stephan Marks

Warum folgten sie Hitler?

Die Psychologie des Nationalsozialismus

Unter Mitarbeit von Heidi Mönnich-Marks

Patmos Verlag

VERLAGSGRUPPE PATMOS

PATMOS
ESCHBACH
GRÜNEWALD
THORBECKE
SCHWABEN
VER SACRUM

Die Verlagsgruppe
mit Sinn für das Leben

MIX
Papier | Fördert gute Waldnutzung
FSC® C014496

Die Verlagsgruppe Patmos ist sich ihrer Verantwortung gegenüber unserer Umwelt bewusst. Wir folgen dem Prinzip der Nachhaltigkeit und streben den Einklang von wirtschaftlicher Entwicklung, sozialer Sicherheit und Erhaltung unserer natürlichen Lebensgrundlagen an. Näheres zur Nachhaltigkeitsstrategie der Verlagsgruppe Patmos auf unserer Website www.verlagsgruppe-patmos.de/nachhaltig-gut-leben
Übereinstimmend mit der EU-Verordnung zur allgemeinen Produktsicherheit (GPSR) stellen wir sicher, dass unsere Produkte die Sicherheitsstandards erfüllen. Näheres dazu auf unserer Website www.verlagsgruppe-patmos.de/produktsicherheit. Bei Fragen zur Produktsicherheit wenden Sie sich bitte an produktsicherheit@verlagsgruppe-patmos.de

Bibliografische Information der Deutschen Nationalbibliothek
Die Deutsche Nationalbibliothek verzeichnet diese Publikation in der Deutschen Nationalbibliografie; detaillierte bibliografische Daten sind im Internet über http://dnb.d-nb.de abrufbar.

7. Auflage 2025

Verlagsgruppe Patmos in der Schwabenverlag AG, Senefelderstr. 12, 73760 Ostfildern
www.patmos.de

Umschlaggestaltung: Finken & Bumiller, Stuttgart
Umschlagmotiv: © Library of Congress / Getty Images
Druck: GGP Media GmbH, Pößneck
Hergestellt in Deutschland
ISBN 978-3-8436-0053-8

Ich danke der Ertomis Stiftung herzlich für die Begleitung
und Finanzierung des Forschungsprojekts
»Geschichte und Erinnerung«.

Inhalt

Dank

Ich danke Etta Mittelsten Scheid und der Ertomis Stiftung für die Begleitung und Finanzierung des Forschungsprojekts »Geschichte und Erinnerung«, auf dessen Ergebnissen dieses Buch aufbaut.

Ich danke den Mitarbeiterinnen und Mitarbeitern des Forschungsprojekts für ihre engagierte und fruchtbare Zusammenarbeit: Jürgen Sehrig, Johannes Höchner, Simone Adams, Jutta Heppekausen, Doris Läer, Margrit Kambach, Hildegard Wenzler-Cremer, Annette Krings und – vor allem – meiner Frau, Heidi Mönnich-Marks: Ihr verdanke ich die wesentlichen Ideen zur Methode und zur tiefenpsychologischen Dimension der nachfolgend vorgestellten Thesen. Ohne sie wären dieses Projekt und diese Buchveröffentlichung nicht möglich gewesen. In unzähligen Gesprächen konnten wir die aufgetretenen Gegenübertragungen durcharbeiten und die Konsequenzen für die Psychologie des Nationalsozialismus diskutieren. Darüber hinaus versorgte sie mich mit vielen relevanten Literaturhinweisen und mit zahlreichen Rückmeldungen über das Manuskript. Vor allem gab sie mir die emotionale Unterstützung, ohne die diese Arbeit nicht hätte wachsen können.

Ich danke Erika Kittler und Ludwig Brüggeman für ihre supervisorische Begleitung des Projekts.

Ich danke den Interviewpartnerinnen und -partnern für ihre Bereitschaft zum Gespräch.

Ich danke Herbert Uhl für die Unterstützung und Begleitung unserer Arbeit. Mein Dank gilt auch Christoph Steinebach, Werner Nickolai, Detlef Vogel und Wilhelm Schwendemann für die konstruktive Zusammenarbeit sowie ihre Rückmeldungen und Beiträge im hochschulübergreifenden Forschungskolloquium.

Ich danke Anja Schüler für das Sekretariat und die Verschriftlichung der Interviews. Ich danke Peter Niemann, Dagmar, Werner Nagel, Dorothy Lander, Gundolf Trost, Günther Walz, Klaus-Peter Haupt, Herta Kromer-Bückle, Georg Wagensommer, Wolfgang Roth, Werner Geigges, Jim Martin, Carin Lehmann, Jörg Vollmer, Ilany Kogan, Peter Riedesser, Hannelore Türk, Claudia Eck, Elke Juvenal, Ruth Hornscheid, Melanie Peine, Gabriele Fritzsche, Petra Glünking, Silke Scheer, Susanne Kraft, Eva Maria Glück, Tobias Bade und Gwendolyn Körner.

Und ich bedanke mich bei Christiane Neuen vom Patmos Verlag für ihre Unterstützung dieses Buchprojekts und ihre freundliche, kompetente und geduldige Lektorierung des Manuskripts.

Seit der Erstveröffentlichung dieses Buches 2007 erscheint es mir nach wie vor dringend notwendig (wie ich im Kapitel »Schlussfolgerungen«, begründe), den Schulunterricht zum Thema Nationalsozialismus, insbesondere den Einsatz auditiver bzw. audiovisueller Medien, zu überdenken. Auch die Differenzierung zwischen Gedenken und Erinnern, die ja beide häufig verwechselt werden, ist überfällig. Soweit die schlechten Nachrichten.

Die gute Nachricht: Aufgrund der Reaktionen vieler Leserinnen und Leser dieses Buches und der Teilnehmenden meiner zahlreichen Seminare, Vorträge und Weiterbildungen habe ich den Eindruck, dass die Bereitschaft wächst, sich offen mit der Scham über die dunklen Kapitel der deutschen Geschichte auseinanderzusetzen. Angesichts der überragenden Bedeutung unbewusster Schamgefühle für die Entstehung des Nationalsozialismus und des heutigen Rechtsextremismus (wie in Kapitel 3 ausgeführt) ist dies Anlass zur Hoffnung. Daher freue ich mich sehr über die überarbeitete Neuausgabe dieses Buches.

Stephan Marks
Freiburg, April 2011

Einleitung: Aus der Geschichte lernen?

Wozu dieses Buch? Wozu noch eine weitere Veröffentlichung über den Nationalsozialismus?

Mit diesem Buch verfolge ich zwei Absichten. Zum einen möchte ich zu einem tieferen Verständnis des »Dritten Reiches« beitragen – wobei *verstehen* nicht mit *rechtfertigen* zu verwechseln ist. Die These, dass wir den Rechtsextremismus nur dann wirkungsvoll bekämpfen können, wenn wir ihn verstehen, wurde schon vielfach vertreten – etwa von Erich Fromm in seinem Buch *Die Furcht vor der Freiheit.* Darin warf Fromm schon im Jahr 1941 eine Frage auf, die bis heute nur unzureichend beantwortet ist: Wie ist die »Anziehungskraft« zu erklären, die der Nationalsozialismus auf seine Anhänger ausübt(e)? Ohne befriedigende Antworten auf diese Frage besteht wenig Hoffnung, dem Neonazismus wirksam entgegentreten zu können. Dies zeigt auch die seit Jahrzehnten anhaltende, geradezu sprichwörtliche »Hilflosigkeit des Antifaschismus«, die Wolfgang Fritz Haug schon 1970 benannte.

Zum anderen möchte ich mit diesem Buch versuchen, der heutigen Beschäftigung der Deutschen mit dem Nationalsozialismus eine konstruktive Wendung zu geben. Was damit gemeint ist, möchte ich anhand der beiden Forderungen, »*über* die Geschichte zu lernen« und »*aus* der Geschichte zu lernen«, veranschaulichen:

Lernen kann ja in verschiedenen Formen und unterschiedlich »tief« geschehen. Wir sprechen z. B. vom Lernen *über* Australien, wenn wir etwas kognitiv über ein Objekt lernen, das von der oder dem Lernenden durchaus weit weg sein kann (wie z. B. Australien) und die Person des Lernenden kaum berührt.

Wir sprechen aber vom Lernen *aus* einem Fehler, wenn das Zu-Lernende unmittelbar mit uns selbst zu tun hat. Etwa, wenn ich jemandem gegenüber schuldhaft gehandelt habe: Zuallererst ist es notwendig, dass ich meine Schuld erkenne, sie annehme und bereue und mich mit meinen Motiven auseinandersetze. Dann gestehe ich dem Geschädigten gegenüber meine Schuld ein, bitte ihn um Vergebung und biete Wiedergutmachung an. Wenn der Geschädigte mir Vergebung gewährt, ist es an mir, diese anzunehmen. Erst dann können wir unsere Beziehung in konstruktiver Weise fortsetzen, erst dann kann *Neues* zwischen uns entstehen. Durch dieses Durcharbeiten meiner Schuld werde ich in einem tieferen Sinne verändert, sodass ich mich in einer ähnlichen Situation künftig humaner verhalten werde. Dies ist gemeint, wenn wir vom Lernen *aus* einem Fehler sprechen.

Was bedeuten diese zwei verschiedenen Arten des Lernens in Bezug auf unseren Umgang mit dem Nationalsozialismus? Die bundesrepublikanische Gesellschaft hat sich in den vergangenen Jahrzehnten in anerkennenswerter Weise mit dem Nationalsozialismus und Holocaust beschäftigt. Viele Bundesbürger haben sich dafür eingesetzt, dass Orte geschaffen wurden, um der Opfer zu gedenken. Das Geschehene wurde detailliert geschichtswissenschaftlich erforscht, und an unseren Schulen werden viele Informationen über den Nationalsozialismus vermittelt: Fakten, Daten, Namen, Zahlen, Wissen über Strukturen und Zusammenhänge des NS-Systems sowie über die Leidensgeschichte der Opfer. Es ist viel Lernen *über* die Geschichte, und dies ist auch notwendig und unverzichtbar.

Wie aber steht es mit dem Lernen *aus* dieser Geschichte? Können wir – die nicht-jüdischen Deutschen – aus Fakten, Daten, Zahlen, Namen und Strukturen lernen? Werden wir durch nüchterne Informationen über den Nationalsozialismus verändert? Siegfried Lenz formulierte das Problem mit den Worten: »Spricht Geschichte noch zu uns, betrifft sie uns noch, wenn wir uns leidenschaftslos über sie beugen wie über ein Herbarium und kühl und erschütterungslos registrieren, was sich auf dem Grund tut?«[1] Lernen *aus* der Geschichte ist ein komplexer Prozess, der mehr umfasst als das detaillierte, kognitive Erforschen und Archivieren von Daten. Wie vielschichtig, langwierig, teilweise unbewusst und chaotisch dieser Prozess ist, soll im folgenden Abschnitt gezeigt werden.

Erinnern ist wie Kompostieren

Das menschliche Gedächtnis wird seit jeher mit den jeweils aktuellen Technologien der Informationsaufbewahrung verglichen: mit Wachstafeln, Archiven oder einer Bibliothek, bis hin zum Computer bzw. zur Computer-Festplatte, der gegenwärtig vorherrschenden Metapher für das Gedächtnis. Diese Metapher, die heute im Alltagsbewusstsein wie auch in der wissenschaftlichen Literatur fast durchgängig verwendet wird, ist im Hinblick auf manche Eigenschaften des Gedächtnisses hilfreich. Der kanadische Narrationsforscher und Gerontologe William Randall weist jedoch darauf hin, dass diese Metapher manche Eigenschaften des Gedächtnisses nur unzureichend zu erfassen vermag.[2] Etwa dessen Langzeitwirkungen: Was »geschieht« mit der Vergangenheit? Wie lässt sich das Versagen von Erinnerung erklären? Wie wirken unsere Geschichten auf unsere Umgebung? Wie entsteht Lernen aus einer Erfahrung – wie Weisheit? Altern wird ja in unserer Kultur vorwiegend negativ gesehen, als Zerfall. Das Alter kann auch etwas Positives an sich haben, indem es Lebensweisheit hervorbringt – so wie durch Kompostierung Humus entsteht und somit Potenzial für neues Leben.

William Randall schlägt vor, die genannten Aspekte von Gedächtnis und Erinnerung mit der Metapher von Komposthaufen und Kompostierungsprozess zu beschreiben (er behauptet damit nicht, dass das Gedächtnis ein Komposthaufen *ist*). Vergleichen wir einmal die beiden Metaphern:

- Der Computer funktioniert nach linear-logischen, geordneten Prozessen – der Kompost dagegen besteht aus organischen, chaotischen, einander überlappenden Prozessen.
- Im Computer sind alle gespeicherten Inhalte in gleicher Weise abrufbar, unabhängig vom Zeitpunkt ihrer Speicherung – beim Kompost liegen die zuletzt abgelegten Inhalte oben.
- Im Computer werden die Inhalte genau so aufbewahrt, wie sie gespeichert wurden – beim Kompost sind die Inhalte umso mehr kompostiert, je früher sie abgelegt wurden, meistens jedenfalls.
- Der Computer (wenn er denn funktioniert) tut passiv das, was der Mensch ihm befiehlt – der Kompost besitzt sein eigenes Leben, er ist aktiv.
- Der Computer ist ein elektrisch-mechanisches Gerät – der Kompost ist ein natürlicher Prozess.

William Randall unterscheidet fünf Phasen der Kompostierung, die zum Teil gleichzeitig ablaufen: ablegen, zerfallen, umrühren, liegen lassen und ausbreiten.

Ablegen

Jede Minute unseres Lebens wird etwas von unseren Wahrnehmungen und Erfahrungen im Gedächtnis abgelegt. Manchmal geschieht dies mit Absicht, z. B. wenn wir sagen: »Das muss ich mir merken.« Meistens geschieht dies aber ohne unsere bewusste Kontrolle. Aber wer oder was bestimmt eigentlich, was im Gedächtnis abgelegt wird? Gibt es einen »inneren Gärtner«, wie Randall mit einem Augenzwinkern fragt?

Auf dem Gedächtnis-Kompost wird abgelegt, was von den Erlebnissen bleibt – so wie ein realer Kompost aus Überbleibseln besteht, aus Kartoffelschalen, Essensresten usw., all das, was wir nicht gegessen oder nicht verdaut haben. In einem richtigen Komposthaufen sollten keine Fleischreste liegen, da sie in einer Weise verwesen, die für die Kompostierung ungünstig ist. Solche Komposthaufen stinken.

Erinnerungen häufen sich an und verdichten sich immer mehr. Komposthaufen liegen auf den Komposthaufen früherer Generationen.

Zerfallen

Mit der Zeit werden die Grenzen zwischen den einzelnen Ereignissen undeutlich – so wie sich im Komposthaufen etwa die verrottende Tomate mit dem Salat vermischt. Die Erinnerungen an einzelne Erlebnisse zerfallen allmählich und werden allgemeineren Zusammenhängen zugeordnet. So vermischen sich etwa die Erinnerungen an Tausende einzelner Schulstunden und verbinden sich zu einem Zusammenhang, den ich als »meine Schulzeit« zusammenfasse. Ohne diese Funktion des Gedächtnisses könnten wir nichts lernen, was über die jeweilige, konkrete Situation hinausginge. Wir könnten keine übergeordneten Lernprozesse aus unserer Geschichte vollziehen. Wir wären dazu verurteilt, die einzelnen Ereignisse vollkommen identisch zu erinnern, Buchstabe für Buchstabe, wie eine gespeicherte Word-Datei.

Komposthaufen können sich aufheizen. Manche Erinnerungen köcheln in uns. Es gibt Erinnerungen, die emotional so aufgeladen sind, dass sie der Zersetzung widerstehen und weitgehend unverändert bleiben; das gilt etwa für traumatische Erinnerungen. Ähnlich ist es bei glücklichen Momenten, die wir so oft erzählt haben, dass sie feste Bestandteile des Repertoires wurden, das wir als Ich verstehen.

Umrühren

Von Zeit zu Zeit muss ein Komposthaufen gewendet, das Untere nach oben gebracht werden. Ab und zu erinnern wir vergangene Ereignisse, schauen sie an, überdenken sie und revidieren unsere Interpretation. Der Philosoph Edward Casey vergleicht Erinnern mit Wiederkäuen. Er spricht von »ruminiscence« – eine Kombination der englischen Wörter »reminiscence« (Erinnerung) und »rumination« (Wiederkäuen).

Erinnerungen werden fortwährend durcheinandergeschüttelt und mit anderen Gedächtnisinhalten umarrangiert. Die Vergangenheit ist nicht unveränderlich wie eine Computer-Datei. Selbst häufig erzählte Erlebnisse bekommen jedes Mal eine neue Wendung, je nach Situation des Erzählens.

Durch neue Ereignisse wird die Vergangenheit immer mehr zusammengedrückt. Es gibt Zeiten, da folgen die Erlebnisse so dicht aufeinander, dass wir keine Gelegenheit haben, ihre Bedeutungen zu reflektieren. Sie häufen sich und werden so dicht aufeinandergepresst, dass sie keinen Raum lassen für die frische Luft des Bewusstseins – sodass auch keine Kompostierung stattfinden kann. Manche Erinnerungen werden tabuisiert, und das ist dann so, wie wenn sie luftdicht unter einer Plastikfolie versiegelt würden.

Erzählen kann wie ein Umrühren sein. Erzählen bleibt oft an der Oberfläche (z. B. wenn man emotionslos »über« etwas berichtet), aber manchmal geht es auch tiefer und rührt frühe Erlebnisse auf. Dies kann ausgelöst werden durch ein Gespräch, durch das Betrachten von Fotos, durch ein Buch, ein Lied, einen Geruch oder durch das Schreiben von Memoiren, eine Beichte oder Psychotherapie. Oder durch eine Frage.

Meistens geschieht das Umrühren unbeabsichtigt. Wir wissen selten, was der Auslöser dafür ist, dass die Mistgabel tief in den Komposthaufen sticht und Sachen hochgebracht werden, die wir, im Nachhinein betrachtet, vielleicht besser da unten gelassen hätten – wie schlafende Hunde, die wir besser nicht geweckt hätten.

Liegen lassen

Das Liegen-Lassen ist ein wichtiger Bestandteil des Kompostierens: Es geht darum, die Erinnerungen eine Zeitlang in Ruhe zu lassen.

Ausbreiten

Den Kompost auszubreiten bedeutet, ihn zu seinem Zweck zu nutzen: neues Wachstum zu ermöglichen. Kompost ist ein Instrument des Lebens. Dies meinte auch Erik Erikson mit dem Begriff der Generationalität: Menschen tragen für die kommenden Generationen bei, unter anderem dadurch, dass sie den Nachfolgenden etwas Wertvolles weitergeben. Ausbreiten heißt, den Kompost unseres Lebens zu ernten und anderen unsere Lebensweisheit zu vermitteln.

So weit William Randalls Metapher des Komposthaufens, die ich nun auf unseren Umgang mit der deutschen Geschichte anwenden möchte: Was könnte es bedeuten, die Erinnerung an den Nationalsozialismus zu kompostieren, sodass daraus Humus werden kann – fruchtbare Erde für Neues?[3] Gibt es aus der Erfahrung des »Dritten Reiches« Weisheit zu gewinnen, die uns helfen könnte, unsere heutigen und künftigen Aufgaben zu lösen? Es müsste durchaus etwas anderes sein als allgemeine Formeln wie »Nie wieder Krieg!« und »Nie wieder Faschismus!« – denn dass man andere Völker nicht überfallen und Millionen von Menschen nicht ermorden darf, das wussten die Menschen ja schon vor 1933. »Du sollst nicht töten« ist seit Jahrhunderten bekannt. Was könnten wir – die Deutschen – aus dem Nationalsozialismus lernen? Worin könnte der Kompost, das *Frucht*-bare dieser *furcht*-baren Erfahrung, bestehen? Was könnte es bedeuten, dieses düstere Kapitel unsere Geschichte zu verwandeln, zu transformieren?

Interviews mit ehemaligen Nationalsozialisten

Diese Überlegungen waren der Ausgangspunkt des Forschungsprojekts *Geschichte und Erinnerung*, dessen Ergebnisse diesem Buch zugrunde liegen (das methodische Vorgehen wird im Anhang vorgestellt). Wir, ein interdisziplinäres Forschungsteam, untersuchten die Erinnerungen von aktiv am Nationalsozialismus beteiligten Personen – von Nazi-Tätern und -Mitläufern, wie sie in der Regel genannt werden. Dazu führten wir Interviews mit Männern und Frauen, die sich damals für den Nationalsozialismus engagierten, etwa als Mitglieder oder Führungspersonen von HJ, BDM, SA, SS, Wehrmacht, NSDAP oder anderen NS-Organisationen. Bei der Auswertung dieser Interviews interessierten wir uns insbesondere für die Gefühle und Motive der Befragten: Was bewegte sie, das »Dritte Reich« zu bejahen und mitzutragen? Warum folgten sie Hitler?

Diese Fragen gelten bis heute als unzureichend beantwortet – obwohl es kein Thema gibt, über das in den vergangenen Jahrzehnten so viel debattiert, veröffentlicht und geforscht wurde wie über den Nationalsozialismus. Dennoch ist er ein wenig verstandenes Phänomen geblieben. So bezeichnete etwa Joachim Fest noch im September 2004 den Nationalsozialismus als »Rätsel«. Rätselhaft geblieben sind nach wie vor die Motive all der Männer und Frauen, die sich damals aktiv am Nationalsozialismus beteiligten und für ihn engagierten. Was faszinierte sie an Hitler und der Nazi-Bewegung so sehr, dass sie bereit waren, ihre Gesundheit oder gar ihr Leben dafür aufs Spiel zu setzen? Was bewegte sie dazu, im Dienst »für Führer und Vaterland« ihre Menschlichkeit aufzugeben? Und wie ist es möglich, dass die Faszination für das »Dritte Reich« bei vielen Menschen bis heute lebendig ist – trotz all des Leids, das dieses menschenverachtende System über Millionen von Menschen gebracht hat?

Ein großer Teil der Forschung hat sich mit den Daten, Fakten, Organisationen und Strukturen des Nationalsozialismus auseinandergesetzt. Dies war notwendig, kann aber nicht die Frage beantworten, was die Menschen motivierte, die Nazi-Organisationen mit Leben zu füllen und die Fakten zu schaffen. Zwar wurde sehr viel über Hitler und einzelne führende Nationalsozialisten geschrieben, aber relativ wenig über die Millionen ihrer Anhänger. Über deren Motive werden in der fach- und populärwissenschaftlichen Literatur vielerlei Aussagen getroffen: So wird ihnen etwa blinder Gehorsam oder Autoritätshörigkeit zugeschrieben. Oder es heißt, sie hätten unter Zwang oder Konformitätsdruck gehandelt; sie hätten aufgrund der Arbeitsteilung die Konsequenzen ihrer Taten nicht übersehen können; ihr moralisches Empfinden sei zerstört oder sie seien von Opportunismus, Antisemitismus oder Aggression getrieben gewesen. Oder ihnen werden niedrige Motive wie Geldgier, Sadismus, Trunkenheit oder Blutrausch zugeschrieben und vieles mehr. Als Erklärung werden vielerlei menschliche Regungen aufgeführt, sodass letztendlich der Eindruck von Beliebigkeit zurückbleibt.

Bei all diesen Aussagen über die Motive der Nazis fällt auf, dass sie in der Regel auf Quellen wie z. B. alten Akten, Zeitungsartikeln oder anderen Dokumenten aus der NS-Zeit beruhen, auf Gerichtsakten oder Zeugnissen von Überlebenden des Holocaust oder auf sozialpsychologischen Experimenten (wie z. B. dem berühmten Milgram-Experiment). Auffallend ist jedoch die große Zurückhaltung gegenüber der – im Grunde naheliegenden – Methode, die NS-Täter und Mitläufer selbst zu interviewen und auf diesem Wege ihre Motive zu erkunden. Dies hatte Theodor Adorno schon im Jahr 1966 gefordert, denn »die Wurzeln sind in den Verfolgern zu suchen, nicht in den Opfern.« Er schlug vor, den »spezifischen Bewusstseinszustand«[4] der Beteiligten zu erforschen, um herauszufinden,

»wie ein Mensch so wird« und was »sie solcher Taten fähig«[5] machte. Dieser Hinweis Adornos fand bisher wenig Beachtung – er ist der Ausgangspunkt des Forschungsprojekts *Geschichte und Erinnerung* und des vorliegenden Buches. In ihm wird am Beispiel ausgewählter, idealtypischer Interviews, die ihm Rahmen des Projekts geführt wurden, aufgezeigt, welche psychologischen Mechanismen dem Nationalsozialismus zugrunde liegen. Die Angaben zu den Interviewpartnerinnen und -partnern (Namen, Berufs- und Ortsangaben usw.) wurden zur Anonymisierung geändert.

Die Grundthesen des Buches werden in den sechs folgenden Kapiteln vorgestellt. Ich erhebe damit nicht den Anspruch, die Psychologie des Nationalsozialismus *umfassend* zu erklären, sondern lediglich den, die Beweggründe der aktiv Beteiligten zu verdeutlichen. In den Worten Adornos: den »spezifischen Bewusstseinszustand« der Beteiligten, der »sie solcher Taten fähig« machte, aufzuzeigen. Ein Überblick über den Inhalt der Kapitel:

Kapitel 1: Magisches Bewusstsein. Der spezifisch nationalsozialistische Bewusstseins-Zustand lässt sich benennen als magisch, das heißt als ein Zustand, der entwicklungspsychologisch und menschheitsgeschichtlich einer frühen Phase entspricht. Bei frühen Kulturen beobachteten Ethnologen Vorstellungen vom Tabu, von einer magischen Zauberkraft »Mana« und von einem Häuptling, Priester oder Führer, der durch Projektion mit besonderen »charismatischen« Fähigkeiten ausgestattet und überhöht wird. Bei unseren Interviewpartnern fanden wir ähnliche Denkmuster über Adolf Hitler und das »Dritte Reich«.

Kapitel 2: Hypnotische Trance. Der nationalsozialistische Bewusstseinszustand lässt sich auch als hypnotische Trance beschreiben. Demnach war der Fokus der Aufmerksamkeit eingeengt, ganz auf »Drittes Reich« und »Führer« konzentriert. Dieser Zustand ging einher mit reduzierter Kritikfähigkeit, verzerrter Realitätswahrnehmung, Passivität und Regression.

Kapitel 3: Schamabwehr. Große Teile der deutschen Bevölkerung empfanden Scham angesichts der Niederlage des Ersten Weltkrieges und des Versailler Vertrags, der Geldentwertung, Arbeitslosigkeit, Armut und der politischen Schwäche der Weimarer Republik. Das NS-Programm vermochte diese Schamgefühle für seine Zwecke zu instrumentalisieren, indem es seinen Anhängern Schamabwehr anbot und legitimierte. Dazu wurden andere, insbesondere jüdische Mitbürgerinnen und Mitbürger erniedrigt, beschämt, zu Objekten gemacht und schließlich vernichtet.

Kapitel 4: Narzissmus und narzisstische Kollusion. Der Nationalsozialismus lebte von der narzisstischen Bedürftigkeit seiner Anhänger. Dies erfolgte durch eine Dynamik, wie sie bei narzisstischem Missbrauch und z. B. auch in Sekten zu beobachten ist. Demnach funktionierte der NS-Staat wie eine kollektive narzisstische Kollusion. Dieser (aus der Familientherapie stammende) Begriff beschreibt das unbewusste Zusammenspiel mehrerer Personen nach dem Muster: A lebt für die Bewunderung von B, und B wird durch die Bewunderung von A erfüllt.

Kapitel 5: Die Traumata früherer Generationen. Die Denk- und Verhaltensmuster der jüngeren Nationalsozialisten waren geprägt durch die Traumata ihrer Väter – Veteranen des Ersten Weltkrieges –, die transgenerational an die Kinder delegiert wurden. Das Nazi-Programm vermochte diese Trauma-Abwehr aufzugreifen und zu seinem Programm zu machen.

Kapitel 6: Abhängigkeit. Die Beziehung zwischen dem Nationalsozialismus und seinen Anhängern hatte den Charakter von Abhängigkeit bzw. Sucht, wobei Adolf Hitler und das »Dritte Reich« das Suchtmittel waren.

In den *Schlussfolgerungen* werden die Ergebnisse auf ihre Bedeutung für die Gegenwart befragt.

Im *Anhang* wird schließlich das methodische Vorgehen des Forschungsprojekts dargelegt.

Kapitel 1: Magisches Bewusstsein

Erwin Holzer war, wie alle unserer Interviewpartner, im Vorfeld von uns angeschrieben und über Zweck und Thema des Interviews informiert worden. Nachdem er sich telefonisch zum Interview bereit erklärt hatte, wurde ein Termin vereinbart. Das Gespräch findet einige Wochen später in der Wohnung von Herrn Holzer statt. Er ist groß und wirkt kräftig und rüstig; seine grauen Haare sind nach hinten gekämmt. Er wurde 1917 in einem Dorf bei Pforzheim geboren; er spricht mit nordbadischem Dialekt.
Der vorherrschende Eindruck des Gesprächs mit Herrn Holzer ist: Unklarheit. Dieses Thema zieht sich wie ein roter Faden durch das ganze Interview. Gleich zu Anfang erklärt Herr Holzer, er wisse eigentlich gar nicht, um welches Thema es bei dem Interview gehe; später gesteht er aber ein, dass er »vielleicht auch nicht richtig aufgepasst« habe. Auch nach dem anderthalbstündigen Gespräch bleibt unklar, in welchem Ausmaß er mit dem Nationalsozialismus identifiziert war oder ob er dies noch ist. Ebenso unklar bleibt, inwieweit er über die Verfolgung und Ermordung seiner jüdischen Mitbürger Bescheid wusste und inwieweit er dies billigte. Diese Unklarheit besteht auch nach vielfachem Anhören der Interview-Tonbänder und nach vielfachem Lesen von deren Abschrift.
Gleich zu Beginn des Gesprächs deutet Herr Holzer die Möglichkeit eines Herzinfarkts an und fragt den Interviewer: »Haben Sie denn im Notfall ein Telefon?« Diese Frage ist merkwürdig, da ein Telefon durchaus in Reichweite steht. Sie wird vom Interviewer als Hinweis verstanden, dass der alte Herr nicht mit bedrohlichen Gesprächsthemen konfrontiert werden möchte. Verunsichert und aus Furcht, durch zu gefährliche Fragen Herrn Holzer in Lebensgefahr zu bringen, beginnt der Interviewer überaus behutsam und umständlich, wie eine Katze um den heißen Brei schleichend, nochmals den Zweck des Interviews zu erklären. Auch Herr Holzer drückt sich im weiteren Verlauf des Interviews unklar und nebulös aus, vor allem in Bezug auf »das alles«, »die Sache«, »das, was da vorgegangen ist« und »das, was dann gemacht worden ist«.

Solche auffallende Unklarheit in der Sprache deutet darauf hin, dass das Gesprächsthema Nationalsozialismus mit einem Tabu verbunden ist. Sprachforscher haben eine Reihe sprachlicher Mittel identifiziert, an denen zu erkennen ist, wenn über Tabu-Themen gesprochen wird.[6] Um nur einige zu nennen: Die tabuisierten Themen werden verschwiegen oder durch ein rededurchfallartiges Sprechen vieler leerer Worte überdeckt. Oder sie werden nicht klar benannt, sondern mit vagen, verallgemeinernden oder indirekten Andeutungen, Beschönigungen, Auslassungen, Leerformeln oder Formulierungen zwischen den Zeilen umschrieben. Tabu-Themen sind auch daran zu erkennen, dass bestimmte Worte vermieden oder durch »er«, »es«, »das Thema« oder »die Sache« ersetzt werden. Oder der Sprecher schließt sich selbst als Einzelperson aus, zieht sich hinter ein anonymes »man« zurück oder spricht in Metaphern, Fremdwörtern oder Zitaten. Tabu-Themen sind auch an Gesprächspausen zu erkennen. So haben Sprachforscher herausgefunden, dass bei Tabu-Themen die Reaktionszeiten verlängert sind, weil der Sprecher erst nach einer erlaubten Antwort suchen muss.

So berichtet beispielsweise Herr Holzer begeistert über sein Engagement als HJ-Führer. Der Interviewer fragt nach: »Können Sie sich erinnern, was Sie begeistert hat? Was Sie da so angesprochen hat?« Nach einer kurzen Pause antwortet Herr Holzer, mit lebhaftem, energischem Tonfall: »Ja!«, und fährt, nach einer weiteren kleinen Pause und in normalem, nicht-begeistertem Tonfall, fort: »Sport und Spiel mit Kindern. So, wie man mit mir umgegangen ist in der katholischen Jugend, so hab ich's auch weitergeführt.« Seine große Begeisterung für die Hitlerjugend wird nur ganz kurz hörbar in der Art und Weise *wie* er, eingerahmt zwischen zwei verlängerten Reaktionszeiten, »Ja!« sagt. Danach spricht er mit gewöhnlicher Stimme weiter, wenn er die HJ als Fortführung der katholischen Jugendarbeit bezeichnet.

Diese sprachlichen Vermeidungsstrategien beobachteten wir in vielen der Interviews. Sie zeigen an, dass das Thema Nationalsozialismus mit einem Tabu verbunden ist. Freilich sind es nicht nur (ehemalige) Anhänger des »Dritten Reiches«, die Schwierigkeiten damit haben, den Nationalsozialismus und die Verfolgung, das Martyrium und die Ermordung von Millionen Menschen in klaren Worten zu benennen. Auch in den Medien und in der Öffentlichkeit besteht ein Sprachproblem: Ist nicht das importierte Fremdwort »Holocaust« von geradezu antiseptischer Distanziertheit? Die Geschichte des bundesrepublikanischen Umgangs mit dem Nationalsozialismus ist, wie Bodo von Borries beobachtet, »eine Geschichte permanenter Ungeschicklichkeiten und Entgleisungen, aber auch häufiger Missverständnisse und Überreaktionen. [...] Wo es um den Nationalsozialismus, seine Verbrechen, die Erinnerung daran und den öffentlichen

Umgang damit geht, setzt das Denken meist aus. Jedenfalls treten mit zwanghafter Heftigkeit unkontrollierbare Abwehrmechanismen, Tabus und Übersprungshandlungen auf.«[7]

Dies hatte sich schon im Vorfeld unseres Forschungsprojekts angedeutet. So beobachteten wir wiederholt, dass manche Menschen geradezu erstarrten, sobald wir unser Vorhaben erwähnten, Interviews mit ehemaligen Anhängern des Nationalsozialismus zu führen. Manche Gespräche erstarben plötzlich auf merkwürdige Weise, sodass der Eindruck entstand, wir würden etwas ganz Ungehöriges tun, mit »solchen Leuten« zu reden. Zuweilen wurden auch eine Reihe verquerer Unterstellungen gegen uns vorgebracht, die sich auffällig resistent gegen Klärungsversuche erwiesen und penetrant zu immer neuen Missverständnissen und Verstrickungen führten. Durch Nachfragen zeigte sich später, dass manche außenstehenden Personen die Phantasie hatten, wir, die Interviewerinnen und Interviewer, würden durch die Gespräche mit den »alten Nazis« von diesen »angesteckt« und damit selbst zu Nazis werden.

Es war, wie wenn das Thema Nationalsozialismus eine gewisse »Aufladung« hätte. Sobald z.B. in geselligen Situationen das Gespräch auf unser Vorhaben kam, veränderte sich schlagartig die Atmosphäre: Die Luft war plötzlich wie »aufgeladen«. Entweder erstarben, wie erwähnt, die Gespräche – oder aber sie wandten sich sogleich und intensiv »dem Thema« zu, wie es dann häufig hieß. Uns wurden ungewöhnlich viel Aufmerksamkeit, Hochachtung, fast Ehrfurcht entgegengebracht für dieses »mutige« Vorhaben, das fraglos als »total wichtig« erachtet wurde – häufig, ohne dass nach Einzelheiten, methodischem Vorgehen oder Ähnlichem gefragt wurde.

Die Reaktionen auf »das Thema« sind regelmäßig merkwürdig. Wie Bodo von Borries weiter beobachtet, wird Analyse oft ersetzt durch »Aufgeregtheit, Empörung und Vermeidungsverhalten. [...] Die häufige Denklähmung – und die gelegentliche Sprachlosigkeit – wirken fatal: Wo es um den NS geht, müsste das scharfe Denken und Unterscheiden überhaupt erst richtig losgehen.«[8]

Damit das Denken über den Nationalsozialismus »erst richtig losgehen« kann, ist es meines Erachtens notwendig, dass wir uns zuerst mit der Blockierung des Denkens selbst – dem Tabu – auseinandersetzen. Das beginnt mit der Frage: Was ist eigentlich ein Tabu?

Tabu

Gegenwärtig liegen zwei verschiedene Tabu-Begriffe vor: ein umgangssprachlicher und ein ethnologisch-religionspsychologischer. Die heutige, umgangssprachliche Bedeutung des Begriffs wird z. B. vom Duden definiert als »ungeschriebenes Gesetz, das auf Grund bestimmter Anschauungen innerhalb einer Gesellschaft verbietet, bestimmte Dinge zu tun; sittliche, konventionelle Schranke«[9]. Ähnlich definiert Hartmut Kraft Tabus als »Meidungsgebote zwecks Regelung des sozialen Zusammenlebens, deren Übertretung in letzter Konsequenz mit dem Ausschluss aus der Gemeinschaft bedroht ist«[10].

Die ursprüngliche Bedeutung des Begriffs Tabu geht auf den britischen Seefahrer James Cook (1729–1779) zurück. Er hatte bei polynesischen Völkern bestimmte Denk- und Verhaltensweisen beobachtet, die dort mit dem Begriff »Tabu« bezeichnet wurden. Durch Cook wurde dieser Begriff in der westlichen Welt bekannt und dort übernommen. Diese Übernahme deutet darauf hin, dass es auch in den westlichen Kulturen Phänomene gibt, auf die das Wort Tabu Anwendung fand. Diese Übernahme war jedoch mit einer wesentlichen Verkürzung der Wortbedeutung verbunden, die zum umgangssprachlichen, oben zitierten Verständnis von Tabu führte.

Im ursprünglichen Sinne bezeichnet das polynesische Wort Tabu bestimmte Denk- und Verhaltensweisen, die bei frühen, magisch denkenden (oft als »primitiv« bezeichneten) Kulturen beobachtet wurden. Analoge Bezeichnungen gibt es bei vielen Völkern Afrikas, Asiens und Amerikas, auch bei den alten Griechen, Römern und Hebräern. Cook selbst hatte »tabu« noch vorsichtig als »außergewöhnlich« übersetzt. Spätere Forschungsreisende, Kultur- und Religionswissenschaftler erweiterten diese Interpretation. In seiner berühmten Schrift *Totem und Tabu* aus dem Jahr 1912 fasste Sigmund Freud den ethnologisch-religionspsychologischen Wissensstand über Tabu und magisches Denken zusammen: Das Gegenteil von »tabu«, polynesisch »noa«, bedeutet »gewöhnlich« oder »gemein.« Freud definierte »tabu« als »einerseits: heilig, geweiht, andererseits: unheimlich, gefährlich, verboten, unrein«[11]; es entspricht der heiligen Scheu. Als Quelle eines Tabus wird eine geheimnisvolle, mächtige und magische Zauberkraft »Mana« angesehen, die durch Berührung übertragen werden kann wie durch Ansteckung. Diese Kraft haftet »an allen Personen, die etwas Besonderes sind, wie Könige, Priester, Neugeborene, an allen Ausnahmezuständen, wie den körperlichen der Menstruation, der Pubertät, der Geburt, an allem Unheimlichen, wie Krankheit und Tod, und was kraft der Ansteckungs- oder Ausbreitungsfähigkeit damit zusammenhängt«[12].

In vielen Kulturen wird z. B. jeder tabu, der einen Menschen getötet hat, sei es auch im Kampf, beispielsweise bei den Monumbos in Neuguinea. Ein Krieger, der getötet hat, darf niemanden berühren, auch nicht seine eigene Frau oder seine Kinder. Erst nach einer bestimmten Frist der Isolation und rituellen Reinigung darf er wieder in sein Dorf und zu seiner Familie zurückkehren.

Das Tabu ist mit der Vorstellung von Ansteckung verbunden. Wegen der Ansteckungsgefahr ist es verboten, das Tabuisierte zu berühren oder auch nur daran zu denken. Wer ein Tabuverbot übertreten hat, wird selbst zum Verbotenen, da er durch die Berührung mit der gefährlichen Ladung angesteckt wurde.

Das magische Denken wird von der Vorstellung beherrscht, dass jede Übertretung eines Tabuverbots mit Sicherheit zu einem unerträglichen Unheil führt, sofern das Unglück nicht durch Reinigungsrituale abgewendet werden konnte. In tabuhaft, magisch denkenden Gesellschaften sind weltliches Amt und göttliche Abstammung in der Person des Herrschers, Priesters oder Häuptlings verschmolzen. Dieser wird als Gott verehrt und ist mit gottähnlicher Machtfülle ausgestattet. Er lebt nur für seine Untertanen, hat die Fähigkeit zu beglücken und regelt den Lauf der Natur zum Wohle seines Volkes. Der Herrscher-Priester muss selbst bestimmte Beschränkungen seiner Diät einhalten. In manchen Kulturen darf auch sein Name nicht ausgesprochen werden.

Soweit eine (nicht vollständige) Zusammenfassung von Sigmund Freuds Verständnis von Tabu und magischem Denken, das in der Ethnologie und Religionspsychologie weiterhin gültig ist (im Unterschied zu Freuds daran anknüpfende Spekulationen über Urhorde, Vatermord usw.).

In den Interviews mit ehemaligen Nazis wird deutlich, dass das Thema Nationalsozialismus mit einem Tabu verbunden ist – und zwar nicht nur im verkürzten, umgangssprachlichen Sinne, sondern mit einem Tabu in seiner umfassenderen, ethnologisch-religionspsychologischen Bedeutung.

»Gefährlich« – darüber darf man nicht reden

Tabuisierte Verbrechen

Zunächst sind es die Verbrechen des Nationalsozialismus, die mit einem Tabu im Sinne eines Meidungsgebots verbunden sind. Diese Verbrechen nicht zu benennen war charakteristisch für die Nachkriegszeit. Im Unterschied dazu waren, wie Volker Ullrich betont, der Bombenkrieg und die Vertreibung nie ein Tabu der Bundesrepublik; über kein Thema wurde nach 1945 so viel geredet. Die amerikanische Korrespondentin Martha Gellhorn beobachtete schon im April 1945 die stereotypen Klagen der Besiegten über ihre Leiden, über die Bomben und über ihr Leben im Keller.[13] Ullrich schreibt dazu: »Über die Ermordung der Juden und die Leiden der Völker in den von Hitlers Wehrmacht besetzten Ländern senkte sich hingegen ein eiserner Vorhang des Schweigens. Auch gutwillige Deutsche, beobachtete der Schriftsteller Arthur Koestler 1953, reagierten, wenn die Rede auf Auschwitz und Belsen komme, mit ›dem gekränkten Gesichtsausdruck einer viktorianischen Lady, in deren Gegenwart man das anstößige Wort 'Geschlecht' erwähnt hat ... Über solche Dinge redet man einfach nicht, und damit punktum.‹«[14]

Der Begriff »das Schweigen« wurde mittlerweile zum Synonym für die jahrzehntelang verbreitete Haltung großer Teile der deutschen Nachkriegs-Gesellschaft gegenüber den Nazi-Verbrechen. Dies schlug sich auch in Buchtiteln nieder wie *Das große Schweigen* (Gabriele von Arnim, 1989), *Das kollektive Schweigen* (Barbara Heimannsberg und Christoph Schmidt, 1992) oder *Die Last des Schweigens* (Dan Bar-On, 1996). Dieses Schweigen wird meistens so interpretiert, dass die Betreffenden damit nach Kriegsende ihre schuldhafte Beteiligung an Nationalsozialismus, Holocaust und Kriegsverbrechen zu ver-schweigen suchten. Diese Interpretation mag in vielen Fällen zwar zutreffen, kann m. E. aber nicht generalisiert werden: Um ein Verbrechen verschweigen zu können, müsste zuvor überhaupt erst ein Schuldbewusstsein vorhanden sein. Genau dies scheint aber bei vielen ehemaligen Nationalsozialisten nicht oder nur rudimentär der Fall zu sein, wie sich durch die Interviews zeigte. Dazu später mehr.

Das Verbot, über die Nazi-Verbrechen zu sprechen, setzte keineswegs erst mit der militärischen Niederlage des »Dritten Reiches« im Mai 1945 ein, sondern wurde bereits während der NS-Zeit geschaffen. So mussten KZ-Häftlinge im Falle ihrer Entlassung, die selten genug vorkam, eine Erklärung unterschreiben, mit der sie sich verpflichteten, über ihre Erfahrungen im Lager zu schweigen. Diese Schweigeverpflichtung zu brechen hätte ihre Wiedereinlieferung zur Folge gehabt. Als sogenannte »Zweitmalige« wären sie Strafkompanien zugeteilt worden, was in der Regel einem Todesurteil gleichkam. Zum Schweigen über die Massenvernichtung trug auch bei, dass die größten Vernichtungslager in besetzten Gebieten außerhalb des Deutschen Reichsgebietes errichtet wurden.

Eine Kultur des Schweigens wurde auch durch die Kampagne »Feind hört mit!« gefördert, die gleich zu Beginn des Zweiten Weltkrieges durch das Goebbels'sche Reichsministerium für Volksaufklärung und Propaganda eröffnet wurde. Mit dem Symbol des Schattenmanns wurde propagiert, dass überall ein Spion lauern könnte – am Arbeitsplatz, auf der Straße, selbst zu Hause. Auch harmlose Sätze, so die NS-Propaganda, könnten vielleicht Informationen enthalten, die für den Feind nützlich wären. Jeder Deutsche galt als Geheimnisträger und wurde zur Schweigsamkeit aufgefordert. Diese wurde vor allem durch soziale Kontrolle überwacht: Die Bevölkerung wurde zur Denunziation ermutigt, ohne die der relativ kleine Apparat der Gestapo nicht hätte funktionieren können.[15] In den letzten Kriegsjahren wurde der Begriff »Geheimnisverrat« zunehmend inflationär verwendet, und dieser wurde, ebenso wie das Äußern von »zersetzenden« Zweifeln am »Endsieg«, rigoros bestraft.

Schweigegebote sind charakteristisch für alle Geheimbünde, Sekten und alle Formen von emotionalem, körperlichem, sexuellem, geistigem oder Macht-Missbrauch. So hatte das Schweigen auch im Ehrenkodex von NS-Organisationen wie der SS eine wesentliche Funktion. Beispielsweise sagte Heinrich Himmler in seiner berüchtigten Rede vor Reichs- und Gauleitern in Posen am 4. Oktober 1943 über die sogenannte »Endlösung«:

»Ich will hier vor Ihnen in aller Offenheit auch ein ganz schweres Kapitel erwähnen. Unter uns soll es einmal ganz offen ausgesprochen sein, und trotzdem werden wir in der Öffentlichkeit nie darüber reden. Genau so wenig, wie wir am 30. Juni 1934 gezögert haben, die befohlene Pflicht zu tun und Kameraden, die sich verfehlt hatten, an die Wand zu stellen und zu erschießen, genau so wenig haben wir darüber jemals gesprochen und werden je darüber sprechen. Es war eine Gottseidank in uns wohnende Selbstverständlichkeit des Taktes, dass wir uns untereinander nie darüber unterhalten haben, nie darüber sprachen. Es hat jeden geschaudert und doch war sich jeder klar darüber, dass er es das nächste Mal wieder tun würde, wenn es befohlen wird und wenn es notwendig ist. Ich meine jetzt die Judenevakuierung, die Ausrottung des jüdischen Volkes.«[16]

Das Schweigegebot zu brechen galt als Verrat und somit schändlich. Zwar wurde das Gebot nicht von allen eingehalten, die an Verbrechen beteiligt waren oder davon wussten. So gab es immer wieder SS-Männer, die z. B. im Familienkreis zumindest Andeutungen machten. Das Sprechverbot wurde in den meisten Fällen aber befolgt und war so tief verankert, dass es noch jahrzehntelang nachwirkt, wie das folgende Beispiel zeigt:

Im Jahr 2001 wurde in Ravensburg ein Prozess gegen den ehemaligen Offizier der Waffen-SS Julius Viel geführt, der eine Gruppe von KZ-Häftlingen erschossen hatte. Dieses Verfahren wurde erst dadurch möglich, dass der ehemalige SS-Mann Adalbert Lallier, der bei der Erschießung dabei war, mehr als 50 Jahre später, nach dem Besuch einer KZ-Gedenkstätte, beschlossen hatte, sein Schweigen zu brechen und eine »große Beichte« abzulegen. Bevor er jedoch seine Aussage bei der Staatsanwaltschaft machte, schrieb er an den früheren Kommandanten seiner SS-Division und fragte, ob das Schweigegebot noch immer gelte und ob »Kameradenverrat« gerechtfertigt sei. Erst nachdem dieser zurückschrieb, Kameradschaft höre auf, wo Kriegsverbrechen beginnen, und die Erlaubnis gab, brach der Zeuge sein Schweigen.

So wurde also bereits während des »Dritten Reiches« eine Kultur des Schweigens errichtet, an die in der Nachkriegszeit nahtlos angeknüpft werden konnte. Somit steht »das Schweigen« der Nachkriegszeit in der Tradition des Nationalsozialismus selbst, ist in gewisser Weise eine Wiederholung. »Kultur des Schweigens« bedeutet, dass die Beteiligten über bestimmte Themen nicht sprachen und auch nicht nachfragten; sie bedeutet keineswegs, dass die Menschen damals nichts von den Verbrechen wussten, nichts ahnten oder nichts hätten wissen können. Denn *objektiv* gab es durchaus diverse Möglichkeiten, sich zu informieren – sie wurden jedoch in der Regel nicht genutzt: weil »darüber« zu reden, nachzufragen oder an »die Sache« zu denken außerhalb ihres *subjektiven* Bewusstseins lag. Mit anderen Worten: Es war tabu.

Dieses Tabu ist bis in die Gegenwart wirksam und blockiert noch heute die klare Benennung der Nazi-Verbrechen. Dies zeigt sich in der nichtbenennenden Sprache der meisten von uns interviewten Männer und Frauen. Das Tabu wirkt auch auf nachfolgende Generationen, wie sich z. B. in einer von uns durchgeführten Befragung von Realschülerinnen und -schülern zeigte. Charakteristisch ist etwa die Aussage einer Schülerin über den Holocaust: »Wie die da mit denen umgegangen sind, also es nimmt einen irgendwie schon ein bisschen mit, find ich, wenn man das

Thema nimmt, also halt gerade.«[17] An dieser unpräzisen und stammelnden Sprache wird deutlich, wie tabuisiert es auch heute noch ist, über die Verbrechen des Nationalsozialismus zu sprechen.

Dem magischen Denken zugehörig sind auch mystifizierende Vorstellungen des Nationalsozialismus als »unerklärliches Faszinosum«, die bis in die Gegenwart die Wahrnehmung des Geschehenen vernebeln.[18]

Das als positiv Erlebte ist tabu

Bei den bisherigen Beispielen ging es um das Tabu, über die Nazi-Verbrechen zu sprechen. Der Nationalsozialismus ist heute jedoch mit einem weiteren Tabu verknüpft, wie ich am Gebrauch des Wortes »Erinnerung« zeigen möchte: Häufig wird, etwa von Politikern an den betreffenden Gedenktagen, betont, wie wichtig Erinnerung sei; zum Beispiel von Bundespräsident Johannes Rau in seiner Rede vor der Knesset am 16. 2. 2000. Er sagte, dass es »kein Leben ohne Erinnerung« gebe. Deshalb sei es so wichtig, »das Wissen über die Vergangenheit von Generation zu Generation weiterzugeben«. Rau ist »überzeugt davon: Wenn wir der Jugend die Erinnerung weitergeben und sie zu Begegnungen ermutigen, dann brauchen wir uns um die Zukunft der Beziehungen zwischen Israel und Deutschland nicht zu sorgen.«[19]

Aber von *wessen* Erinnerungen sprach Johannes Rau in dieser Rede? Der Kontext verdeutlicht, dass hier ausschließlich die Erinnerungen der überlebenden Opfer des Holocaust gemeint sein können. Die Erinnerungen der ehemaligen Anhänger des Nationalsozialismus – immerhin des größten Teils der älteren deutschen Bevölkerung – sind wie selbstverständlich ausgeschlossen, sie sind, mit anderen Worten, tabu. Zwar ist die Auseinandersetzung mit den Erinnerungen der Nazi-Täter und -Mitläufer dringend notwendig (dies ist das Anliegen dieses Buches); dies müsste aber in einer ganz anderen Weise geschehen als von Rau hier genannt: Wenn »das Weitergeben von Erinnerungen« bedeutet, dass diese alten Männer und Frauen ihren Kindern, Enkeln oder Großenkeln etwa mit leuchtenden Augen von »Führer«, Hitler-Jugend, SA oder SS, Heldentum, »Zucht und Ordnung« usw. im »Dritten Reich« vorschwärmen – dann müssen wir uns um die deutsch-jüdischen Beziehungen erhebliche Sorgen machen.[20]

Einen weiteren Hinweis auf dieses Tabu der Nachkriegszeit gibt auch die folgende Beobachtung einer Schülerin:

»Wir hatten da einen Geschichtslehrer. Was hat der uns nicht alles vorgelabert. Stundenlang über die Juden, die Kommunisten, die Zigeuner, die Russen, alles Opfer, nichts als Opfer. Ich hab ihm das alles nie abgenommen. Einer aus der Klasse hat ihn mal gefragt: ›Wo war denn das Tolle damals? Warum haben denn so viele Hurra und Heil gebrüllt? Warum waren die alle so begeistert? Da muss es doch noch etwas anderes gegeben haben?‹ Da schaute er blöde, fing an, den Schüler als Neonazi zu beschimpfen, ob er denn keine Achtung vor den Opfern hätte. Aber wir anderen ließen nicht los. Endlich hat das mal einer ausgesprochen. Wir wollten wissen, was damals wirklich los war. Wir hätten es doch in den Filmen gesehen, die er uns gezeigt hat. Die lachenden Kinder, die leuchtenden Augen der Frauen. Hunderttausende in den Straßen, und alle haben sie gejubelt. Woher kam denn diese Begeisterung?«[21]

Die geschilderte Reaktion des Geschichtslehrers verdeutlicht das Tabu, dass über die Aspekte des »Dritten Reiches«, die von den aktiv Beteiligten als *positiv* erlebt wurden, nicht gesprochen werden darf.[22] Auch die interviewten ehemaligen Nationalsozialisten sind sich dieses Tabus durchaus bewusst; beispielsweise Maria Federn:

Die 1921 geborene Maria Federn empfängt den Interviewer in ihrer Mode-Boutique, die sie, trotz ihres hohen Alters von 79 Jahren (sie wirkt 20 Jahre jünger), in einer schwäbischen Kleinstadt betreibt. Frau Federn trägt ein modisches, dunkelrotes Kostüm; sie wirkt sehr tüchtig und korrekt; sie spricht voller Elan und mit auffallend jugendlicher Stimme. Mit großer Begeisterung schwärmt Frau Federn von jener »schönen Zeit«, der damaligen »tollen Organisation«, der »Ordnung« und den »schönen Sachen« wie Wandern, Singen und Tanzen, insbesondere vor Adolf Hitler auf dem Nürnberger Reichsparteitag. Gleich mehrfach entschuldigt sie sich, dass sie »nur gute Erinnerungen« habe, »beim besten Willen«, »wirklich«, es tue ihr »leid«. Sie fragt den Interviewer: »Das ist gerade das Gegenteil von dem, was Sie berichten sollten, oder?«

Über die als positiv erlebten Aspekte des Dritten Reiches zu sprechen scheint in der Bundesrepublik nicht »politisch korrekt« zu sein.[23] Dies dürfte auch die zuweilen merkwürdig feindseligen Reaktionen gegenüber unserem Vorhaben erklären, Interviews mit alten Nationalsozialisten zu führen: Mit »solchen Leuten« redet man eben nicht.

Dieses Tabu, über die als positiv erlebten Seiten des Nationalsozialismus zu sprechen, deutet darauf hin, dass die deutsche Gesellschaft in Bezug auf die Motive der NS-Anhänger auf einen sozialen Mechanismus zurückgreift, den die ethnologische Forschung an frühen, magischen Kulturen beobachtet hat: Tabu ist, so der Ethnologe Axel Schmidt, »das polynesische Mittel der sozialen Kontrolle«[24]. Tabuisierung hat die Funktion, bestimmte Themen aus Reflexion und Diskurs einer Gesellschaft auszuschließen. Für den Prozess der Kompostierung von Erinnerungen bedeutet dies, dass bestimmte Aspekte des Nationalsozialismus – die Motive der aktiv Beteiligten – wie unter einer Plastikplane luftdicht weggeschlossen werden. Auf diese Weise kann keine Kompostierung stattfinden – kein Lernen *aus* der Geschichte.

Dem sozialen Mechanismus der Tabuisierung entsprechen auf individualpsychologischer Ebene die Abwehrmechanismen. Hartmut Kraft schreibt: »Im Unterschied zu den individuellen, intrapsychischen, also in unserer Psyche ablaufenden Abwehr- und Bewältigungsmechanismen wie Verdrängen, Verleugnen, Isolieren, Verkehren ins Gegenteil etc. ist das Tabuisieren stärker interpersonell, also auf eine jeweils zu definierende Gruppe hin ausgerichtet. Mithilfe der Tabus definiert eine Gruppe, was zu ihr gehört – und was nicht. Wir können Tabus deshalb als eine interpersonale Abwehr verstehen.«[25]

Diese Abwehr ist insofern problematisch, als durch die Tabuisierung die gefährlichen Phänomene zwar aus dem Bewusstsein entfernt, aber damit auch am Leben erhalten werden – anstatt durchgearbeitet, bewusstgemacht, »kompostiert« und integriert zu werden. Sie bleiben in ihrer Gefährlichkeit erhalten und können nicht in etwas Fruchtbares transformiert werden. So sorgt die Tabuisierung der als positiv erlebten Aspekte des Nationalsozialismus dafür, dass diese weiter lebendig bleiben: Hitler und das »Dritte Reich« können weiterhin unreflektiert ihre Faszination ausüben – und diese Faszination wird durchaus über die Generationen hinweg an die Enkel weitergereicht; in der Forschung bezeichnet man dieses Phänomen als transgenerationale Weitergabe.

Besonders fatal wirkt sich dies im Schulunterricht aus, wie die Pädagogin Margarete Dörr betont: »Man kann die Gefährlichkeit des Nationalsozialismus nicht dadurch bekämpfen, dass man das, was für junge Menschen damals an ihm attraktiv war, einfach unterschlägt.«[26] Vermutlich werden durch die Tabuisierung diese attraktiven Aspekte für die Schüler und Schülerinnen unbewusst besonders interessant gemacht – gemäß dem verbreiteten Märchenmotiv, dass gerade die verbotene »zwölfte Tür« die reizvollste ist.

Mit den bisher genannten Beispielen bewegten wir uns noch im Rahmen des heutigen, umgangssprachlichen Verständnisses von Tabu: ein Verbot, an bestimmte Themen zu rühren und darüber zu sprechen, hier: über die Verbrechen und über die Attraktivität des Dritten Reiches. Es gibt jedoch eine Vielzahl von Hinweisen darauf, dass der Nationalsozialismus auch verbunden ist mit einem Tabu im umfassenderen, ethnologischen Sinne, wie bei frühen, magischen Gesellschaften beobachtet.

»Heilige Scheu« – darüber kann man nicht reden

Die Schwierigkeit, über den Nationalsozialismus zu sprechen, könnte auch damit zu tun haben, dass die Zeit zwischen 1933 und 1945 für die aktiv Beteiligten außergewöhnlich war: zwar gefährlich, aber auch heilig, geweiht und mit Zauberkraft aufgeladen. Das wird in den Gesprächen mit ehemaligen Nazis immer wieder deutlich, schon an ihrer veränderten Stimme und Sprechweise, wenn sie vom »Dritten Reich« erzählen. Während sie über die Weimarer Republik und auch die Bundesrepublik mit stockender, bedrückter, brüchiger oder zögernder Stimme berichten, wird ihre Sprechweise lebendig, fließend, kraftvoll und schwärmerisch, wenn es um Hitler und das »Dritte Reich« geht. Manche Augen beginnen zu leuchten. Es ist, wie wenn diese verschiedenen Abschnitte der deutschen Geschichte als zweierlei seelische Aggregatzustände erlebt würden.

Dies wurde etwa in der Art und Weise deutlich, wie der schon erwähnte Erwin Holzer in Bezug auf die Hitlerjugend in einem energischen Tonfall »Ja!« sagt, der seine ganze Begeisterung für einen kurzen Moment zum Ausdruck bringt – während er anschließend mit normaler, nicht-begeisterter Stimme über die katholische Jugendarbeit und deren »Weiterführung« in der HJ spricht. Aus der unterschiedlichen Stimmqualität wird deutlich, dass katholische und nationalsozialistische Jugendarbeit qualitativ ganz verschieden erlebt wurden.

An anderer Stelle des Gesprächs betont Herr Holzer Errungenschaften des Nationalsozialismus wie Arbeitsbeschaffung und Kraft-durch-Freude-Reisen. Dies waren für ihn »Zeichen, das war eine neue Zeit, ein neues Zeitalter beginnt«. Ein weiteres Beispiel:

Die interviewte Margot Bogner, geboren im Jahr 1917, ist eine zierliche alte Dame, die im Lauf des Gesprächs mit ihren wachen, lebendigen Augen viel

Blickkontakt mit der Interviewerin hält. Ihre Wohnung ist sehr gediegen, mit stilvollen Möbeln eingerichtet.
Sie nennt Hitler einen »Mann der kleinen Leute« und der »Masse der Masse.« Als Jugendliche ging sie nach Berlin, weil es ihr in Regensburg zu spießig war. In Berlin erlebte sie Hitler und lernte ihren Mann kennen. Zum Geburtstag des »Führers« besuchte sie eine Militärparade, die sie beeindruckte und mit Stolz erfüllte. Eine Massenversammlung der Nationalsozialisten schildert sie mit den Worten: »Die Atmosphäre, sie war ..., sie war aufgeladen.« Zuvor, als 18-Jährige, erlebte Frau Bogner eine Sonnwendfeier. Mit Einbruch der Dunkelheit wurde ein Feuer angezündet, es war »beeindruckend schön«. Sie war »ganz weg. Es war so fast religiös. Also, so huhuhu, so so so sowas.«

Bezeichnenderweise gehen viele Schilderungen des »Dritten Reiches« mit Schwierigkeiten einher, das damalige Erleben in Worte zu fassen. Jeder von uns kennt die Erfahrung: Wir haben etwas ganz Außergewöhnliches erlebt und müssen dann feststellen, dass es keine Worte gibt, das Erlebte zu beschreiben, ohne dass »es«, das Wesentliche, dabei verloren geht; es bleibt nur, zu gestikulieren, zu stammeln oder: zu schweigen. Sprache markiert immer auch die Grenze zwischen denjenigen Erfahrungen und Dimensionen der menschlichen Existenz, die eine Gesellschaft einerseits jeweils zulassen und integrieren kann – und denjenigen, die sie andererseits ausschließt, d. h. tabuisiert. Die Schwierigkeit der Interviewten, die für sie positiven Seiten des Nationalsozialismus zu verbalisieren, könnte somit auch auf gewisse Erfahrungen und Dimensionen der menschlichen Existenz hinweisen, die im »Dritten Reich« erlebt werden konnten – um instrumentalisiert zu werden. Auf Erfahrungen, für welche die bürgerliche Gesellschaft nach 1945 keine Erfahrungsräume und keine Sprache zur Verfügung hat: Erfahrungen, die als außergewöhnlich, heilig, aufgeladen erlebt wurden.

Mana

Das Außergewöhnliche am »Dritten Reich« wird vor allem an der Person Adolf Hitlers festgemacht. Viele Interviewte sprechen von ihm als dem »Führer« oder sagen oft nur »ER« mit einem Ton, bei dem Ehrfurcht mitklingt. Auch wenn sie sich an anderer Stelle des Gesprächs durchaus von Hitler und den Nazi-Verbrechen kognitiv distanzieren, erzählen sie mit lebhaftem, schwärmerischem Tonfall z. B. davon, »IHN sogar einmal gesehen« zu haben. Selbst ein Blick auf Hitler aus großer Entfernung wird als so bedeutsam erlebt, dass er zur »persönlichen Begegnung« wird.[27]

Beispielsweise von Eugen Ebner, geboren im Jahr 1915. Eine Landkarte an der Wand erinnert an seine Heimat Schlesien. Der großgewachsene, hagere Mann wohnt in einer praktisch eingerichteten, etwas lieblos wirkenden Wohnung eines Hochhauses. Wie er berichtet, absolvierte er schon als Pfadfinder eine »schwarze Ausbildung«, bei der Reichswehr, Vorläufer der Wehrmacht, der er sich 1934 freiwillig anschloss und bis Kriegsende angehörte; später war er in der Bundeswehr tätig. Herr Ebner sagt, dass er sich als Soldat nicht um Politik gekümmert habe. Er schildert brutale Kriegserlebnisse und Kriegsverbrechen, die er in Russland, am Monte Cassino und in Jugoslawien miterlebte. Seine Kampfeinsätze wurden wiederholt unterbrochen durch lebensbedrohliche Verwundungen. Unter anderem war er einmal neun Tage lang klinisch tot und musste ein Dreivierteljahr lang mühsam wieder lernen zu gehen; er hat 66 kleine bis handtellergroße Narben am ganzen Körper. Dennoch beantragte er noch in den letzten Kriegstagen die Mitgliedschaft in der NSDAP. Er schildert mehrere »persönliche Begegnungen« mit Hitler, er war »fasziniert« von dessen »stechenden Augen«. Seine zweite »Begegnung« hatte Herr Ebner, als er von der Tür aus in ein Offizierskasino blickte und Hitler beim Essen sah: »Der Hitler hat nur Rührei mit Speck gegessen, einfach mit der Gabel, nicht mit Messer und Gabel, ganz natürlich. Also, er war damals eigentlich für die Leute, die ihn so kennenlernten, sympathisch.«
Mit diesen Sätzen drückt Herr Ebner sein Staunen darüber aus, dass Hitler sich *wie* ein Mensch benommen habe: »ganz natürlich«. Dies lässt vermuten, dass Hitler eben nicht als Mensch betrachtet wurde. An anderer Stelle sagt Herr Ebner: »Er hat viele Menschen glücklich gemacht.« Ganz im Sinne des magischen Bewusstseins schreibt er so dem »Führer« die Fähigkeit zu, sein Volk zu beglücken.

Für viele seiner Anhänger war der »Führer« offenbar gottähnlich; etwa für Elvira Scheer, geboren im Jahr 1921.

Frau Scheer ist groß, blond und wirkt wie ein gealtertes Mädchen. In ihrem Dirndl lässt sie den Interviewer an Leni Riefenstahl denken; dieser Eindruck wird bestärkt durch die zahlreichen Mitbringsel aus Afrika, mit denen ihre Wohnung ausstaffiert ist. Frau Scheer erinnert sich: »Hitler, lieber Gott. Wissen Sie, der war auch so fern. Der war gar nicht da. Der schwebte so über allem drüber wie so gewisse Heilige oder Jesus und Maria.« Sie war davon überzeugt, dass Hitler nur für sein Volk gelebt habe: »Der Hitler muss ja eine persönliche Ausstrahlung gehabt haben. Ich hab geglaubt, er heiratet nicht, weil er seine ganze Kraft dem deutschen Volk widmet. Wie so ein katholischer Priester, der auch nicht heiratet, weil er seine ganze Kraft für seine Gemeinde einsetzt. Er denkt nicht an sich, sondern er denkt nur an uns. Ich hab ihn verehrt, obwohl ich eigentlich gar nichts richtig von ihm wusste. Sein Privatleben war ja so tabu. Da wusste man überhaupt nichts drüber. Er hatte kein Privatleben.«

Diese Vorstellungen vom Führer, der seine ganze Kraft seinem Volk widmet und aus diesem Grunde enthaltsam lebt, entspricht den magischen Vorstellungen sogenannter »primitiver« Völker, wie sie oben mit Sigmund Freuds Definition von Tabu und Mana beschrieben wurden: Weltliches Amt und göttliche Abstammung sind in der Person des Herrscher-Priesters verschmolzen, der als Gott verehrt und mit gottähnlicher Machtfülle ausgestattet wird. Die Menschen dieser Kulturen sind von der Vorstellung beherrscht, dass der Herrscher nur für seine Untertanen lebt, dass er die Fähigkeit hat, Glück zu spenden, und »den Lauf der Natur zum Besten seines Volkes«[28] zu regeln vermag. In diesem Sinne wurde Hitlers Ehelosigkeit auch von Goebbels propagandistisch ausgeschlachtet.[29]

Charisma

Die entscheidende Frage ist: War Hitler tatsächlich so eine außergewöhnliche Persönlichkeit, wie seine Anhänger glaub(t)en? Oder ist diese Wahrnehmung das Produkt der NS-Propaganda? Auch in der umfangreichen Literatur über den Nationalsozialismus wird häufig über Hitlers große »Ausstrahlungskraft« und sein besonderes »Charisma« geschrieben. Der Begriff Charisma geht auf Max Weber zurück, der sich auf magische Kulturen und deren Vorstellungen von Mana bezog und schrieb: »›Charisma‹ soll eine als außeralltäglich [...] geltende Qualität einer Persönlichkeit heißen, um derentwillen sie als mit übernatürlichen oder übermenschlichen oder mindestens spezifisch außeralltäglichen, nicht jedem andern zugänglichen Kräften oder Eigenschaften [begabt] oder als gottgesandt oder als vorbildlich und deshalb als ›Führer‹ gewertet wird.«[30]

So bleibt auch bei Weber unklar, ob es sich um tatsächlich vorhandene außergewöhnliche Eigenschaften der betreffenden Person oder lediglich um Zuschreibungen, Projektionen, handelt. Ursprünglich hat das Wort Charisma (von griechisch: chárisma, Gnadengabe) religiöse Bedeutung. Und weil oft nicht verstanden wird, wie manche Menschen es schaffen, ihre Mitmenschen zu faszinieren, so schreibt Axel Wolf, »haftet dem Charisma auch heute noch etwas Geheimnisvolles an«[31]. Erst in jüngster Zeit hat sich die psychologische Forschung mit diesem Phänomen beschäftigt; Wolf gibt einen Überblick über den Stand dieser Forschung:

Ronald Riggio kommt zum Ergebnis, dass Charismatiker ihre Gefühle in einer Weise artikulieren, welche die Zuhörenden begeistert und zum Handeln motiviert. Sie beherrschen die Kunst, auf andere interessant zu wirken und diese an sich zu binden. Sie verbreiten einen ansteckenden Enthusiasmus. Dean Simonton fand heraus, dass charismatische Menschen an die großen Emotionen der Menschen appellieren. Sie tun dies mit einfachen, direkten Worten, die auf »Herz« und »Bauchgefühle« der Zuhörer zielen und bildhafte Assoziationen auslösen. David Kenny, Frank Bernieri und Neha Gada untersuchten die Bedeutung der Körpersprache, die offenbar eine unbewusste Körpermimikry bei den Zuhörern auslöst. Nach Frank Bernieri gibt es jedoch kein Rezept; Charisma erfordert seiner Ansicht nach Intuition und Improvisation. Dabei spielt man mit den Gefühlen der Zuhörer wie ein improvisierender Jazzmusiker.

Charismatische Menschen kennen die Tricks, besitzen aber auch die angeborene Gabe, diese Tricks vor dem Publikum auszuspielen. Im Unterschied dazu sind die Veranstalter von Charisma-Seminaren und die Autoren einschlägiger Ratgeber der Auffassung, dass sich Charisma erlernen lässt. Diese Meinung lässt sich aus Sicht der wissenschaftlichen Erforschung von Charisma vorsichtig bejahen: Philip Zimbardo ist der Ansicht, dass sich Charisma kultivieren lässt. Wie Axel Wolf zusammenfasst, ergeben sich aus der Forschung über die Wirkung von Sprache, Auftreten und Körpersprache durchaus »einige Tipps, wie sich das vorhandene charismatische Potenzial eines Menschen entfalten lässt«[32].

Für unsere Frage nach dem Charisma Adolf Hitlers bedeutet dies Folgendes: Wie groß Hitlers »angeborenes charismatisches Potenzial« auch immer gewesen sein mag – diese Fragestellung ist so irrelevant wie die nach seiner Schuhgröße; die Fragestellung ist eine Sackgasse ohne aufklärerischen Erkenntniswert. Entscheidend ist vielmehr die Frage, mit welchen verbalen, körpersprachlichen und anderen propagandistischen Mitteln und unter welchen gesellschaftlichen Bedingungen dieses Potenzial (wie groß auch immer es gewesen sein mag) zur Entfaltung gebracht werden konnte.

Bedauerlicherweise werden jedoch in einem großen Teil der Literatur zum Nationalsozialismus Hitlers angebliche »außergewöhnliche Persönlichkeit« und sein »besonderes Charisma« als Tatsache in den Mittelpunkt der Analyse gestellt.

Ich halte diese Interpretation für problematisch und kontraproduktiv, da sie NS-Ideologie wiederholt und eine Entmystifizierung und rationale Aufklärung des Geschehenen verhindert. Die Fixierung eines großen Teils der Literatur auf die Person Adolf Hitlers – man kann von einem »Hitlerismus« sprechen – zeigt, wie sehr sich eine Auseinandersetzung mit dem Nationalsozialismus noch immer im Bannkreis von Vorstellungen bewegt, die durch die Nazi-Propaganda selbst geschaffen wurden. Durch den alleinigen Blick auf den »Führer« werden die Millionen von Menschen, die am »Dritten Reich« aktiv beteiligt waren, ausgeklammert; ihre Motive und Beweggründe geraten an den Rand der Auseinandersetzung mit dem Nationalsozialismus. Mit dieser reflexartigen Fokussierung auf Hitler wurde ich selbst beispielsweise in folgender Begebenheit konfrontiert:

Eine US-amerikanische Universität hatte mich zu Vorträgen über das Forschungsprojekt eingeladen. Einige Wochen vor meiner Abreise wurde ich gebeten, eine passende Illustration für die Plakate zuzusenden, mit denen meine Vorträge angekündigt werden sollten. Entsprechend der Fragestellung unseres Projekts sandte ich eine Fotografie, die Hitler inmitten einer Menge jubelnder Anhänger zeigt. Als ich später vor Ort die Plakate sah, stockte mir der Atem: Jemand hatte sich (mit welchen technischen Tricks auch immer) die Mühe gemacht und die Zehntausende von jubelnden Menschen auf dem Foto optisch unscharf gemacht. Lediglich in der Mitte des Bildes waren noch einige wenige Personen klar zu sehen: führende Nazis und insbesondere Adolf Hitler. So wurde erneut die große Zahl der Nazi-Anhänger, die damals Hitler und den Nationalsozialismus erst möglich gemacht hatten, im wahrsten Sinne des Wortes ausgeblendet.

Um den Nationalsozialismus zu verstehen, ist es unabdingbar, sich von der magischen Vorstellung zu lösen, dass Hitler besondere, übernatürliche Kräfte[33] gehabt habe, ebenso von Mystifizierungen des Nationalsozialismus als »unerklärbares Faszinosum« und dergleichen. Es geht vielmehr darum, diese magischen Vorstellungen aus der *Wechselwirkung* zwischen dem Nazi-Programm und seinen Anhängern zu verstehen. Einerseits wurde magisches Denken von der NS-Propaganda gefördert – dem kamen die Nazi-Anhänger andererseits aber auch entgegen und ermöglichten so den Erfolg dieser Propaganda. Diese Wechselwirkung im Detail zu zeigen würde den Rahmen dieses Buches sprengen. Daher können hier nur einige Hinweise gegeben werden. Nachfolgend werden – ohne Anspruch auf Vollständigkeit – einige charakteristische Themen und Gestaltungselemente vorgestellt, die bei den NS-Anhängern magisches Bewusstsein hervorzurufen vermochten.[34]

Wie das magische Bewusstsein produziert wurde

Der Nationalsozialismus wurde von Nazi-Ideologen wie Edgar Dacqué als *»magischer Kult«, »heidnische Philosophie und Geistesreligion«*[35] beschrieben. Wie die typisch-magische Verschmelzung von Priesteramt und politischer Herrschaft in der Person des »Führers« inszeniert wurde, lässt sich z. B. in einem Nazi-Ritual vom 9. November 1935 ablesen. Dabei wurden die 16 Toten des gescheiterten Putschversuchs von 1923 in einem neu errichteten »Ehrentempel« beigesetzt. Zu dieser Weihefeier wurden – in raunendem, pathetischem Tonfall - folgende Worte gesprochen:

»Was gelten Bittgesänge, Messegebete, des Weihrauchs aufgeschwenkte blanke Schalen gegen den dumpfen Rhythmus unserer Trommeln, wenn unser Führer zu den Stufen tritt. Der Atem derer, die ihn sehen, lischt. Die Erde, die vom Anmarsch bebte, schweigt. Der Lärm hockt grau am Ende aller Welt. Der Führer steht. Der Führer hebt die Hand zum ewigen Gruß. Es schlägt sein Herz im Herzschlag seines Volkes. Des Führers Schreiten heute ist Gebet. Er steigt und steht, von Wunder ganz umhüllt. Er brennt vom Glauben seiner Kameraden. Und keine priesterliche Weihe steigt gewaltiger empor als dieses stumme und Stein gewordene Gebet des Mannes, in dessen Herzen sich ein Volk bewegt.«[36]

Politik als Ritual, Ritual als Politik. Dieses Beispiel illustriert, wie Adolf Hitler durch den nationalsozialistischen Führerkult als Herrscher und Priester inszeniert wurde. Hitler wird hier nicht namentlich genannt, sondern überpersonal als »Führer« oder »er« bezeichnet. Er gehe nicht, sondern er »schreitet«, und dieses Schreiten sei »Gebet«, er stehe »von Wunder ganz umhüllt«. Hitler wird als übermächtig beschrieben, als ein

Wesen, bei dessen Anblick selbst die Erde »schweigt«. Hitlers Herzschlag sei der Herzschlag »seines Volkes«. Magisch ist auch der Zeitbegriff, der sich in diesem Ritual (und vielen anderen Stellen der NS-Propaganda) ausdrückt: Hitlers Gruß sei »ewig«. Das ganze Ritual wurde umrahmt mit Trommelschlägen und pathetischen Worten, die mit bebender Stimme vorgetragen wurden.

Rational betrachtet, macht fast jeder dieser Sätze keinen Sinn: Lischender Atem?? Schweigende Erde?? Grau hockender Lärm?? All diese Unklarheiten des Textes sind gewollt, denn es ging den NS-Propagandisten gerade nicht um Aufklärung, sondern um Verhüllung. Nicht Rationalität, sondern Unklarheit.

Schon vor 1933 konzentrierten sich die Wahlkämpfe der NSDAP intensiv auf die Person Adolf Hitlers. Die Propaganda feierte Hitler als von der Vorsehung bestimmten, mit übernatürlichen, Mana-haften Kräften erfüllten charismatischen Führer und Erlöser. So heißt es etwa in einer SS-Schrift:

»Gefolgschaft leisten ist dem Gefolgsmann keine knechtische Unterwerfung unter fremdbestimmten Willen, sondern stolze Hingabe des selbstbewussten Mannes an einen großen, als Vorbild erkorenen und von besonderen Glückskräften erfüllten ›charismatischen‹ Führer und seine Aufgabe. Der Gefolgsmann befiehlt sich selber, indem er sich in innerer Freiheit dem geborenen Träger göttlicher Macht schenkt und dienend unterordnet.«[37]

Wie Eduard Guggenberger und Roman Schweidlenka in ihrer Analyse des nationalsozialistischen Führerkultes beobachten, finden sich in der NS-Ideologie Vorstellungen einer spirituellen Kraft, die dem Mana entspricht und hier »Hamingja« oder auch »Flygya« genannt wurde. Dem Nazi-Denken zufolge bekam der Führer diese Kraft von kosmischen Mächten bzw. von Odin. »Diese kann er nun durch Magie und Taten für das Volk fruchtbar machen und Heil manifestieren«[38] – vorausgesetzt, die Volksgemeinschaft folgt ihm in Treue. So wurde Hitler z. B. 1941 dafür geehrt, dass er durch diese Kraft den Krieg von Deutschlands Grenzen fern halte. Der NS-Ideologie Friedrich Murawski feiert die Fähigkeiten des Führers: Er *»fegt im Kampf die Feinde weg und trägt die Seinen zum Sieg, […] erhebt das Volk […] im Innern, gibt seiner Arbeit Gedeihen und den Saaten reiche Frucht, [er] kann sogar die Elemente und die Naturkräfte in den Dienst des Volkes zwingen.«*[39]

Diese Vorstellungen entsprechen dem magische Bewusstsein früher Kulturen, wie es oben mit Freuds Schrift *Totem und Tabu* definiert wurde: Der gottähnliche Herrscher-Priester lebt nur für seine Untertanen; er hat die Fähigkeit, zu beglücken und die Natur zum Wohl seines Volkes zu beeinflussen.

Zum magischen Bewusstsein gehören auch Ansteckungsphantasien, wonach die Zauberkraft durch Berührung übertragen wird. Diese Vorstellung zeigt sich z. B. im nationalsozialistischen Fahnen-Kult. So schrieb etwa der NS-Ideologe Joseph Otto Plassmann: »*In dem Feldzeichen lebt der Geist der Ahnen und ihrer kriegerischen Taten, in ihr lebt der Geist der kriegerischen Gemeinschaft selbst, der den Tod überdauert, denn ›die Fahne ist mehr als der Tod‹.*«[40] Diese Zauberkraft kann – so die magische Vorstellung – durch eine Art Ansteckung von einer Fahne auf andere Fahnen übertragen werden. Dadurch entsteht eine magisch-zeitlose Verschmelzung über Zeit und Raum hinweg. In Plassmanns Text heißt es weiter:

»*Darum ist die mit dem Blut der erschlagenen Krieger getränkte Flagge für immer der Sammelpunkt der lebendigen und der toten Krieger. So war es schon in der Urzeit, so war es an der Feldherrnhalle, als die Fahne der deutschen Erhebung wiederum mit dem Blute ihrer erschlagenen Verteidiger getränkt wurde. Sie wurde wiederum der mythische Sammelpunkt der Lebenden und der Toten, die in unseren Reihen mitmarschierten; ja, aller Toten, die in dem vieltausendjährigen Kampfe unseres Volkstums um Blut, Boden und Ehre ihr eigenes Blut gelassen haben.*«[41]

Die bedeutendste Fahne im »Dritten Reich« war die sogenannte »Blutfahne«, die angeblich mit dem Blut der sogenannten »Märtyrer der Bewegung« – den Toten des gescheiterten Putschversuchs von 1923 – getränkt war. Hitler berührte mit ihr auf den Reichsparteitagen die neuen »Sturmfahnen«. So sollte die »Ahnenkraft« magisch, per Ansteckung, auf die neuen Fahnen übertragen werden.

Warum wirk(t)en diese magischen Rituale auf die Menschen, wie sich in den Interviews zeigte?

Über die Lust zur Regression

Die genannten Beispiele und Zitate erlauben Einblicke in die Bewusstseinswelt des »Dritten Reiches«, wie sie durch Rituale, Filme, Rundfunksendungen, Plakate, Massenversammlungen, Schriften, Musik etc. propagiert wurde. Das Nazi-Weltbild und seine Propaganda wurden in den vergangenen Jahrzehnten von zahlreichen Autoren als pseudo-religiös, irrational, sentimental, dumm, primitiv, niveaulos, absurd, phrasenhaft, einfältig, lügnerisch, wahnhaft, aberwitzig, krankhaft, zusammengestückelt, manipulativ ausgedacht, Maskerade, Verblendung und vieles mehr beurteilt. So spricht etwa Karl Dietrich Bracher von »verschwommenen Äußerungen«, »Ideologiekonglomerat«, »Einfalt und Primitivität der nationalsozialistischen Ideen und Programme, Thesen und Revolutionskonzepte, Visionen und Machtkonzepte«, verweist auf »zusammengestückelte, in lärmenden emotionalen Appellen vorgetragene Ideenfetzen«[42]. Walter Jens schrieb: »So jämmerlich die Logik, so kläglich die Sophisterei, so hanebüchen die Logik.«[43] Joachim Fest nennt das Nazi-Weltbild »aberwitzig« und »krankhaft«[44]. Und all dies stimmt ja auch: Die Gedankenwelt des Nationalsozialismus ist, in der Tat, pseudo-religiös, irrational, sentimental usw. – vom Standpunkt des heutigen, rationalen Bewusstseins aus betrachtet.

Aber all diese Kritiken erklären nicht, wie diese Nazi-Propaganda – trotz allem – die Herzen von Millionen von Männern und Frauen gewinnen konnte, viele von ihnen intelligent und gebildet, auch aus Hochschulkreisen stammend. Schon Ernst Bloch warnte, dass mit arroganter Verachtung, mit der die Kritik am Nazi-Weltbild in der Regel vorgebracht werde, kein Antifaschismus zu machen sei: »Es geht darum nicht an, mit oft recht billigem Verstand dort nur ironisch zu sprechen, wo sich der teuerste immerhin zu wundern hätte. Es geht nicht an, dicke Bücher über den Nationalsozialismus zu schreiben, und nach der Lektüre ist die Frage, was das sei, das so auf viele Millionen Menschen wirke, noch dunkler als zuvor.«[45]

Der Hinweis auf die Primitivität der Nazi-Propaganda erklärt nicht ihren Erfolg. Offen bleibt die Frage, wie der Nationalsozialismus die »Macht über die Herzen des Volkes«[46] erringen konnte.

Meine These ist, dass das intellektuelle Niveau des NSDAP-Programms und der nationalsozialistischen Schriften, Reden, Filme usw. völlig unerheblich ist – wenn es darum geht, ihren Erfolg bei ihren Anhängern zu erklären. Denn die Nazi-Propaganda zielte von vornherein gar nicht darauf ab, die Menschen *kognitiv* zu überzeugen, sondern darauf, sie in ganz anderen psychischen Schichten anzusprechen. Sie suchte nicht primär das (entwicklungspsychologisch betrachtet) reife, erwachsene, verantwortungsbewusste und rationale Ich-Bewusstsein des modernen, mentalen[47] Menschen anzusprechen, sondern *frühe* Erfahrungen und Schichten in der Psyche der Menschen. Diese wurden von verschiedenen Bewusstseinsforschern wie Jean Piaget, Sigmund Freud, Jean Gebser u. a. als *magisch* bezeichnet und mit dem Bewusstseinszustand früher Kulturen verglichen.

Indem das Nazi-Überzeugungsprogramm *regressiv* frühe psychische Schichten zu aktivieren suchte, setzte es an einem menschlichen Ur-Konflikt an. Max Horkheimer und Theodor Adorno sprechen in der *Dialektik der Aufklärung* von der immerwährenden »Anstrengung, das Ich zusammenzuhalten«. Diese ist mit der ältesten Angst verbunden: dem Grauen, in frühere, überwunden geglaubte Entwicklungsphasen zurückzusinken. Diese Ich-Anstrengung geht einher mit der »Lockung«, das Ich »zu verlieren«[48].

Nach C. G. Jung[49] und Erich Neumann[50] geschieht die Entwicklung der menschlichen Psyche in der Spannung zwischen Bewusstwerdung und einem Regressionswunsch, der mit der Schwerkraft verglichen werden kann. Diese Kraft vermochte die NS-Propaganda offenbar für ihre Zwecke zu instrumentalisieren. Sie appellierte an die regressiven Wünsche der Menschen, von der Anstrengung erlöst zu werden, ein immerwährend waches, bewusstes, verantwortungsbewusstes Ich sein zu müssen – und bot ihnen stattdessen an, im großen, bewusstlosen Wir-Gefühl der »Volksgemeinschaft« zu verschmelzen.

Die Nazi-Massenversammlungen, Rituale, Filme, Rundfunksendungen, Ideologie, Musik usw. sprachen die menschliche Lust an, nicht-verantwortlich, klein, kindlich, unschuldig zu sein; die Lust, in einer magischen Welt zu leben, in der es Zauberkräfte gibt, in der Wunder geschehen und Größenphantasien wahr werden; die Lust, in einem paradiesischen Zustand von Zeitlosigkeit, Ambivalenzlosigkeit und Unwissenheit zu leben. In den häufigen Beteuerungen der Interviewten, »man« habe doch »nichts gewusst«, drückt sich dieser Bewusstseinszustand aus (auffälligerweise verwenden die Interviewten beim Erzählen über ihr Erleben des »Dritten Reiches« häufig das ich-lose Wörtchen »man«). Diese These wird in den folgenden Kapiteln noch weiter ausgeführt.

Das NS-Überzeugungsprogramm war demnach nicht erfolgreich, *obwohl*, sondern *weil* es (vom Standpunkt des mentalen Bewusstseins aus betrachtet) so primitiv, pseudo-religiös, irrational, sentimental usw. war. Das Nazi-Programm wollte gar nicht niveauvoll, intellektuell anspruchs-

Abb. 1: Bücherverbrennung, Berlin, 11. Mai 1933

voll, differenziert, gebildet, rational sein. Im Gegenteil: Aufklärung, kognitive Anstrengung, differenzierendes Abwägen, rationale Analyse, Diskurs wurden als »zersetzender Intellektualismus« verachtet.[51] Die magische Bewusstseinswelt des Nationalsozialismus war wesentlich anti-aufklärerisch: Du sollst nicht denken! Du sollst nicht verstehen! Irrationalität der Thesen? Na und?! Wissenschaftlich-rationale Überprüfung der aufgestellten Behauptungen? Unsinn! »*Wer Jude ist, bestimme ich!*«[52]

Das Denk-Verbot gehört zum Tabu und zur magischen Welt. Treffend ist dieser Aspekt des magischen Bewusstseins auf dem Umschlag des Buches *Tabu. Magie und soziale Wirklichkeit* von Hartmut Kraft[53] illustriert: Die Abbildung zeigt eine Skulptur der bekannten »Drei Affen«, die ihre Ohren, Augen und den Mund mit den Händen verschließen. »Nichts sehen, nichts hören, nichts sagen«[54] – diese Verbote kennzeichnen auch den nationalsozialistischen Bewusstseinszustand. Der Nationalsozialismus *wollte* nicht rational, sondern »rätselhaft« sein (er ist dies bis heute geblieben). Daher auch die mysteriösen Formulierungen der Nazi-Redner, ihre raunenden, bebenden Stimmen, das geheimnisvolle Getue bei den – oft nächtlichen – Ritualen, das magische Trommeln, das flackernde Licht der Fackeln, der pseudo-religiöse Pathos usw. So etwa bei den Bücherverbrennungen, dem anti-aufklärerischen Nazi-Ritual par excellence. Hier ein Ausschnitt aus dem Text, der bei den Verbrennungen verlesen wurde:

»Gegen seelenzerfasernde Überschätzung des Trieblebens, für den Adel der menschlichen Seele! Ich übergebe der Flamme die Schriften des Sigmund Freud. Gegen volksfremden Journalismus demokratisch-jüdischer Prägung [...]. Gegen Frechheit und Anmaßung, für Achtung und Ehrfurcht vor dem unsterblichen deutschen Volksgeist. Verschlinge, Flamme, auch die Schriften der Tucholsky und Ossietzky!«

Kapitel 2: Hypnotische Trance

Frau Leonore Held öffnet die Tür und fährt den Interviewer in heftigem Tonfall mit den Worten an: »Na, das wurde aber auch Zeit! 50 Jahre durften wir ja nicht reden! Es durften ja nur die Opfer reden!« Sie wohnt in einem Seniorenheim in Offenburg; aufgrund eines Hüftleidens bewegt sie sich mit einer Gehhilfe. Frau Held ist klein, ihre Haut ist faltig, sie erweckt den Eindruck, »zäh« zu sein. Ihre Gesichtszüge sind scharf und beherrscht, sie spricht sehr intensiv, unterstützt mit heftigen Gesten, dabei lässt sie den Interviewer mit ihren hellwachen, flinken Äuglein nicht aus dem Blick. Frau Held spricht eindringlich, mit viel Betonungen und Pathos. Die Tonbandaufnahme ihres Interviews beginnt mit den Worten:
»Ich bin 1919 in den Freistaat Danzig hineingeboren und habe die Zeit bis 1945 praktisch dort erlebt. 39 bis 45 allerdings nicht mehr, da war ich im Reich, aber die entscheidenden Jahre. Ich bin an der Geschichte geboren und mit der Geschichte gelebt und in der Geschichte immer gelebt, mittendrin, und ganz dicht dran, noch dichter geht's fast nicht. Das ist das eine, und das zweite ist, dass 98 Prozent meiner Generation irgendwo involviert war in diese Jahre, in irgendeiner Form, passiv, aktiv oder widerstandsmäßig. Und 2 Prozent Widerstand hat bis heute sprechen dürfen und müssen, dringend, und 98 Prozent haben bis heute schweigen müssen, weil sie nicht mehr das Recht hatten, das Recht war ihnen entzogen durch die Entwicklung des Holocausts. Der Holocaust ist das Entscheidende, was uns zum Schweigen verurteilt hat. Selbst, wenn wir überhaupt nicht direkt handelnd dabei waren, so haben wir Dinge gesehen, ich habe Dinge gesehen, ich habe Dinge erlebt und habe geschwiegen. Und aus diesem Grunde waren wir hinterher zum Schweigen verurteilt, im Verhältnis zu denen, die gelitten haben. Es war keine andere Möglichkeit, weil, 1945 fiel ich in ein schwarzes Loch, mein Mann ebenso, ich habe eine Ehe, die ganz, ganz spannend ist auf diesem Gebiet ... «

Das Interview ging noch fast zweieinhalb Stunden in ähnlichem Stil weiter, der Interviewer fühlte sich zunehmend erschöpft und verwirrt. Auf der Rückfahrt bei Dunkelheit drängte er, ohne es zu merken, in einer Kurve ein anderes Auto auf der Nebenspur ab und verschuldete so einen Autounfall. In der supervisorischen Reflexion beschrieb der Interviewer seinen Bewusstseinszustand als »seelisch besoffengeredet, wie hypnotisiert«.

Diese Reaktion deutet auf einen Zusammenhang zwischen Hypnose und Nationalsozialismus hin, der in diesem Kapitel näher untersucht werden soll.

Hitler als Hypnotiseur?

Der Nationalsozialismus wurde schon häufig mit Hypnose in Zusammenhang gebracht. In zahllosen fach- und populärwissenschaftlichen Veröffentlichungen und in vielen Variationen wurde Adolf Hitler als Figur mit außergewöhnlichen hypnotischen und suggestiven Fähigkeiten charakterisiert, der das deutsche Volk hypnotisiert, willenlos gemacht und verführt habe. So etwa von Hermann Rauschning (1940), Walter Künneth (1947), Georg Hallgarten (1957), Golo Mann (1958), Werner Jochmann und Bernd Nellessen (1960), Jesco von Walden (1960), Alan Bullock (1964), Margareta Wedleff (1970), Saul Friedländer (1999) und vielen anderen. Detlef Grieswelle (1972) etwa erklärt den Erfolg Hitlers mit der »hypnotischen Ausstrahlungskraft« seiner Person, von der »ein erstaunliches Fluidum«[55] ausgegangen sei.

So verbreitet die Hypnose-These auch ist – sie ist durch keinerlei wissenschaftliche Hypnose-Forschung begründet. Der Zusammenhang zwischen Hypnose und Nationalsozialismus ist bis heute nicht wissenschaftlich erforscht. Vielmehr wird in den genannten Theorien ein naives, romantisches Verständnis von Hypnose aus dem vorletzten Jahrhundert zugrunde gelegt. Dabei wird die *Interaktion* zwischen Hypnotiseur und Hypnotisand auseinandergerissen, und dem Hypnotiseur (in diesem Fall Hitler) werden übermenschliche hypnotische Fähigkeiten zugeschrieben, mit denen er die willenlosen Hypnotisanden (das deutsche Volk) verführt habe. Diese mystifizierende Vorstellung wiederholt, wenn auch mit umgekehrtem Vorzeichen, in gewisser Weise Nazi-Ideologie: Auch diese hatte Hitler als Wesen mit übernatürlichen Fähigkeiten dargestellt. Diese Mystifizierung verhindert zudem eine wissenschaftliche Erforschung der Kommunikation *zwischen* Hypnotiseur und Hypnotisanden, wie es in der modernen Hypnoseforschung geschieht. Diese Erforschung beginnt mit der Frage: Was ist eigentlich Hypnose?

Über Hypnose und Trance

Bei der Hypnose bzw. hypnotischen Trance handelt sich nicht um geheimnisvolle Phänomene, wie dies der romantische Hypnose-Begriff, die damals inszenierte Bühnenhypnose und die entsprechende Literatur suggerieren. Vielmehr geht es um Vorgänge, die auch im Alltag – und allemal in anderen Kulturen – zu beobachten sind, etwa wenn wir so versunken in eine Tätigkeit oder absorbiert von einem Thema sind, dass wir vorübergehend vom »Rest der Welt« keine Notiz nehmen (dies wird als sogenannte Alltagstrance bezeichnet). Solche Phänomene relativieren ein Menschenbild, wonach das menschliche Bewusstsein durchgängig stabil und gleichbleibend wach sei; dieses Bild wurde schon von Psychologen und Psychotherapeuten wie Pierre Janet, William James, Morton Prince, Sigmund Freud, C. G. Jung, Milton Erickson und anderen hinterfragt.

Obwohl sich der Begriff Hypnose vom griechischen Gott des Schlafes, »Hypnos«, herleitet, ist Hypnose nicht mit Schlaf zu verwechseln. Vielmehr gibt es zwischen Wachzustand und Schlaf verschiedene Bewusstseinszustände. Jeder Mensch macht je nach Lebenssituation (z. B. in der Kindheit, unter Einfluss von Fieber, Drogen, bei Erschöpfung, Verliebtheit, Glück, Regression oder intensivem Sport, d. h. unter Einfluss von Endorphinen) die Erfahrung, dass das wache, verantwortungsbewusste Ich-Bewusstsein in andere Bewusstseinszustände übergehen kann wie z. B. Tagtraum, Rausch, Verwirrung, Halluzination, das sogenannte »runner's high,« Faszination, Begeisterung, Ekstase oder dergleichen. Systematisch erforscht und therapeutisch genutzt werden die verschiedenen Bewusstseinszustände insbesondere in der Hypnoseforschung und -therapie.

Zur Begrifflichkeit: Hypnose wird als das *Verfahren* zur Erzeugung eines veränderten Bewusstseinszustands definiert. Der veränderte *Bewusstseinszustand* selbst, in den die Klientin (Hypnotisandin) unter Hypnose gerät, wird als Trance (von lat. »transire« = hinübergehen) oder hypnotische Trance bezeichnet (missverständlicherweise wird Trance zuweilen auch Hypnose genannt). Obwohl es keine einheitliche Definition von hypnotischer Trance gibt, besteht unter Hypnoseforschern große Übereinstimmung in Bezug auf folgende Aspekte:

- Hypnotische Trance ist ein Zustand *veränderter* Aufmerksamkeit.
- Der Fokus der Aufmerksamkeit ist dabei *eingeengt.*
- Die *Zuwendung* zur Quelle der Hypnoseinduktion (Hypnotiseur) ist

gesteigert, bei gleichzeitiger *Abwendung* von der sonstigen Umgebung, die dadurch mehr oder weniger aus dem Bewusstsein verloren wird.

- Das Bewusstsein des Hypnotisierten ist *reduziert* und die Kraft der bewussten Kritik vermindert. Die übliche Realitätskontrolle ist aufgehoben, und es können starke *Wahrnehmungsverzerrungen* auftreten. Unbewusst wirkende Suggestionen und emotionale Ansteckungsprozesse werden dadurch erleichtert.
- Die Personen erleben sich, je nach Tiefengrad der Hypnose, als mehr oder weniger *passiv*, teilweise willenlos oder initiativlos.
- Hypnotische Trance ist mit *Regression* verbunden.[56]

Stellen wir uns das Bewusstsein eines Menschen wie einen Kegel von Aufmerksamkeit vor, der – idealerweise – möglichst breit auf die Welt gerichtet ist. Hypnose zielt darauf, diesen Bewusstseinszustand zu verändern. Milton Erickson, einer der Begründer der modernen Hypnotherapie, verwendete dazu eine Reihe von Kommunikationstechniken, die

- zum einen den bestehenden Bewusstseinszustand der Patienten *verwirren*,
- zum anderen ihre Aufmerksamkeit *fesseln*, d. h. den Kegel ihres Bewusstseins einengen und es so ermöglichen, dass ihre Aufmerksamkeit auf andere Objekte umgelenkt wird.

Verwirren

Eine der Verwirrungstechniken Milton Eriksons besteht darin, das Bewusstsein der Hypnotisandin mit einer Überfülle von Verbalisierungen so zu überfluten, dass diese schließlich den Versuch aufgibt, bewusst alles Gesagte zu verarbeiten. Das Bewusstsein »kommt nicht mehr mit« und flüchtet in eine Trance.[57] Verwirrend wirken vernebelnde oder leere Wörter. Nach einer Regel des Milton-Modells für wirksame hypnotische Kommunikation soll der Hypnotiseur »auf kunstvolle Weise vage und unbestimmt«[58] bleiben. Dies kann etwa durch Sätze geschehen, in denen spezifische Informationen (etwa über Zeit, Ort, Person, Handlung) getilgt sind, oder durch die Verwendung unbestimmter Verben.

Die Verarbeitungsfähigkeit des Bewusstseins wird auch durch unlogische oder mehrschichtige Äußerungen überlastet. Oder wenn parallel über verschiedene Themen gesprochen wird bzw. wenn die kognitive (manifeste) und die emotionale (latente) Botschaft dissoziiert sind. Mehrdeutige Worte, Satzteile oder Sätze verwirren. Die Hypnotherapeuten Milton Erickson und Ernest Rossi schreiben: »In einer normalen Konversation zählen mehr die eindeutigen Aussagen, in der Hypnose ist oft das Gegenteil der Fall. Jede Mehrdeutigkeit veranlasst den Zuhörer, eine Botschaft (anstatt nur einmal) innerlich mehrfach zu verarbeiten.«[59] Weitere Methoden Ericksons bestehen darin, ungrammatische Sätze zu sprechen, Redewendungen unbeendet zu lassen oder Sätze ineinander zu verschachteln. Alle diese Techniken haben die Wirkung, das Bewusstsein der Hypnotisanden zu überfordern, sodass es verwirrt ist und in eine Trance flüchtet.

Fesseln

Die zweite Gruppe hypnotherapeutischer Methoden zielt darauf, die Aufmerksamkeit der Klientin zu fesseln und einzuengen. Der Hypnotherapeut William H. O'Hanlon schreibt: »Trance ist fokussierte Aufmerksamkeit.«[60] Hypnotherapeuten haben daher das Ziel, »die Aufmerksamkeit zu fixieren und sie von der äußerlichen Wirklichkeit weg- und zur inneren Erfahrung hinzulenken«[61]. Auch im Alltag kann studiert werden, dass eine faszinierende Tatsache, Geschichte oder Phantasie die Aufmerksamkeit ebenso zu fesseln vermag wie eine erlernte Hypnosetechnik. Die Hypnotherapeuten John Grinder und Richard Bandler fassen zusammen: »Alles, was fasziniert und die Aufmerksamkeit eines Menschen festhält oder absorbiert, könnte als hypnotisch bezeichnet werden.«[62]

Die Wirkung der Alltagstrance wird eindrucksvoll durch ein Experiment von Daniel Simons und Christopher Chabris belegt. In ihrer Studie »Gorillas in unserer Mitte« arbeiteten sie mit Videos von jeweils 75 Sekunden Dauer. Sie zeigen zwei Basketball-Teams mit jeweils drei Spielern, die in weiße bzw. schwarze T-Shirts gekleidet sind. Die Mitglieder jeder Mannschaften spielen sich durch Dribbeln und Werfen einen üblichen orangefarbenen Basketball zu. Ehe die Versuchspersonen den Videofilm sehen, bekommen sie den Auftrag, sich auf eine der gezeigten Mannschaften zu konzentrieren und alle Ballwechsel mitzuzählen. Nach dem Betrachten des Videos werden die Versuchspersonen gefragt, wie viele Ballwechsel sie gezählt haben. Anschließend werden sie gefragt, ob ihnen während des Zählens etwas Ungewöhnliches aufgefallen sei. Dabei zeigte sich, dass fast die Hälfte der Versuchspersonen nicht bemerkt hatte, dass nach etwa 45 Sekunden eine Person, ganz in ein Gorilla-Kostüm gekleidet, von links nach rechts durch das Geschehen gegangen war, während die Basketballer unbeirrt weitergespielt hatten. In einer alternativen Version des Experiments war eine große, hell gekleidete Frau mit einem aufgespannten Regenschirm durch das Bild gelaufen, die ebenfalls von der Hälfte der Versuchspersonen übersehen wurde. Die Forscher kommen zur Schlussfolgerung, dass sich direkt vor unseren Augen Ereignisse abspielen können, die wir sehen und doch nicht sehen, wenn wir ihnen keine Aufmerksamkeit geben.[63]

Um die Patienten in einen Zustand der Trance zu versetzen, wurde in der Hypnotherapie eine Reihe von Methoden entwickelt. Als trancefördernd wirken insbesondere Dramatisierungen und eine erwartungsvolle Haltung des Hypnotisanden. Diese Erwartungshaltung kann durch eine Methode verstärkt werden, die als »Hitchcock-Masche« bezeichnet wird: Milton Erickson »weckt beim Patienten die Neugier auf eine wichtige Frage und verzögert dann die Befriedigung dieser Neugier«[64]. Die Aufmerksamkeit der Hypnotisanden ist dann ganz »neu-gierig« auf die erhoffte Antwort fokussiert, wodurch andere Themen (etwa ein Schmerz) aus dem Wahrnehmungsfeld herausffallen.

Hypnose und Nationalsozialismus

Zu unserer großen Überraschung fanden sich die geschilderten Techniken der Hypnose-Induktion – Verwirren des Bewusstseins und Fesseln der Aufmerksamkeit – bei vielen der von uns geführten Interviews wieder. So verwendete z. B. eine der Interviewten in einer beeindruckenden Weise verschachtelte Sätze: Wie in einer russischen Puppe, die in einer Puppe steckt, welche wiederum in einer Puppe steckt, deutet Ursula Antons ein Gesprächsthema an, das letztlich nicht benannt wird: »Und ich hab von meiner Nachbarin erfahren, dass sie sagte, von einer Freundin, die hätte ihr gesagt, mein Mann hat mir gesagt, wenn du wüsstest, was ich weiß und was mich so bedrückt und was ich dir nicht sagen darf.«

Das Verwirren und Fesseln lässt sich besonders gut am Interview mit der zu Beginn dieses Kapitels vorgestellten Leonore Held zeigen: Sie verwirrt den Interviewer mit einer Überfülle von weitgehend monologisch vorgetragenen Wörtern, über weite Strecken ohne Punkt und Komma.[65] Viele ihrer Aussagen sind unbestimmt, etwa wenn sie von den »entscheidenden Jahren« spricht. Welche Jahre sind gemeint? Inwiefern entscheidend? Für wen oder was entscheidend? Oder wenn sie sagt, »dass

98 Prozent meiner Generation irgendwo involviert war in diese Jahre, in irgendeiner Form«. Was ist gemeint mit »involviert«? Was bedeutet »irgendwo involviert« oder »in irgendeiner Form«? Und in was war sie involviert? Welche Jahre meint die Interviewte? Sie spricht unlogisch, etwa in der Aussage, sie »habe die Zeit bis 1945 praktisch dort erlebt. 39 bis 45 allerdings nicht mehr«. Verwirrend sind Sätze wie: »Ich bin an der Geschichte geboren und mit der Geschichte gelebt und in der Geschichte immer gelebt.« Welche Geschichte? Was bedeutet »an der Geschichte geboren« zu sein? Was heißt »mit der Geschichte leben«? Verwirrend ist auch der Satz: »Wir haben Dinge gesehen, ich habe Dinge gesehen, ich habe Dinge erlebt und habe geschwiegen.« Welche »Dinge« sind gemeint? Sie wechselt zwischen Aussagen über sich selbst, über »wir« und ihren Mann, sodass unklar bleibt, für oder über wen sie spricht.

Der Versuch, Frau Helds Ausführungen zu folgen, erfordert sehr viel Aufmerksamkeit. Zudem weckt sie beim Zuhörer eine große Neugier, indem sie verspricht, sie habe »in der Geschichte immer gelebt, mittendrin, und ganz dicht dran, noch dichter geht's fast nicht«. Und indem sie ankündigt, sie »habe eine Ehe, die ganz, ganz spannend ist auf diesem Gebiet«.

Dieser Blick auf die ersten Minuten des Interviews mit Frau Held zeigt, dass sie eine Reihe von sprachlichen Mitteln verwendet, wie sie auch von Hypnotherapeuten wie Milton Erickson bewusst eingesetzt werden, um hypnotische Trancezustände zu induzieren. Unvermeidlicherweise wurde der Interviewer im Verlauf der weiteren Stunden auch zunehmend verwirrt. Ähnliche Erfahrungen machten auch andere Interviewer mit anderen Interviewpartnern. Diese Beobachtung bedeutet natürlich nicht, dass Frau Held und die anderen interviewten Männer und Frauen zufälligerweise alle Hypnose gelernt und bewusst an den Interviewern praktiziert hätten. Ich schlage vielmehr folgende Interpretation vor:

Die Interviewten setzen diese hypnosefördernden Sprachmittel nicht bewusst ein, sondern sie tun dies unbewusst. Beim Sprechen über die Zeit des »Dritten Reiches« wird ihre damalige Erfahrung in gewisser Weise wieder lebendig und prägt entsprechend ihre Kommunikation. Die Interviewten *wiederholen* in ihrer Beziehung mit den Interviewern unbewusst ihre damalige Erfahrung. So kann man aus der hypnotischen Wirkung der Interviews ablesen, dass der Nationalsozialismus eine Zeit war, in der, verglichen mit der bundesrepublikanischen Gegenwart, eine *andere Bewusstseins-Struktur* herrschte, die als *hypnotische Trance* bezeichnet werden kann (tatsächlich handelt es sich um einen Unteraspekt des magischen Bewusstseins, das im ersten Kapitel vorgestellt wurde). Der Bewusstseinzustand der hypnotischen Trance ist durch folgende Merkmale gekennzeichnet:

- Die Bewusstseinsstruktur ist eine *andere* als die heute vorherrschende.
- Der Fokus der Aufmerksamkeit ist *eingeengt*.
- Die Aufmerksamkeit ist so stark *gefesselt* von einer Person (Adolf Hitler) oder einer Aufgabe (»Drittes Reich«), dass dabei andere Personen oder Themen zur Nebensache wurden, etwa der Abtransport der jüdischen Mitbürger, der ja häufig in aller Öffentlichkeit durchgeführt wurde.
- Die Kraft der bewussten Kritik ist *reduziert* und es können starke *Verzerrungen* der Realitätswahrnehmung auftreten.
- Die Personen erleben sich als *passiv*.
- Dieser Bewusstseinszustand ist mit *Regression* verbunden.

Diese sechs Themen werden im Folgenden näher ausgeführt.

»Das klingt verrückt ...«

In Bezug auf das erste Merkmal, dass im »Dritten Reich« eine (gegenüber der Bundesrepublik) andere Bewusstseinsstruktur vorherrschte, ist zuallererst ein Vermittlungsproblem zu bedenken: Wie können Interviewte über ihr *damaliges* Bewusstsein sprechen, wenn sie *heute* in einer Gesellschaft leben, die durch eine andere Struktur geprägt ist? Mehr noch: Wie können sie ihren damaligen Bewusstseinszustand Gesprächspartnern vermitteln, die diese Zeit nicht erlebt haben und die, aufgrund ihres Wissens über die Nazi-Verbrechen, dem Nationalsozialismus ablehnend gegenüberstehen? Interessanterweise wird genau diese Kluft zwischen Verstehen und Nichtverstehen von den Interviewten vielfach zum Ausdruck gebracht. So etwa von Otto Hauser, Jahrgang 1923:

Der pensionierte Postbeamte wohnt in einem Reihenhaus in Offenburg. Er ist mittelgroß; seine Mimik, seine Kleidung, das Wohnzimmer – alles wirkt überaus korrekt. Vielfach benennt Herr Hauser die Schwierigkeiten, der Interviewerin sein damaliges Erleben verständlich zu machen, etwa indem er sagt: »Es klingt verrückt«, »das klingt für Sie vielleicht verworren«, »heute würde man sagen, das klingt auch wieder komisch«, »das kann man jetzt natürlich glauben, oder man kann es bleiben lassen«. Mehrfach setzt er an: »Es ist schwierig, es ist ..., ich versuch's noch mal.« Oder an anderer Stelle: »Ist schwierig, das nachzuvollziehen. Und drum ist auch wichtig, dass es nicht falsch interpretiert wird. Ich meine, ich hab ein paar Auszeichnungen, wissen Sie, ich war dreimal verwundet und hab ein paar so Auszeichnungen ... dssssss Manno, also Manno, sagen die Jungen ... Das ist echt schwierig.« Später sagt der Interviewte: »Das mag jetzt, ich könnt Ihnen jetzt was sagen und Sie können sagen, ach der kann mir jetzt viel erzählen, aber so war's.« Die Interviewerin: »Nein, ich glaube Ihnen das« – Herr Hauser stöhnt.

So viel Mühe, sich zu vermitteln, machten sich andere Interviewpartner nicht, wenn sie kurz und abwertend konstatierten: »Wer das nicht mitgemacht hat, der kann da gar nicht mitreden!«

Dass das »Dritte Reich« als eine Zeit erlebt wurde, die von einem (verglichen mit der Bundesrepublik, aber auch mit der Weimarer Republik) anderen, veränderten Bewusstseinszustand geprägt war, zeigt sich schon in der Art und Weise, *wie* die Interviewten jeweils über die 12 Jahre des Nationalsozialismus sprechen: mit lebendiger, kraftvoller Stimme und durch Umschreibungen wie »neues Zeitalter«, »ganz andere Luft«, »Begeisterung«, »alles war möglich«, »aufgeladene Atmosphäre«, »Kraft«.

Der Übergang zwischen Nationalsozialismus und Demokratie lässt sich aus Sicht der Hypnoseforschung auch als *deframing* und *reframing* verstehen. Dieses Konzept setzt an der Unterscheidung zwischen Tatsachen einerseits und Meinungen, Perspektiven, Bewertungen, Überzeugungen über die Tatsachen andererseits an. Tatsachen können nur festgestellt, nicht verändert werden – wohl aber die Meinungen *über* die Tatsachen; diese Meinungen zu verändern ist ein Ziel hypnotherapeutischer Intervention.[66]

Betrachten wir eine herrschende Bewusstseinsstruktur wie einen gesellschaftlich herrschenden Rahmen (frame), der vorgibt, was man jeweils über die gegebenen Tatsachen denkt und sagt: Der Übergang vom Nationalsozialismus zum Nachkriegsdeutschland wäre demnach als kollektives *deframing* und *reframing* zu verstehen: Von einer Stunde zur anderen galten plötzlich ganz andere Meinungen. Alle nationalsozialistischen Werte und Überzeugungen, die soeben noch als selbstverständlich galten und für die Menschen bereit waren, ihr Leben zu geben, galten auf einmal als verabscheuenswürdig. Dieses *deframing* und *reframing* wird von der interviewten Elvira Scheer so formuliert:

»In jeder Epoche oder jeder Generation werden Begriffe anders ausgelegt und interpretiert. Was früher vielleicht mal schlimm war, ist heute überhaupt nicht mehr schlimm, ist heute selbstverständlich. Oder umgekehrt, was früher mal als gut empfunden wurde, da sagt man heute vielleicht, es ist albern oder dumm. Also man versteht heute vieles ganz anders, und darum glaube ich auch gar nicht, dass Sie, auch wenn Sie noch so viel interviewen und in Akten usw. oder in Bücher schauen, dass Sie die ganze Wahrheit der Empfindungen, die ich oder andere empfunden haben, jemals ergründen können.«

Fraglich ist, inwieweit dieser Prozess von *deframing* und *reframing* bei den aktiv am Nationalsozialismus Beteiligten gelungen oder unvollständig geblieben ist. So ist in vielen Interviews eine Diskrepanz zwischen bewussten und unbewussten Aussagen zu beobachten. Typischerweise distanzierten sich viele der Interviewten – manifest – von Hitler und dem Nationalsozialismus, zugleich aber sprachen sie – latent – über Hitler und das »Dritte Reich« mit spürbarer Begeisterung und leuchtenden Augen. Der Zuhörer blieb im Unklaren darüber, woran er beim Sprecher eigentlich ist; dies wirkt verwirrend.

»Nichts gewusst ...«

Das zweite Merkmal der im Nationalsozialismus vorherrschenden Bewusstseinsstruktur ist der *eingeengte Fokus der Aufmerksamkeit*, der damit einherging, dass das rationale, wache und verantwortungsbewusste Ich-Bewusstsein wenig präsent war. Auffällig häufig und heftig beteuerte die große Mehrzahl der interviewten Frauen und Männer (auch ungefragt), »nichts gewusst« zu haben – sie seien damals »zu jung«, zu »unpolitisch«, zu »wenig informiert« usw. gewesen. Es liegt nahe, diese Beteuerungen als Rechtfertigungsversuche zu interpretieren, die von den Interviewten *nach* 1945 eingesetzt wurden, um sich von der Verantwortung für ihr Handeln *vor* 1945 freizusprechen. Dabei fällt auf, dass diese Beteuerungen von einem kindlichen Rechtsverständnis ausgehen (»Was ich nicht weiß, macht mich nicht heiß«) – nicht von dem Rechtsverständnis eines modernen (»schuldkulturellen«[67]) Rechtsstaates, wonach Unwissenheit eben nicht vor Verantwortung schützt.

Diese Interpretation ist in vielen Fällen gerechtfertigt; es erscheint mir jedoch problematisch, sie generell auf alle Beteuerungen anzuwenden. Denn diese Interpretation beruht auf mehreren fragwürdigen Annahmen:

- Sie unterstellt den Interviewten Schuldbewusstsein. Denn nur wer sich schuldig fühlt, hat ein Motiv, sich zu rechtfertigen. Ob aber ein solches Bewusstsein überhaupt vorliegt, wäre erst noch zu prüfen.
- Diese Interpretation unterstellt, Menschen würden quasi naturgesetzlich verantwortungsbewusst handeln, wenn sie ausreichend über einen Sachverhalt informiert sind. Diese Annahme ist auch heutzutage nicht begründet, da die Menschheit über mehr Informationen denn je in ihrer Geschichte verfügt (z. B. über Energieverbrauch und deren ökologische Folgen), ohne dass dies automatisch zu entsprechenden verantwortungsbewussten Verhaltensänderungen führen würde.[68]
- Diese Interpretation ist charakteristisch für die *gegenwärtig* herrschende mentale Bewusstseinsstruktur mit ihrem Ideal vom rationalen, bewussten und verantwortungsbewussten Ich, wie es in der schulischen und universitären Sozialisation gefördert wird.
- Sie überschätzt die kognitive Bewusstseinsfunktion des Menschen gegenüber anderen psychischen Funktionen und projiziert dieses Menschenbild unhinterfragt auf andere Gesellschaftsformen. Dies verführt so dazu, den anti-aufklärerischen Charakter des Nationalsozialismus zu unterschätzen.

Die entscheidende Frage ist daher nicht, was die jeweilige Person gewusst hat, sondern: In welcher Weise wurden die vorhandenen und potenziell verfügbaren Informationen und Informationsquellen verarbeitet und genutzt bzw. nicht genutzt? Worauf war die Aufmerksamkeit des Betreffenden gerichtet? Indirekt gestehen die Interviewten durchaus ein, dass Informationen potenziell verfügbar waren. So sagt etwa Eugen Ebner, er habe »eigentlich [!] so viel wie nichts gewusst.« Maria Federn beteuert, man habe »selten [!] etwas gehört«.

Auffällig ist auch der lapidare, zuweilen selbstbewusste, latent stolze Ton, mit dem nicht wenige Interviewte beteuern, sie seien »politisch natürlich nicht interessiert« gewesen, hätten sich »nicht weiter informiert« oder »nicht weiter nachgedacht« usw. Als ob es natürlich, selbstverständlich, ja tugendhaft oder ehrenwert sei (oder gewesen sei), sich nicht zu informieren, nicht nachzufragen, nicht nachzudenken und sich politisch nicht zu interessieren. Stattdessen habe man »geglaubt«.

Die interviewte Maria Federn beispielsweise verwendet das Wort »Glauben« auffällig oft. Dies kontrastiert mit der Einstellung des Interviewers, die offen-

bar (generationstypisch) auf der Annahme gründet, Informiertsein führe zu verantwortungsbewusstem Handeln.[69] Er fragt: »Sind Sie über irgendetwas gestolpert in der Zeit, als Sie ins Nachdenken kamen oder als Ihnen was merkwürdig vorkam? Oder als Sie dachten ... «
Frau Federn unterbricht: »Nein, also ob Sie es glauben oder nicht, nein, ob Sie es glauben oder nicht. Ich hab Ihnen jetzt lediglich die zwei Fälle erzählt,[70] und sonst hat man überhaupt nirgends etwas gehört. Gott, ich war ja noch ziemlich jung.[71] Aber so Schreckensmeldungen hat man höchstens gekriegt, dass der wieder gefallen ist.« Während für den Interviewer Kognition die wichtigste Instanz dafür ist, die Welt wahrzunehmen und zu bewerten, scheint dies für Frau Federn offenbar »Glauben« zu sein. So fragt der Interviewer: »Was hat es für Sie bedeutet, als Sie von den Verbrechen der Nationalsozialisten erfuhren?« Frau Federn antwortet: »Ich hab's nicht glauben können. Ich hab's nicht glauben können. Hab's nicht glauben können, dass sowas überhaupt möglich ist.«

Insofern prallen im Interview zwei verschiedene Bewusstseinsstrukturen aufeinander. Dies zeigt sich auch in folgender Interview-Passage, in der Frau Federn wiederholt dem Interviewer den Begriff »wissen« zuordnet (»wissen Sie«), während sie ihre eigene Erfahrung immer wieder mit »glauben« beschreibt.

Interviewer: »Hatten Sie damals, als Sie das Nazi-Regime unterstützten, schon irgendeinen Zweifel?«
Frau Federn: »Wissen Sie, nein. Ich muss Ihnen sagen, wissen Sie, man hat das gar nicht geglaubt, dass so viel Unrecht passiert. Man hat das gar nicht geglaubt, hat das gar nicht wahrnehmen können, nachdem wir so schöne Zeiten da mitgemacht haben, hat man das gar nicht glauben können, dass es jetzt sofort andersrum geht.«
Entsprechend ihrer glaubensgeprägten Bewusstseinsstruktur erlebte Frau Federn das »Dritte Reich« in religiöser Weise, als Erlösung: »Glauben Sie mir, es war wie eine Erlösung, aus der miesen Lage.«

Dem NS-Propagandaprogramm war es offenbar gelungen, ein menschliches Grundbedürfnis für seine Zwecke zu instrumentalisieren, das C. G. Jung als »religiöse Funktion«[72] bezeichnet: Glauben. Das Bedürfnis danach, zu vertrauen, zu glauben, ohne zu wissen

Auch die NS-Sprache verwendete den Begriff »Glauben« häufig. Nach seinem Selbstverständnis war der Nationalsozialismus *»mehr auf das Erlebnis, auf Fühlen und Glauben, aufgebaut als auf Intellekt und abstraktem Wissen«*[73]. Im *Völkischen Beobachter* hieß es: *»Der Glaube an den Führer und sein Werk bestimmen das Ausmaß der Verantwortung.«*[74] Die Weltanschauung des Nationalsozialismus galt, so Goebbels, als Glaubenswahrheit, als *»Evangelium«* von Hitlers *»Lehre«*[75]. In einem Artikel mit dem Titel »Der Glaube in der SA« hieß es im *Völkischen Beobachter*:

»Den Kämpfer der SA beseelt unerschütterlicher Glaube an den Führer Adolf Hitler. […] Im Glauben an den Führer findet der nationalsozialistische Kämpfer den Glauben an eine neue Idee. Es ist die Idee der Kraft und des Lebens, nach göttlich-ewigem Gesetz bestimmt, den Sieg über Schwäche, Auflösung und Sterben davonzutragen. […] Die Frohbotschaft: ›Ihr habt das Leben, wenn ihr das Leben wollt!‹ klingt als rettende Verkündigung vom Nationalsozialismus her in eine Zeit verzagter und willensschwacher Menschen. […] So erhält Dienst und Kampf der SA ein letztes heiliges Motiv: Glaube an die göttliche Lebensverheißung für Menschen und Völker … Glaube an den nach Gottes Willen gesandten Führer … Glaube an die Heiligkeit des Dienstes.«[76]

Im »nationalsozialistischen Glaubensbekenntnis« von Goebbels heißt es:

»Fest fußend auf den Lehren dieses politischen Glaubensbekenntnisses, das im Nationalsozialismus späte Gestalt fand, stehen wir heute, in einer festen Gemeinschaft zusammengeschlossen, um den Führer geschart. […] Denn die, die für das Reich fallen, sind nicht tot, sie schlafen nur. […] Haben sie nicht ein Recht, von uns zu fordern, dass wir unsere Herzen täglich in beide Hände nehmen und gläubig gehorchen und dienen, auf dass das Reich bleibe und wachse und niemals vergehe!«[77]

Im Zusammenhang mit Glauben wurde auch das Wort »blind« häufig gebraucht. »Blinder Glaube« hatte, im Gegensatz zum heutigen Sprachgebrauch, jedoch keine negative Bedeutung (im Sinne einer Trübung geistiger Fähigkeiten), sondern eine positive.[78] Etwa bei Hitler, der *»blindes Einstehen«*[79] für die NS-Bewegung forderte. Oder Goebbels: *»Wir tragen in uns die blinde Überzeugung, dass Deutschland auch vor der Welt eine große Mission zu erfüllen hat.«*[80] Diese Hochschätzung blinden Glaubens ging einher mit einer Abwertung von Kognition, die sich in Bücherverbrennungen und Verachtung der Intelligenz ausdrückte. Diese wurde von Hitler verfemt als »*jüdisch*«, degeneriert, feige, »*verkalkt*«, »*volksfremd*«, »*schwächlich*« und »*bar jedes gesunden Instinkts*«[81].

Entsprechend dieser Verachtung der Kognition suchte das NS-Überzeugungsprogramm nicht primär die »*Köpfe*« der Menschen zu überzeugen, sondern die Herrschaft über ihre »*Herzen*« zu gewinnen. Bei einer großen Zahl der Interviews gewannen wir den Eindruck, dass sich in den Köpfen vieler Interviewter durchaus demokratische, NS-kritische Gedanken befinden, während ihre Herzen, zumindest teilweise, noch Hitler und dem »Dritten Reich« gehören. Diese Konstellation lässt erwarten, dass die unbewussten Inhalte immer wieder versuchen, sich dem Bewusstsein bemerkbar zu machen. Und genau das ist es, was in regelmäßigen Abständen individuell wie auch gesellschaftlich geschieht: in Gestalt der immer wieder auftauchenden Skandale und Diskurse, ausgelöst etwa durch Phillip Jenninger, Ronald Reagan & Helmut Kohl, Martin Walser, Roland Koch oder Martin Hohmann. Dessen antisemitische Rede war vom entlassenen Bundeswehrgeneral Reinhard Günzel gelobt worden: Er habe damit »der Mehrheit unseres Volkes eindeutig aus der Seele« gesprochen.

Fesselung – Faszination – Faschismus

Damit zum dritten Merkmal des nationalsozialistischen Bewusstseinszustandes: Die Aufmerksamkeit war so sehr von *einer* Sache gefesselt (Hitler und »Drittes Reich«), dass *andere* Menschen oder Themen dabei nebensächlich wurden. Dies ermöglichte die Verbrechen an jüdischen, kritischen oder behinderten Mitbürgern, Roma und Sinti, Kriegsgefangenen, Osteuropäern und Zwangsarbeitern. Die potenziell verfügbaren Informationen wurden wenig genutzt. Dies wurde beispielsweise im Gespräch mit Dr. Kurt Friedrich, geboren 1916, deutlich.

Herr Friedrich bewohnt ein geräumiges Haus in einem ruhigen Vorort von Stuttgart, das mit Kunstgegenständen aus Südamerika geschmückt ist, wo er viele Jahre in der Entwicklungshilfe arbeitete. Er ist groß, schlank und wirkt, trotz seines hohen Alters, sehr vital. Er erinnert sich vor allem an seine Begeisterung für den Nationalsozialismus.
Als Hitler Reichskanzler wird, ist Herr Friedrich begeistert, denn jetzt beginnt »eine neue, bessere Zeit«, es geht »vorwärts und aufwärts«. Seine Fliegerausbildung erlebt er als »wunderbare, phantastische« Zeit. Bei einer NS-Feier hat

er den »Vorteil«, an der Flügeltür zu stehen. Hitler guckt ihm intensiv in die Augen und grüßt mit dem deutschen Gruß. Herr Friedrich ist begeistert und denkt: »Das werde ich bis an mein Lebensende nicht vergessen.« Er begeistert sich für die neu entwickelten Flugzeugtypen, »alles war in Bewegung und im Aufbau, und und und und überall irgendwie große Begeisterung«.
Herr Friedrich ist so mit der Fliegerei beschäftigt, »dass man sich für die Dinge außerhalb kaum interessiert«. Von den Novemberpogromen 1938 habe »man überhaupt nichts mitgekriegt. Vielleicht aus der Zeitung, wenn wir überhaupt Zeitung gelesen haben, denn das hat uns ja auch nicht interessiert. Denn wir waren an sich so bei der Fliegerei beschäftigt, dass man sich für die Dinge außerhalb kaum interessiert hat.«

Wie Dr. Kurt Friedrich beschreiben nahezu alle Interviewten ihre Beziehung zu Hitler und dem »Dritten Reich« mit Begriffen wie »Begeisterung« oder »Faszination«. So etwa auch Wilhelm Plessner, der 1918 in einem nordbadischen Städtchen geboren wurde, in dem er heute wieder wohnt.

Herrn Plessners Wohnung ist mit Erinnerungsstücken an seine Wehrmachtszeit ausgeschmückt. Er wirkt hager und gebrechlich, spricht aber mit energischer Stimme und über mehrere Stunden mit bemerkenswert großer Konzentration; er erweist sich als überaus fesselnder Erzähler. Er schildert den Dorfgottesdienst am 30. Januar 1933: »Es wurde Gott gedankt, dass endlich der Führer die Macht in Deutschland übernimmt und dass sich eine Wende abzeichnen sollte. Das war für uns Junge nicht nur beeindruckend. Das war das Erlebnis des Lebens. Wir waren fasziniert. Es gab nicht anderes.« Der Interviewte schildert den Reichsparteitag 1935 wie folgt: »Es war ein Aufschrei, als ob ein Messias, ein Erlöser auf die Welt gekommen wäre. Es gab nichts anderes und deshalb war das der große Eindruck.«

Das lateinische Wort für »fesseln« oder »binden«, *fasces*, liegt den Begriffen Faszination und Faschismus zugrunde. Fasces hießen die Rutenbündel mit Beil, die von den Liktoren (ursprünglich einer Art Leibwache des Kaisers) als Sinnbild der Legion vorangetragen wurden. Die einzelnen Männer einer Legion wurden durch den Drill ihrer militärischen Ausbildung so zusammengeschweißt, dass sie sich im Kampf wie ein einziger Organismus bewegten. So sind die zusammengebundenen Ruten ein Symbol für die Fesselung von Menschen; auch sprachlich hängen Fesselung, Faszination und

Faschismus miteinander zusammen: Faszination *ist* gefesselte Aufmerksamkeit.

Diese Eigenschaft des menschlichen Bewusstseins, dass es konzentriert werden kann (vergleichbar mit Licht, das sich zu einem intensiven Laserstrahl bündeln lässt), wurde, so die These, von den Faschisten und Nationalsozialisten genutzt. Das NS-Programm bestand darin, die Aufmerksamkeit der Menschen auf den »Führer« und das »Dritte Reich« zu fokussieren – bis es, in den Worten Herrn Plessners, »nichts anderes« mehr gab.

Faszination gehört zur *magischen* Welt, ist individual- und menschheitsgeschichtlich eine frühe, präkognitive Form von Bindung – im Unterschied zum erwachsenen, kognitiven Ich-Bewusstsein. Von einer Sache *kognitiv* überzeugt zu sein oder von ihr *fasziniert* zu sein, sind psychologisch zwei ganz verschiedene Phänomene. Keiner der Interviewten gibt an, aus kognitiver Überzeugung den Nationalsozialismus unterstützt zu haben, z. B. aus Kenntnis des NSDAP-Parteiprogramms oder Hitlers Buch *Mein Kampf*. Die (für das mentale Bewusstsein typische) Frage »Was haben Sie gewusst?« geht somit am (magischen) Kern der Sache vorbei: »Man war fasziniert, es gab nichts anderes.«

Reduzierte Kritikfähigkeit und verzerrte Realitätswahrnehmung

Damit erklärt sich das vierte Merkmal der hypnotischen Trance von selbst, wonach im Nationalsozialismus die Kraft der bewussten Kritik reduziert war: Indem die Aufmerksamkeit wie ein verengter Lichtkegel auf die als faszinierend erlebten Aspekte des »Dritten Reiches« konzentriert war, gerieten kritikwürdige politische Aktivitäten, etwa die Verbrechen an jüdischen Mitbürgerinnen und Mitbürgern, außerhalb des Bewusstseinsfelds. Subjektiv wurden sie bestenfalls noch am Rande wahrgenommen, auch wenn sie sich objektiv direkt vor aller Augen abspielten. Beispielsweise sah Frau Bogner vom Fenster aus den Abtransport jüdischer Nachbarn: »›Ach ja‹, sag ich, ›die fahren jetzt fort mit dem Judenstern‹, und da geh ich wieder weg. Sie hatten wohl jeder ein Köfferchen bei sich, hat mich eigentlich gar nicht interessiert, also, die Juden.«

Mit der Fesselung der Aufmerksamkeit erübrigen sich auch Fragen nach regimekritischem Verhalten. So sagt die Interviewte an anderer Stelle:

»Ich war dann froh, dass ich nicht so, wie hießen sie wieder, die Gebrüder Scholl, dass ich das nicht gewusst hab, was die wussten. Vielleicht hätt ich dann auch sowas gemacht.« Lachend fügt sie hinzu: »Also, ich war gottfroh, dass ich nicht in die Lage kam, das zu wissen. Das hab ich später so empfunden: ›Gott sei Dank hast du das nicht gewusst, sonst hättest du ja auch da auf die Barriere gehen müssen.‹« Ihr Lachen deutet darauf hin, dass der damalige Zustand des Nicht-Wissens durchaus als lustvoll empfunden wurde.

Die reduzierte Kritikfähigkeit geht mit Verzerrungen der Realitätswahrnehmung einher. Merkwürdig am »Dritten Reich« ist ja das Phänomen, wie viele Menschen – wider besseres Wissen und Gewissen – an absurde Versprechungen wie »Wunderwaffe« oder »Endsieg« glaubten; dies wurde auch vom interviewten Herrn Dr. Friedrich zum Ausdruck gebracht. Dies hat nichts mit Dummheit oder mangelnder Bildung zu tun, wie in der Literatur über den Nationalsozialismus häufig behauptet wird. Viele Anhänger des Nationalsozialismus waren intelligent und gebildet – jedenfalls im Sinne des herrschenden, mentalen Menschenbildes –, was sie aber nicht gefeit machte gegen Realitätsverzerrungen durch Bewusstseinszustände, die hier als hypnotische Trance und als magisch beschrieben werden.

Durch die verminderte Kritikfähigkeit werden unbewusste Prozesse wie Suggestionen oder emotionale Ansteckungen gefördert. Denn Emotionen *sind* ansteckend. Immer wenn Menschen zusammen sind, kann es passieren, dass sie – »wie bei einer seltsamen Infektionskrankheit«[82] – auf die Stimmung ihrer Mitmenschen einsteigen.[83] Dies kann sich besonders in Gruppen ereignen (vgl. S. 160 ff.).[84]

Passivität

Das fünfte Merkmal der hypnotischen Trance ist, dass das Individuum sich im Nationalsozialismus eher als passiv erlebte. Auffällig häufig schildern Interviewte ihre Erfahrungen im Nationalsozialismus in passiven Formulierungen wie z. B., »man« sei »gefördert« oder in höhere NS-Positionen »berufen« worden.[85] Auch ihre Beteuerungen, »nichts gewusst« oder »nichts mitgekriegt« zu haben, drücken eine passive Haltung aus. Denn eine aktive Haltung hätte sich etwa in Aussagen gezeigt wie: »Ich habe nicht nachgefragt.« Auch die eingangs zitierte Leonore Held sieht sich ja passiv als Opfer – und zwar als Opfer des Holocaust, der sie »zum Schweigen verurteilt« habe.

Bei den Interviews zeigte sich durchgängig, dass die Interviewten ihre Beziehung zum Nationalsozialismus im Passiv erleben. Es liegt nahe, dies als Rechtfertigung zu interpretieren: Wer nichts »mitgekriegt« hat und nur passiver Empfänger von Förderung oder Berufung war, mag sich vielleicht von moralischer Schuld entlastet fühlen. Allerdings werden auch nichtschuldhafte Erfahrungen von den Interviewten im Passiv geschildert:

So verlor etwa Maria Federn durch den Zweiten Weltkrieg ihren Verlobten, ihren Bruder, ihren Vater und ihre Schwester; darüber hinaus war ihr Elternhaus durch Luftangriffe beschädigt und wurde ausgeräumt, die Toilette quoll über. Ihren Umgang mit diesen Verlusten beschreibt die Interviewte mit den Worten: »Das hat man alles über sich ergehen lassen, weil man nichts mehr dran hat ändern können. Nach all dem hätte ich denen, die den Krieg angezündet haben, die Schuld geben müssen. Also, in was für einer Gedankenwelt war man damals! Gucken Sie, es konnten Unglücke geschehen wie mein Bruder mit zwanzig. Die Schwester mit achtzehn. Mein Vater auch. Da müsste man doch sagen: ›Buu, die sind verrückt!‹, und man müsste vor Wut aus der Haut fahren usw. Das hat man, wie so viele andere, still über sich ergehen lassen. Ich muss mich wundern, dass man da nicht böse war und geschimpft hat usw. Das hat man alles so über sich ergehen lassen, das kommt mir erst heute so richtig zum Bewusstsein, dass das Volk alles so hat mit sich machen lassen. Wie will man sagen, ›Allahs Wille‹ oder was weiß ich.«

Frau Federns Formulierung »Allahs Wille« verweist auf einen vormodernen Gottesbegriff und damit auf ein Bild von Geschichte, das durch schicksalhafte Kräfte bestimmt ist und dem Individuum eine passive Rolle zuweist. In ihrer Aussage wird außerdem deutlich, dass die passive Haltung nicht erst nach 1945 zu Rechtfertigungszwecken eingenommen wurde, sondern bereits zuvor gegeben war: Diese Haltung stellte einen wesentlichen herrschaftsstabilisierenden Faktor im NS dar. »Schicksal« und »Vorsehung« waren zentrale Begriffe im Weltbild des Nationalsozialismus. Der Mythos vom »Führer« als dem »Werkzeug der Vorsehung« wurde von Goebbels propagiert. Durch die Anwendung mythischer Sprache wurden rationale Erklärungsansätze außer Kraft gesetzt und durch Vorstellungen von übermenschlichen Instanzen ersetzt. Sabine Behrenbeck schreibt über diesen Zusammenhang: »Politische Mythen wirken als Wahrnehmungsfilter, die Verengung des Blickfeldes fördert den Konsens unter den Mitgliedern.«[86]

Passivität und das Aufgehoben-Sein des Einzelnen im »Wir« der NS-»Volksgemeinschaft« bildeten für die Interviewten offenbar einen Rahmen, in dem das Leiden des Einzelnen aufgehoben, im wahrsten Sinne des Sprichwortes: geteilt war.[87] Dies lernten wir durch das Interview mit Frau Rupp:

Kristina Rupp wurde 1915 in Hamburg geboren. Sie wohnt seit den 60er Jahren in einem Mehrfamilienhaus in Lahr. Sie ist groß und schlank und bewegt sich mit aufrechter Körperhaltung. Ihr lebendiges, offenes Erzählen wird von unruhigen Gesten begleitet und häufig unterbrochen, etwa indem sie den Interviewer fragt, ob sie ihm eine weitere Tasse Tee eingießen kann.
Frau Rupp schildert ihr Erleben während der Bombenangriffe: »Da haben wir im Keller gesessen und dann war mal das Licht weg und dann wurden die Kerzen auf den Tisch gestellt. Es hat nie jemand gesagt, dass uns da Unrecht geschieht oder dass wir den Krieg nicht wollen oder so, das war alles selbstverständlich, das war doch fürs Vaterland. Und wir haben schwere Angriffe gehabt.«
Eines Tages wurde die Interviewte an ihrem Arbeitsplatz von ihrer Nachbarin angerufen: »Sie sagt: ›Heute Nacht ist euer ganzes Haus abgebrannt, es ist nichts mehr da.‹« Frau Rupp wundert sich heute über ihre damalige gelassene Reaktion auf diese Nachricht: »Aber komisch, bei so viel persönlicher Gefahr hat man immer gesagt: ›Hauptsache, dass man selber wieder rausgekommen ist aus dem Luftschutzkeller, auf das andere kann man verzichten.‹ Wenn ich mir heute vorstelle, das würde mir hier als Einzelschicksal passieren, dass nicht nur der Besitz, sondern auch alle persönlichen Dinge, jeder Brief, jedes Bild, jedes kleine Erinnerungsstück ... nichts mehr da ist.«

Regression

Das sechste Merkmal der hypnotischen Trance ist, dass der nationalsozialistische Bewusstseinszustand mit Regression verbunden ist. Der Begriff Regression »bezeichnet einen Vorgang, in dem ein Individuum oder eine Gruppe ein schon erreichtes psychisches Struktur- oder Funktionsniveau verlässt und zu einem lebensgeschichtlich früheren und/oder niedriger strukturierten Niveau des Denkens, Fühlens oder Handelns zurückkehrt«[88]. Dieses niedriger strukturierte Niveau zeigt sich an der Sprache beispielsweise der eben zitierten Frau Federn. Sie meinte, man hätte doch angesichts des Todes nahestehender Menschen auf die NS-Führung »böse sein« können oder mit ihr »schimpfen« müssen. Diese Begriffe entstammen der Kindersprache – und beim Wort Kindersprache klingt eine Abwertung mit, die nicht zufällig ist. Bei jeder kognitiven Auseinandersetzung mit regressiven Phänomenen ist Folgendes zu beachten:

Bei Begegnungen von Menschen mit verschiedenen Bewusstseinsstrukturen entstehen unvermeidlich Irritationen. Für Personen mit einem mentalen Bewusstsein ist die Begegnung mit Menschen, die geschichtlich früheren, überwunden geglaubten Bewusstseinsstrukturen verhaftet sind, verwirrend und bedrohlich: Das wache Ich-Bewusstsein erlebt im Gegenüber die Gefahr, aufgelöst, vom Unbewussten geschluckt zu werden, zu regredieren. Dies ist eine menschliche Ur-Angst von archetypischer Qualität.[89]

Aufgrund dieser Angst ist die Haltung des mentalen Ich-Bewusstseins gegenüber früheren Strukturen in der Regel durch Abwehr gekennzeichnet. Diese Haltung zeigt sich besonders deutlich – und besonders hinderlich – in der Erforschung des Nationalsozialismus. In der umfangreichen fach- und populärwissenschaftlichen Literatur begnügen sich viele Autoren damit, sich herablassend und verächtlich über das geringe intellektuelle Niveau von Hitler und dem NS-Programm zu äußern (vgl. erstes Kapitel).

Diese Abwehr gegenüber früheren Bewusstseinsstrukturen entstammt der Entwicklungsgeschichte des Bewusstseins. Nach Max Horkheimer und Theodor Adorno hat sich die Menschheit Furchtbares antun müssen, bis der identische, zweckgerichtete Charakter des modernen Menschen geschaffen wurde, »und etwas davon wird noch in jeder Kindheit wiederholt. Die Anstrengung, das Ich zusammenzuhalten, haftet dem Ich auf allen Stufen an, und stets war die Lockung, es zu verlieren, mit der blinden Entschlossenheit zu seiner Erhaltung gepaart.«[90] Diese Erhaltung erfolgt häufig in Form von Abwehr, Verachtung, Häme, Spott gegenüber früheren Strukturen (schon Sokrates machte sich über die altüberlieferten Mythen seiner Kultur lustig). Diese Abwehr prägt unsere Sprache: Über regressive Phänomene zu sprechen ist daher fast unvermeidlich mit Begriffen verbunden, die mit einer Abwertung einhergehen, wie z. B. »Kindersprache«, »primitiv«, »infantil« oder dergleichen.

Die Abwehr des mentalen Bewusstseins gegenüber früheren Bewusstseinsstufen wird auch von einigen der Interviewten selbst vollzogen, etwa von Hans Kettler.

Herr Kettler wurde 1922 geboren und wohnt in einem ruhigen Randbezirk von Freiburg. Bis vor wenigen Jahren unterrichtete er an einem örtlichen Gymnasium, wo er sich für die Aufarbeitung des Nationalsozialismus engagierte. Dieses Engagement versucht er fortzusetzen, indem er weiter Kontakt zu den Geschichtslehrern hält. Er berichtet: »Die alten Filme von damals – wenn das heute gezeigt wird ... Ich versuch's dann aus der heutigen Perspektive zu sehen – da lach ich ja jetzt schon beinahe drüber, wenn man das sieht. Auf der anderen Seite kriegt man mal wirklich wieder einen kalten Schauer über den Rücken, wenn dann das ganze Volk schreit: ›Wollt ihr den totalen Krieg?‹ – ›Jaaa!‹«

Sobald der Interviewte aus seinem heutigen (mentalen) Bewusstsein über damals nachdenkt, wundert er sich und lacht. Sobald er sich jedoch die damalige Situation vergegenwärtigt, ist der »kalte Schauer« wieder da – wobei er zugleich in die (magische) »man«-Sprache überwechselt.

In den Interviews zeigen sich vielerlei Hinweise auf ein regressives Bewusstsein: So betonen insbesondere die jüngeren Interview-Partner regelmäßig, sie seien »damals noch zu jung« gewesen. Interessanterweise steht »damals« stets für das Jahr 1933, d. h. sie nehmen Bezug auf ihr Lebensalter im Jahr 1933, nicht etwa auf das Jahr 1945, in dem sie immerhin 12 Jahre älter waren. So entsteht der Eindruck, die Befragten wären seelisch im Jahr 1933 stehengeblieben.

Ein Hinweis auf die Regression ist auch die Tatsache, dass die Stimmen vieler weiblicher Interviewter auffallend mädchenhaft, zuweilen infantil, naiv, trotzig oder kokettierend klingen. Ihre Sprache erinnert über weite Strecken an aufgeregte kleine Kinder, die ohne Punkt und Komma Erlebnisse hervorsprudeln – sodass wir bei der Verschriftlichung der Interviews oft nicht wussten, wo Punkt und Komma zu setzen sind. Dieser Eindruck wird verstärkt durch Ausdrücke aus der Kindersprache (wie z. B. »schimpfen« oder »böse sein«) oder durch Schilderungen des Zweiten Weltkrieges als großes Monopoly-Spiel oder Karl-May-Roman.

Regressive Bewusstseinszustände lassen sich auch als unbewusst bezeichnen. Der Neurowissenschaftler und Psychoanalytiker Mark Solms und die Neuropsychologin Karen Kaplan-Solms zählen einige Merkmale von Unbewusstheit auf, wie sie bei psychotischen Patienten beobachtet wurden, etwa: Springen von einem Gedanken zum nächsten, ohne Abschlüsse oder logische Verbindungen. Widersprüche in den Aussagen, die vom Sprecher nicht bemerkt zu werden scheinen. Scheinbare Abwesenheit von Zweifeln. Ereignisse aus ferner Vergangenheit werden erinnert, aber nicht zu einem zusammenhängenden Gefüge verknüpft. Geringe Selbstbeobachtung und Realitätskontrolle. Immer gleiche Assoziationen werden mit demselben stereotypen Ausdrucksverhalten wiederholt. Sprechen in vagen Verallgemeinerungen, abstrakten Begriffen oder Anspielungen. Ausschweifende, unspezifische Denkprozesse ohne die normalen, logisch-grammatikalisch gebundenen Strukturen und Funktionen. Reduzierte Fähigkeit zu Abstraktion und Logik. Schwache Verknüpfung zwischen Vorstellungen und zugehörigen Affekten. Die Betreffenden vermitteln den Eindruck, Gefühle wie Angst oder Trauer auszublenden. Sie wirken, als wenn sie sich in einem Traum befänden, obwohl sie wach sind.[91]

An diese Merkmale von Unbewusstheit fühlten wir uns in vielen der Interviews erinnert; in besonderem Maße etwa bei Ursula Antons, geboren 1913.

Frau Antons Einzimmer-Wohnung in der Stadtmitte von Offenburg und ihre Kleidung lassen vermuten, dass sie nur über eine kleine Rente verfügt. Der kleine Raum ist eng und vollgestellt mit Kunstbänden sowie Fachliteratur über den Nationalsozialismus und den Zweiten Weltkrieg. Frau Antons ist mittelgroß und von leicht gebeugter Statur; sie sitzt während des Gesprächs unbequem auf der Bettkante. In großen Teilen des Interviews drückt sie sich klar und gut verständlich aus. Dann gibt es Passagen, in denen es schwerfällt, ihrer Erzählung zu folgen. Ein Beispiel: »Es war auch Begeisterung für ihn, und zwar weil er ja doch eine ganz andere Luft auch gebracht hat. Ich habe auch, und vielleicht nimmt man mir das übel, aber ich, da ich, na ja, also ich hab da bei dem R. geschrieben, dass man, von dem Doktor B., ja? Können Sie sich entsinnen, der in der Hitlerjugend war und das gut fand und dass man ihn jetzt so und natürlich das Individuelle, wissen Sie jetzt, ich war ein ... ich wu... bis ich außerhalb gelo... gewohnt gewe... gelebt und gedacht und mich auch so gekleidet und und so weiter. Aber heu... da hab ich geschrieben, ja, das fehlte, aber wie ist denn heute, nicht, wie ist denn heute, wenn mit den Drogen und mit dem ... Und neulich bin ich hinter 'ner jungen Frau hergegangen, die schob 'n Kinderwagen hier, schob sie ihn, da drin 'n Baby, hier 'n kleinen Zweijährigen, der fä ... und hier auf der Straße, schon ich mein' sie kann auf der, es geht mich nix an, aber ich denke an die Kinder ... «

So beobachteten wir in den Interviews vielfältige Hinweise auf unbewusste, regressive Bewusstseinszustände. Dies bedeutet nicht, dass die

Interviewten psychotisch sind. Meine Interpretation ist vielmehr folgende: Während der Interviews wird in den Interviewten die psychotische Welt des Nationalsozialismus in gewisser Weise wieder lebendig. Beim Erinnern und Sprechen über ihre Erfahrung des »Dritten Reiches« wiederholen die Interviewten ihre damalige Bewusstseinsstruktur, die durch den Nationalsozialismus eingeübt und instrumentalisiert wurde. Denn gewiss ist eine Diktatur sehr viel einfacher durchzusetzen und aufrechtzuerhalten, wenn ihre Bürger unbewusst und regressiv strukturiert sind. Dies erfahren wir etwa durch das Gespräch mit Frau Möller, die sich als ganz arglos und friedfertig bezeichnet:

Helga Möller wurde 1924 in einem Dorf in Oberbayern geboren. Sie wohnt mit ihrer Schwester in ihrem Elternhaus, einem freistehenden Haus mit einem wohlgepflegten Garten. Auch die Wohnung ist sehr ordentlich und gutbürgerlich eingerichtet; im Hintergrund tickt eine große Standuhr. Frau Möller ist adrett gekleidet, ihre weißen Haare zu einer Dauerwelle frisiert, ihre Körperhaltung ist aufrecht. Sie schildert ihre Kindheit und Jugend im Nationalsozialismus als geradezu paradiesische Idylle. Sich selbst bezeichnet sie als »von Natur aus friedlichen Menschen, der immer treu und brav durchs Leben gegangen« sei. Sie könne »keiner Fliege was zu Leide« tun; sie sei »so ein guter, friedfertiger Mensch«. Schon damals war sie »ein harmloses, unaggressives, junges Mädchen ohne Arg. Etwas Böses hatten wir wirklich nicht im Sinn.« Frau Möller erinnert ihre Jugend im BDM als schöne Zeit, »das hat uns halt gefallen und alles andere hat uns doch gar nicht interessiert«, sie habe »doch kein Interesse an Politik gehabt«. Die Schüler »haben überhaupt nicht gestritten in der Klasse, auch wir Mädchen«. Der Nationalsozialismus »war halt unsre Zeit, wir haben gar nix andres gewusst. Man hat auch nicht im Entferntesten irgendwas Böses gedacht oder im Schild gehabt, überhaupt nicht.« Frau Möller kann sich »wirklich nicht« daran erinnern, dass eine jüdische Mitschülerin als »Drecksjude« beschimpft wurde, dieses Wort habe sie »nie gehört«.

Wie die »hypnotische Trance« durch das NS-Programm produziert wurde

Mit welchen propagandistischen Mitteln die magische, hypnotische Bewusstseinsschicht der Menschen angesprochen wurde, kann an dieser Stelle nicht im Einzelnen ausgeführt werden; nur einige Hinweise:

Propaganda

Die Einengung und Fokussierung der Aufmerksamkeit auf die Person Adolf Hitlers wurde systematisch durch die Propaganda der NSDAP gefördert, beispielsweise in ihrem Wahlplakat zur Reichspräsidentenwahl 1932, in der nur das Wort Hitler und dessen Kopf abgebildet waren. Diese Zuspitzung des Nationalsozialismus auf Hitler wirkt bis in die Gegenwart nach, wenn – in unzähligen Veröffentlichungen und Variationen – der Nationalsozialismus auf Adolf Hitler reduziert wird (»Hitlerismus«). Demselben Zweck dienten Massenveranstaltungen, Aufmärsche, Rituale, Filme, Rundfunk, Ideologie und viele andere Propagandamittel.

Rhetorik

Regressive Bewusstseinsveränderungen wurden etwa durch die Rhetorik von NS-Rednern gefördert. Hitlers Reden dauerten oft zwei bis drei Stunden. Ihre Wirkung auf die Zuhörenden lässt sich nur begreifen, wenn berücksichtigt wird, dass die Menschen oft stundenlang in einer großen Menschenmenge auf das Eintreffen des »Führers« warten mussten. Wenn die Wartenden durch das lange Warten körperlich erschöpft waren, wurden sie in der langen ersten Hälfte der Rede nochmals durch endlose Ausführungen und langatmige Satzbildungen körperlich und geistig ermüdet. Wie Detlev Grieswelle analysierte, wurden sie in »einen Zustand des Dahindämmerns« versetzt und wurde ihre »intellektuelle Widerstandskraft« »mit ausschweifenden Schilderungen«[92] gelähmt.

In dieser ersten Phase der Reden Hitlers lassen sich hypnosefördernde Kommunikationstechniken erkennen, mit denen das bestehende Bewusstsein der Hypnotisanden *verwirrt* wird. Der Tiefenhermeneutiker Hans-Dieter König bezeichnet diese Phase als »mütterlich-einschläfernde Interaktion«, welche die Zuhörenden »in einen Traumzustand versetzte, in dem die bewusste Selbstverfügung des Einzelnen dem Wunsch nach Verschmelzung« wich. »Aus diesem Verschlungensein in eine diffuse mütterliche Welt [...] riss Hitler seine Zuhörer sodann durch ein väterlich-forderndes Interagieren heraus«[93] und steigerte sich schließlich in eine ekstatische Raserei – auf die seine Rhetorik in heutigen Darstellungen in der Regel verkürzt wird. In dieser zweiten Hälfte seiner Reden wurde die zweite Gruppe der o. g. Kommunikationstechniken benutzt, mit denen die Aufmerksamkeit *gefesselt* und auf die Ziele des Hypnotiseurs *gelenkt* wird.[94]

Hitlers Reden galten als vorbildlich. In NS-Rednerschulen wurden sie auswendig gelernt und nachgesprochen. Besonderer Wert wurde auf die Ausgestaltung des Rede-Endes gelegt. Die Absolventen der NS-Rednerschulen wurden dazu angeleitet, die Zuhörer politischer Versammlungen als Hypnoseobjekte zu betrachten.[95] So wurde in einem Schulungsbuch empfohlen, in den Schluss eine Wachsuggestion einzuknüpfen: »So wie der Hypnotiseur dem Beschläferten sagt: ›Nach dem Erwachen wirst du das und das tun!‹ – so sagt der Redner seinen Hörern: ›Wenn ihr nun zurückkehrt ins Leben, dann seid so und so, dann tut das und das!‹«[96]

Rituale

Auf die bewusstseinsverändernde Wirkung von Ritualen weisen die Hypnotherapeuten Susy Signer-Fischer (1997) und Kay Hoffman (1996) hin. In den NS-Ritualen findet sich eine ganze Reihe von Methoden, die auch in der Hypnoseforschung als trancefördernd erkannt wurden, etwa: monotone Bewegungen wie Gehen oder Marschieren, anstrengende Prozessionen, besonders bei Nacht mit Fackeln und Fahnen, das Zusammensein in großen Menschenmengen, das Starren in das flackernde Licht von Fackeln oder Feuer, monumentale Scheinwerfer-Lichtschauspiele, Versammlungen an alten Kultstätten, Symbole wie Runen und Mandala (etwa die NS-Fahne: Kreis und Kreuz mit Haken).

Auf Bewusstseins-Veränderung zielten auch NS-Rituale wie das massenhaft gerufene »Sieg Heil« und »Heil Hitler«, aufwendig inszenierte Reichsparteitage mit raffinierten Beleuchtungseffekten, Musik und dramaturgisch gestalteter Choreographie. Dasselbe gilt für Sonnenwendfeiern, Mai- und Erntedankfeste, Thingspiele, Eides-Zeremonien, Weihe- und Feuerrituale, oft zu nächtlicher Stunde, mit Fackeln und Trommelschlag unter Einbeziehung angeblich »uralter« Symbole und monoton wiederholter Worte und Gesten.[97]

Musik

Eines der wesentlichen Mittel, um die Emotionen und das Bewusstsein von Menschen zu verändern, ist Musik: Singen, besonders im Chor, Marschmusik, das Hören von Bässen und monotonen Trommeltönen.[98] Musik wirkt unbewusst, sie ist ein »Suggestivmittel, um Menschen in eine bestimmte Stimmung zu versetzen«[99]. Darauf verweist schon die Nähe der

Abb. 2: Monumentales NS-Ritual anlässlich des Reichsparteitags in Nürnberg 1937

Begriffe »Stimme« und »Stimmung«. Klang ist einerseits, so der Dirigent und Psychiater Guiseppe Sinopoli, »das psychologische Mittel, um Gefühle zum Ausdruck zu bringen«[100] – und andererseits kann er benutzt werden, um Gefühle im Zuhörer auszulösen. Dies zeigt sich z. B. in der Wirkung von Liebeslyrik, Trauermusik, Märschen, Hörspielen oder funktioneller Musik, welche nachgewiesenermaßen die Kauflust von Kaufhausbesuchern oder die Produktivität von Arbeitern, in der Landwirtschaft auch von Legehennen, zu befördern vermag.[101] »Hörigkeit« kann wesentlich über den Gehörsinn erzeugt werden.

Der Filmkomponist Hans Zimmer (2003) sagt, dass sich gegen gut gemachte Musik niemand wehren kann, da sie direkt auf die Seele der Zuhörenden wirkt. Der Akustik-Mediziner Gerald Fleischer schreibt dem Ohr einen unmittelbaren Zugang zu den Emotionen des Menschen zu: »Die Seele hängt am Ohr.«[102] Musik hat die Fähigkeit, die Menschen zutiefst zu berühren. Nach Philip Bethge ist kaum ein Mensch »immun gegen ihre Magie [...] und archaische Kraft«[103]. Nach Thomas Geissmann vom Anthropologischen Institut der Universität Zürich übt Musik auf fast alle Menschen einen überwältigenden Effekt aus. Musik kann Freude,

Trauer, Schmerz, Ekstase und vieles mehr auslösen – jeweils abhängig von den musikalischen Mitteln, die der Komponist verwendet. Der britische Psychologe John Sloboda untersuchte die Gefühle beim Hören von Musik. 80 Prozent der Probandinnen und Probanden gaben an, dass durch bestimmte Musikstücke emotionale und körperliche Reaktionen ausgelöst wurden wie Weinen, Lachen, Herzklopfen, Gänsehaut oder Kloßgefühle im Hals. Dabei stimmten die Erfahrungen der verschiedenen Hörer in verblüffender Weise überein.[104]

Töne sprechen die Gehirnregionen (insbesondere das limbische System) an, die für Gefühle zuständig sind. Dadurch kann Musik Gefühle auslösen, wie sie auch durch andere Reize aktiviert würden wie z. B. durch Sex oder den Konsum von Schokolade oder Drogen. Die kanadische Neurologin Anne Blood stellte fest, dass durch schöne Musik die Zentren im Gehirn aktiviert werden, die glücklich machen. Zugleich verringert sich die Aktivität in den Mandelkernen, die für Angst zuständig sind. Durch gemeinsames Musizieren wird bei Männern, so Bethge, »die Konzentration des Aggressionshormons Testosteron und bei beiden Geschlechtern die Ausschüttung des Stresshormons Cortison«[105] gesenkt. Gleichzeitig erhöht Musik die Produktion des Hormons Oxytocin, das soziale Bindungen fördert. Daher wirkt Musik als sozialer Kitt, so der japanische Evolutionsforscher Hajime Fukui. Diesen Effekt haben Nationalhymnen, Kriegsgesänge, arbeitsbegleitende Lieder oder auch die Musik bei geselligen Anlässen. Sie verringern Ängste und Spannungen und erhöhen die Solidarität.[106] Daher werden durch gemeinsames Hören von Musik, mehr noch durch gemeinsames Singen und Tanzen, Individuen zu Gemeinschaften zusammengeschweißt.

Die spezifischen Wirkungen des auditiven Mediums wurden seit je von den Religionen, aber auch von Werbung, Filmemachern und von Politikern als Herrschaftsmittel benutzt. Sie wurden auch vom Nationalsozialismus erkannt, systematisch erforscht (am Institut für Rundfunkwissenschaft der Universität Freiburg) und eingesetzt. Der Rundfunk galt als »das Verkündigungsmittel der nationalsozialistischen Weltanschauungseinheit«, so Horst Dreßler-Andreß, Leiter der Rundfunkabteilung in der Reichsleitung der NSDAP und Präsident der Reichsrundfunkkammer. Das Hören von Rundfunksendungen wurde zu einer »staatspolitischen Pflicht«, die durch den Volksempfänger gefördert wurde. Gaststätten und Betriebe wurden genötigt, wichtige Sendungen wie z. B. Reden Hitlers zu übertragen. Mit dem Krieg wurde die »Front im Äther« zum vierten Kriegsschauplatz erklärt.[107]

Auch die Interviewten betonen die große Bedeutung von Musik, vor allem Singen und auch Tanzen, stets im Zusammenhang mit dem Gemeinschaftsgefühl. So sagte die interviewte Frau Möller: »Man hat keine unangenehmen Erinnerungen, weil uns das gefallen hat, das Gemeinsame und das Singen.« Charakteristischerweise beschreibt sie ihre Erfahrung in der regressiven, ich-losen »wir«- und »man«-Sprache.

Die regressionsfördernden Mittel der NS-Propaganda (Musik, Ritual, Rhetorik, Großgruppe) konnten ihre Wirkung entfalten, da sie an eine Regressionsbereitschaft anknüpften, die latent in jedem Menschen vorhanden ist. Die lustvolle Qualität von Regression, Passivität und Unwissenheit ist an verschiedenen Stellen in den Interviews schon deutlich geworden. Sie zeigt sich auch in Margot Bogners Bericht von einer Sonnenwendfeier auf einer Bergwiese:

»Da haben sie das Feuer angezündet, das war beeindruckend schön. Wir hielten uns an den Händen und sangen ›Flamme empor‹ und hatten dann dieses Gefühl der Gemeinsamkeit. Es war Nacht und die Sterne schienen und die Flammen – also es war wie Hypnose, ich weiß noch, ich war ganz weg. Man sprach kein Wort, es war so ein Gruppenerlebnis, so irgendwie – das war so fast religiös, so ... huuu, so, so, so, so was ..., die Dunkelheit und die Sterne und die Flammen und das Singen und das Fühlen vom Nächsten, es war so was Mystisches oder irgend so was, und damit haben sie einen aber gepackt.«

Und offenbar war es auch schön, sich so packen zu lassen.

Diese Regressionsbereitschaft wurde von der NS-Propaganda aufgegriffen und instrumentalisiert – durchaus ergänzt durch unterdrückerische Maßnahmen, um die Passivität der Bürger auch zu erzwingen, wie Kontrolle, Disziplinierung, Anpassungsdruck, Einschüchterung, Bespitzelung und Angstmachen vor Gestapo und Konzentrationslager. Diese Seite des Nationalsozialismus wurde in der bisherigen Erforschung des Nationalsozialismus allerdings überbetont.[108] Auch die Interviewten verweisen gerne auf den Zwangs- und Unterdrückungsaspekt, etwa Frau Möller:

»Wenn einer den Mund aufmachte, dann wurde er gleich kassiert und wurde in ein KZ oder irgendwo eingeliefert.« Erst auf Nachfrage durch die Interviewerin gesteht Frau Möller ein, dass dies sie nicht betraf, da sie ja vom NS-System begeistert war: »Für uns war das ja nicht drin, dass wir da irgendwie ..., weil wir uns um die Politik gar nicht gekümmert haben und geguckt haben, was da ist. Man hat wohl gehört: Da gibt's was, wenn irgendeiner was gegen das Regime sagt, dass er da hinkommt. Aber uns hat das ja gefallen, die Gemeinschaft und was wir alles da haben machen können. Haben wir gar keine Veranlassung gehabt.«

Kapitel 3: Schamabwehr

Zahlreiche Interviews ließen uns, die Interviewerinnen und Interviewer, mit Schamgefühlen zurück. Dies erschien uns merkwürdig: Warum schämten *wir* uns – wäre nicht logischerweise zu erwarten gewesen, dass *die Interviewten*, ehemaligen NS-Anhänger, sich schämen?

In der Tiefenpsychologie werden solche Reaktionen als Gegenübertragungen bezeichnet. Sie sind ein erster Hinweis darauf, dass Scham bedeutsam sein könnte: für das Verständnis der Interviews und des Nationalsozialismus. Diese Gegenübertragungsreaktion war unvermeidbar (vgl. S. 182 f. und Marks & Mönnich-Marks 2008) und daher aufschlussreich zur Beantwortung der Forschungsfrage »Warum folgten sie Hitler?«.

Nachfolgend stelle ich einige grundlegende Informationen über Scham vor (ausführlicher in Marks 2011) und werde anschließend einen Blick auf verschiedene Interviews werfen.

Was ist Scham?[109]

Salman Rushdie vergleicht sie in seinem Roman *Scham und Schande* mit einer Flüssigkeit: »Stellen Sie sich Scham als eine Flüssigkeit vor, sagen wir als ein süßes, schäumendes, Karies verursachendes Getränk, das aus Automaten gezogen wird. Sie drücken den richtigen Knopf, und ein Becher plumpst unter einen pissenden Strahl der Flüssigkeit.«[110]

Alle Menschen und alle Kulturen kennen Scham. Wofür sich die Menschen jedoch schämen, hängt auch ab von der jeweiligen Kultur oder Subkultur. So gelten in vielen Kulturen diejenigen Charakterzüge oder Verhaltensweisen als beschämend, die als persönliche oder soziale *Schwäche* gelten, wie Schüchternheit, Mangel an Mut, Güte oder Mitgefühl, Mangel an Kompetenz oder Bildung, Armut, Arbeitslosigkeit, Schulden, Abhängigkeit, Annehmen von Almosen, Verlieren (»Versagen«), homosexuelle Wünsche, Krankheit, Behinderung und viele andere. Leon Wurmser schreibt: »In vielen Kulturen und Subkulturen, besonders in jenen, die vorwiegend germanischen Ursprungs sind, führt die bloße Äußerung von Gefühlen, besonders von Gefühlen der Zärtlichkeit und von Gemütsbewegungen wie das Weinen, zu Demütigung und Scham.«[111]

Scham ist ansteckend; so schämt man sich nicht nur der eigenen Persönlichkeit, sondern z. B. schwacher Familienmitglieder, seiner ethnischen Gruppe oder Nation.

Scham wird häufig mit Schuld verwechselt. Beide sind jedoch keine absoluten Gegensätze, sondern existieren, so Peer Hultberg, »oft Seite an Seite im Individuum und sind eng miteinander verknüpft«[112]. Es gibt drei wesentliche Unterscheidungsmerkmale zwischen Scham und Schuld:

- Die Kontrollinstanz ist bei Scham extern (die Blicke der anderen) – bei Schuld intern (das Gewissen),
- Schuld kann aufgearbeitet und ent-schuld-igt werden – Scham dagegen ist ein bleibender Makel der betroffenen Person; daher gibt es auch keinen Begriff wie »ent-schämen«,
- Schuld ist dialogisch auf das Du, den Geschädigten, bezogen – Scham hingegen ist ein narzisstischer Affekt, sie ist monologisch. Daher auch die Formulierung »Ich schäme *mich*«.

Die Vorläufer der Scham entwickeln sich aus dem frühen Körper- und Blick-Kontakt zwischen Kind und Eltern. Nach Leon Wurmser hat das kleine Kind das Doppel-Verlangen, zu sehen und gesehen zu werden, zu bewundern und bewundert zu werden, zu faszinieren und fasziniert zu werden. Bei dieser frühen Kommunikation ist es besonders wichtig, dass die *Grenzen* des Kindes gewahrt werden, sodass es *gesunde* Scham entwickeln kann. Diese hat die Funktion, das Selbst und seine Grenzen zu schützen.

Traumatische oder pathologische Scham – um die es im Folgenden vorwiegend geht – taucht besonders in solchen Familienbeziehungen auf, deren Mitglieder verstrickt sind in gegenseitige Entwertungen, Verheimlichungen oder ein Überwältigen des anderen, das heißt, wenn die persönliche *Grenze* oder Integrität des Einzelnen nicht respektiert wird. Die Grundlage für traumatische Scham wird gelegt, wenn die frühe Kommunikation gestört ist, zum Beispiel:

- Wenn die Eltern zudringlich sind, d. h. wenn sie die Grenzen des Kindes nicht achten. In Märchen, Mythen und im Volksaberglauben wird dies in der Vorstellung des »bösen Blicks« ausgedrückt, gegen den magische Schutzamulette helfen sollen.
- Wenn die Eltern unberechenbar, mal nah, mal fern sind.
- Wenn die Eltern depressiv oder suchtkrank sind und deshalb die Bedürfnisse des Kindes nach Anerkennung, Liebe, Wärme, Nähe und Zu-

neigung nur unzuverlässig erfüllen können. Wurmser nennt dies »Seelenblindheit«, d. h. die Blindheit der Eltern für die Seele des Kindes.[113]

- Oder wenn kulturbedingte Erziehungspraktiken den Blickkontakt zwischen Mutter und Kind verhindern, wie z. B. Johanna Haarer in ihrem Erziehungsbuch *Die deutsche Mutter und ihr erstes Kind* von 1934 empfiehlt. Die Autorin rät »unbedingt«, das Kind »von der Mutter getrennt unterzubringen und es ihr nur zum Stillen zu reichen«[114]. Wenn das Kind schreit, wird es mit einem Schnuller versorgt. Wenn es weiter schreit, dann, »liebe Mutter, werde hart! Fange ja nicht an, das Kind aus dem Bett herauszunehmen, es zu tragen, zu wiegen oder auf dem Schoß zu halten. [...] Das Kind wird nach Möglichkeit an einen stillen Ort abgeschoben, wo es allein bleibt, und erst zur nächsten Mahlzeit wieder vorgenommen.«[115] Es ist offenkundig, dass sich bei solchen Praktiken ein verlässliches, liebevolles Spiegeln im Auge der Mutter nicht ereignen kann.
- Die Grundlage für traumatische Scham wird auch gelegt, wenn die frühe Kommunikation durch Traumata der Eltern gestört ist. Traumatisierte Eltern stehen in Gefahr, unbewusst ihre Kinder zu traumatisieren.[116]
- Kinder, die in schamerfüllten Familien, Subkulturen oder Kulturen aufwachsen, nehmen viel von der Scham ihrer Umgebung in sich auf.[117] Auf diese Weise wird die Scham transgenerational von der einen an die nächste Generation weitergegeben (vgl. Kap. 5). In seinem Roman *Scham und Schande* schildert Salman Rushdie, wie die Psyche des neugeborenen Kindes mit der Scham der Eltern erfüllt wird. Entscheidend ist wieder die frühe Eltern-Kind-Kommunikation: »Im Kreißsaal strömte Schweigen aus den Poren der erschöpften Mutter; [...] Schweigen: die uralte Sprache der Niederlage.«[118] Der Vater, Major Raza Hyder, ein unerbittlicher Militarist, reagiert voller Wut auf die Nachricht, dass sein Erstgeborenes »nur« ein Mädchen ist. Abwertend blickt er auf das Neugeborene, das in Schweigen verfällt und rot wird: »Es wird berichtet, dass das Baby bei seiner Geburt errötete. Damals, selbst damals schon, schämte es sich zu leicht.«[119]

Pathologische Scham entsteht also dann, wenn die Eltern die Suche des Kindes nach Liebe und Anerkennung, nach dem antwortenden Glanz im Auge der Mutter (von dem Heinz Kohut spricht) nicht befriedigen. Das kleine Kind empfindet dies als existenzielle Bedrohung; es fühlt sich liebesunwert, wirkungslos, nichtig. In der Säuglingsforschung wurde beobachtet, dass Kleinkinder schon von den ersten Lebenstagen an auf gestörten Körper- oder Augen-Kontakt mit Unlust und Rückzug reagieren: Sie wenden Blick, Gesicht oder Körper ab. Diese Reaktionen können sich zu pathologischer Scham entwickeln – umso mehr, wenn weitere Erfahrungen von traumatischen Zurückweisungen, Beschämungen oder andere Formen von Grenzverletzung hinzukommen (daher auch die charakteristische Scham der Opfer von sexuellem oder emotionalem Missbrauch oder anderen Traumata).

Traumatische Scham bedeutet z. B., dass das eigene Verhalten erlebt wird als: »Ich *bin* ein Fehler«, statt: »Ich habe einen Fehler *gemacht.*« Das Selbstwertgefühl ist grundlegend beeinträchtigt. Nach Peer Hultberg ist diese Scham »mit einer viel tieferen Angst als derjenigen vor Strafe verbunden, nämlich mit der Angst, aus der menschlichen Gesellschaft ausgestoßen zu werden. Scham bedeutet Angst vor totaler Verlassenheit, [...] vor psychischer Vernichtung.«[120] Das Gefühl der Scham ist äußerst quälend, überwältigend, alles verschlingend. Der englische Dichter John Keats beschrieb Scham 1818 als die Hölle, nämlich »die unglücklichsten Stunden in unserem Leben [...], in denen wir uns an die Vergangenheit erinnern und dabei erröten – wenn wir unsterblich sind, muss die Hölle so sein«[121]. Der Sich-Schämende fühlt sich wie ein Nichts, wie Dreck, absolut wertlos, möchte »im Boden versinken«, verschwinden.

Weil Scham so schmerzhaft, kaum auszuhalten ist, muss sie abgewehrt werden. Dies geschieht durch die sogenannten Abwehrmechanismen, mit denen die Betreffenden sich vor überwältigenden Schamgefühlen zu schützen suchen. Die wichtigsten sind:

- *Emotionale Erstarrung*: Das Verschwinden-Wollen wird zu einem Ausdruckslos-Werden. Da Gefühle das Persönlichste und Verletzlichste sind, zeigt »man« diese nicht. Die betreffende Person spricht dann nicht von sich, sondern von »man«. Weiche Stimmungen werden als Schwäche erlebt und müssen abgewehrt werden. Das emotionale Leben wird hinter einer steinernen Maske verborgen und eingefroren, das Erleben wird depersonalisiert. Diese Erstarrung kann zu einer alles durchdringenden, *chronischen Langeweile* werden und bis zum Selbstmord führen.
- Durch *Projektion* werden andere mit den Eigenschaften ausgestattet, für die man sich selbst schämt (z. B. Schwäche oder homosexuelle Wünsche), und mit den entsprechenden Ausdrücken beschimpft (»Schwächling«, »schwule Sau«).
- Durch *Verachtung* wird passiv in aktiv verwandelt: Andere werden be-

schämt, schikaniert, gedemütigt, missachtet, wie Luft behandelt, aus der Gemeinschaft ausgeschlossen, zu Zahlen gemacht, vernichtet – insbesondere diejenigen, die als schwach betrachtet werden.

- Durch *dissoziales Verhalten* – etwa durch Gewalt gegen andere – wird Schwäche in Stärke verwandelt, Ohnmacht wird zur Macht. Andere werden gezwungen, das zu erleben, was man selbst erleben müsste, wenn die Scham nicht abgewehrt würde.[122] In *Scham und Schande* führt Salman Rushdie diesen Zusammenhang zwischen Schamabwehr und Gewalt weiter aus: Sufiya, das Mädchen, das gleich bei seiner Geburt mit Scham erfüllt worden war, wächst als geistig Behinderte auf und wird schließlich zur Mörderin.
- Bei schammotivierten Straftätern besteht die Gefahr, dass sie Strafen wiederum nach dem Scham-Modus erleben, d. h. als Beschämung, die ihrerseits abgewehrt werden muss. Dies kann zu einem Teufelskreis von Scham, Delinquenz, Scham usw. führen, wie er anschaulich im Roman *Pinocchio* von Carlo Collodi geschildert wird.
- *Zynismus* und *Negativismus* (oft mit Kritik verwechselt) sind weitere Formen von Verachtung, die sich gegen Werte und damit auch wieder gegen Menschen richten.
- Das Kerngefühl, ein Nichts zu sein, wird abgewehrt durch *Arroganz* und *protzige Männlichkeit*, mit der Selbstsicherheit vorgetäuscht wird.
- Demselben Zweck dienen *Idealisierungen* und *Größenphantasien*, mit denen der Betroffene sich aus seiner unerträglichen Gegenwart herausphantasiert.
- Die von Schande Betroffenen bemühen sich, ihre *verlorene »Ehre« wiederherzustellen.* Z. B. springt in Erich Kästners *Das fliegende Klassenzimmer* der Schüler Uli mit dem Regenschirm von einer hohen Leiter, um seinen Mitschülern zu beweisen, dass er kein Feigling ist, und um nicht länger gehänselt zu werden.
- Schamgefühle können auch durch einen Mechanismus abgewehrt werden, der in der Psychoanalyse als »Reaktionsbildung« bezeichnet wird. Das bedeutet, dass ein Gefühl dadurch kaschiert wird, dass man nach außen das Gegenteil demonstriert. Hier: Schamgefühle werden dadurch verborgen, dass demonstrativ *Schamlosigkeit* gezeigt wird. Unverfroren werden Rücksichtslosigkeit, Verachtung von Idealen, Gewalt, Betrug, Missbrauch zur Schau getragen. Ein Beispiel für Schamlosigkeit sind etwa die Millionen-Gehälter, die sich manche Manager selbst geben.

- Das tiefverwurzelte Gefühl, ungeliebt zu sein, kann auch zu einer Art chronischem Hunger führen: zu einem gierigen, süchtigen Verhalten in Bezug auf Essen, aber auch Besitz, Macht oder andere Suchtmittel. Antoine de Saint-Exupéry schildert den *Teufelskreis von Scham und Sucht* in *Der Kleine Prinz*. Dort sagt der Alkoholiker, dass er sich schämt, weil er trinkt, und dass er trinkt, weil er sich schämt![123]
- *Perfektionismus*: Wenn ich perfekt bin, dann kann mich keiner mehr beschämen. Wenn ich mich etwa als Vortragender *unverständlich* ausdrücke, mit vielen Fremdwörtern und scheinbar perfekten Schachtel-Sätzen, werde ich unangreifbar. Stattdessen werden die Zuhörenden eingeschüchtert und gezwungen, sich inkompetent zu fühlen.

Scham ist entwicklungspsychologisch wie auch menschheitsgeschichtlich ein sehr *früher* Affekt, im Unterschied zum Gewissen, das eine sehr *späte* Errungenschaft darstellt. Letzteres setzt ein entwickeltes Ich, Kognition und Schuldbewusstsein voraus.[124] In der Ethnologie wurde beobachtet, dass es bestimmte Kulturen gibt, die vorwiegend Scham benutzen, um ihre zwischenmenschlichen Beziehungen zu regulieren. Von diesen unterscheiden sich solche Kulturen, die ihre Beziehungen eher auf der Basis des Gewissens regeln. Es gibt also zum einen die »Scham-Kulturen«, die idealtypisch für frühe, sogenannte primitive Gesellschaften sind, zum anderen die »Schuld-Kulturen« (oder auch »Gewissens-Kulturen«), die idealtypisch für moderne Gesellschaften sind.

In Scham-Kulturen ist die moralische Instanz eher außen, sie ist im Blick und in der Bewertung durch die anderen verortet. Das Verhalten wird von der Furcht beherrscht: »Wenn das die Leute sehen …«. Die Furcht vor Beschämung ist in diesen Kulturen ein wesentlicher Faktor sozialer Kontrolle; so zog beispielsweise der antike Held Achilles lieber in den Tod, als schimpflich weiterzuleben. Paul Radin beobachtete bei sogenannten primitiven Völkern die Furcht vor der Lächerlichkeit, die den Einzelnen bis zum Selbstmord treiben kann: Jede Abweichung von der allgemeinen Meinung, jede Eigentümlichkeit und Exzentrizität kann dazu führen, verspottet, lächerlich gemacht oder geächtet zu werden. Abweichendes Verhalten wird durch Ehrverlust, öffentliche Anprangerung oder Ausstoßung bestraft. Die Furcht davor schützt die bestehende Ordnung machtvoller als Ge- oder Verbote. Wenn sich jemand lächerlich gemacht, ein Tabu oder einen Wert der Gemeinschaft missachtet hat, ist es möglich, dass Beschämungen und Schamgefühle einsetzen, die tödliche Folgen haben können.[125]

Tatsächlich wurden in der Ethnologie zahlreiche Fälle dokumentiert, in denen Personen, die ein Tabu gebrochen hatten, bald darauf ohne äußere Gewaltanwendung starben. Dieses Phänomen lässt sich nach Hartmut Kraft als psychogener Tod, ausgelöst durch existenzielle Ängste, erklären: Da der Übertreter eines Tabus selbst tabu geworden ist, wird er gemieden und aus der Stammesgemeinschaft ausgeschlossen. Damit war der Betreffende in vielen Kulturen existenziell bedroht.[126]

Auch in der modernen westlichen Welt sind zahlreiche Fälle dokumentiert, in denen Menschen aus psychischen Gründen innerhalb kurzer Zeit sehr krank werden oder sogar sterben.[127] Dies kann etwa durch mangelnde oder plötzlich entzogene Anerkennung, durch Beschämungen oder sozialen Ausschluss (»Mobbing«) ausgelöst werden. Denn Kränkungen können krank machen. Auch der Volksmund weiß, dass es Erfahrungen gibt, die einem Menschen »das Herz brechen« können. Diese Zusammenhänge werden durch die moderne medizinsoziologische und psychosomatische Forschung bestätigt.

In Scham-Kulturen, vor allem in feudalen und militaristischen[128] Gesellschaften, sind die herrschenden Werte durch die Polarität von Schande und Ehre bestimmt; so gilt etwa Verrat oder Feigheit als unehrenhaft. Beispiele für Scham-Kulturen sind das traditionelle Japan oder Kreta. Dort galt, zumindest in abgelegenen Dörfern, noch bis vor wenigen Jahrzehnten der voreheliche Geschlechtsverkehr eines Mädchens als Schande für die Familie. Um deren Ehre wiederherzustellen, musste das Mädchen, häufig in den Armen der Mutter, vom eigenen Bruder abgeschlachtet werden. Schammotivierte Morde geschehen auch im Deutschland des 21. Jahrhunderts: So wurde z. B. die 21-jährige Fadia H. am 3. November 2000 von ihrem Bruder Rudank auf offener Straße niedergestochen, weil sie die Ehre ihrer Familie befleckt hatte: Sie liebte einen Deutschen und wollte keinen aus ihrer Glaubensgemeinschaft der Jesiden heiraten, wie ihre Familie dies gefordert hatte. Ihre Familie lehnte selbst ihre Leiche als schmutzig ab.

Während in Scham-Kulturen die moralische Instanz eher außen verortet ist (die Blicke der anderen), ist sie in Schuld- oder Gewissens-Kulturen idealtypischerweise intern, im Gewissen. Von zentraler Bedeutung ist nicht die Anpassung des Einzelnen an die Erwartungen, Normen und Werte der anderen, sondern die Übereinstimmung mit dem Gewissen. Moralische Verfehlungen werden nicht durch Spott, Pranger oder soziale Ächtung bestraft, sondern durch Gewissensbisse.

Scham, Schamabwehr und Nationalsozialismus

Mit diesen grundlegenden Informationen über Scham und Schamabwehr stelle ich nachfolgend das Interview mit Wilhelm Plessner (vgl. S. 60), geboren 1918, vor. Er beginnt mit den Worten:

»Wir sind an und für sich als Buben und als Nazi-Jugend mit offenen Augen, wirklich mit offenen Augen durch die Welt gegangen. [...] Erinnere mich an 1932 an den Besuch Adolf Hitlers in R., als er im Fußballstadion sprach. Da sind wir also hingefahren und haben dran teilgenommen. Und wir Jungvolk- und HJ-Führer standen Spalier, und da ging er an uns vorbei mit der Reitpeitsche in der Hand, die Hundepeitsche in der Hand, barhäuptig, das Haar fiel in die Stirn, ich sah ihn passieren auf anderthalb Meter Entfernung, und er guckt jedem in die Augen. Und es war also beeindruckend. Wir haben natürlich in die Figur des Führers alles das hineingelegt, was junge Menschen an Idealen usw., an Hingabe, möchte ich fast sagen, erleben konnten.
Stellen Sie sich vor, die Jugend auf dem Dorf war einfach, bescheiden. Die Buben wie die Mädchen wurden von früh bis spät beschäftigt in der Landwirtschaft. [...] Wenn wir aus der Schule kamen, dann war schon ein Zettel auf dem Tisch: ›Du kommst da und da hin und bringst die Hacke mit oder bringst das mit‹, und spät abends waren die Buben so müde, die schliefen auf der Schiefertafel ein oder die Mädchen. Und legten sich hin, und die Mutter nahm die Jungen, die Kinder, auf und sagte: ›So, jetzt gehst du ins Bett, und morgen früh machst du halt schnell deine Aufgaben, damit der Lehrer zufrieden ist.‹ Es lag alles im Argen.
Und nun kommt das Dritte Reich. Und nun erleben wir Zeltlager, wir erleben den Staatsjugendtag, am Samstag keine Schule, nur Sport. Wir hatten zum Beispiel hier in E. die Gebietswartsportschule, der ich angehörte, trieben Wassersport. [...] Die Jugend war bewegt. Die Jugend war angespornt. Die Jugend hatte plötzlich einen Sinn. Sie wurde beschäftigt. Aus der Eintönigkeit des Bäuerlichen, der bäuerlichen Familie. Und aus all dem, dass nie etwas geschah, was den Jungen fesselte – kein Idealismus, kein Buch, nix –, wird plötzlich der junge Mensch angesprochen. Er wird motiviert. Ohne zu wissen und zu merken, dass es einen politischen Hintergrund haben könnte. Gar nicht. Für uns war der Hintergrund der: eine Befreiung! Und dass man plötzlich, um es pathetisch zu sagen, stolz sein konnte, deutscher Junge zu sein. Und erinnere mich an viele Begegnungen. Es gab auch internationale Begegnungen. Es waren Engländer da und alles Mögliche. Die Welt war offen. Ein-

zig wir im Grenzland hier, vier Kilometer vom Rhein, waren direkt an der Maginot-Linie, und als ich in E. in der Schule war, haben wir die Aufsätze und die Diktate unter den Klängen der Clairance, der Angriffstrompeten der Franzosen [geschrieben]. Und auf den Panzerkuppeln der Maginot-Linie standen die Senegal-Neger mit ihren Stammeszeichen, mit ihren Narben und blickten herüber, blau-graue Uniform wie Gespenster und wie böse Geister, und das beeindruckte uns sehr.
Und natürlich haben wir als junge Deutsche ganz andere Gefühle gehabt wie der junge Franzose. Wir waren die Parias unter den Völkern, wir wussten, dass durch das Versailler Diktat wir vieles vieles vieles Böses erleben mussten. Und dass wir verschuldet waren mit x-Milliarden Goldmark, Zahlungen und dergleichen mehr, und wussten auch, dass es schon Bestrebungen gab im Völkerbund durch Stresemann, dass Deutschland irgendwie wieder in die Familie der europäischen Völker eingegliedert werden musste, weil es nicht als Herz Europas ein Hungerland sein konnte, das von den anderen Völkern andauernd unterstützt und ausgehalten werden musste. Man wusste, Deutschland, das Herz in Europa, musste wieder schlagen. Und das führte auch dazu, dass auch ohne Hitler Bestrebungen im Gang waren, Deutschland wieder zu einem wertvollen Staat in Europa zu machen. Aber das Wachsen des Dritten Reiches und die Propaganda der Nationalsozialisten hat natürlich vieles bewirkt, dass es rabiater und schneller gehen sollte. Man hat nicht mehr darum gebeten, jetzt verlangte man, dass Deutschland eine Größe werden sollte. Und Hitler war die Inkarnation dieses Gedankens ... «

Herr Plessner schildert das dörfliche Leben während der Weimarer Zeit als arm (»einfach, bescheiden«, »es lag alles im Argen«); auch die Kinder mussten von früh bis spät in der Landwirtschaft mitarbeiten. Die Bildung war mangelhaft, weil die Kinder wegen der vielen Arbeit kaum zum Lernen kamen. Deutschland war als Folge des Versailler Vertrags verschuldet. Herr Plessner beschreibt das Land als arm, als »Hungerland«, das von den Almosen anderer Länder abhängig war. Hinzu kommt, dass Deutschland den Ersten Weltkrieg verloren hatte. Dies alles waren Gründe, sich zu schämen, denn: Armut, Mangel an Bildung, Schulden, Abhängigkeit, Annehmen von Almosen, Versagen – all das sind, wie oben erwähnt (vgl. S. 75), Auslöser von Schande.

Folgerichtig schildert der Interviewte Deutschland als beschämt: als »ausgegliedert« aus der »Familie der europäischen Völker«, als einen nicht »wertvollen« Staat, als ausgestoßen. An dieser Stelle verwendet Herr Plessner einen Begriff aus einer typischen Scham-Kultur, dem hinduistisch geprägten Indien: Er nennt die Deutschen »Parias«, d.h. Unberührbare, die außerhalb des Kasten-Systems stehen. Weitere Hinweise auf Scham sind seine unpersönliche Wortwahl, etwa wenn er mehrfach das Wort »ich« weglässt (bzw. durch »man« oder »wir« ersetzt) oder wenn er von seiner Mutter als »die Mutter« spricht.

Demgegenüber wird Hitler von Herrn Plessner als derjenige geschildert, der die Ehre Deutschlands wiederhergestellt habe, der Deutschland »wieder zu einem wertvollen Staat in Europa machte«. Durch Hitler habe man wieder stolz – die gegensätzliche Empfindung zu Scham – sein können. Auch die Idealisierung Hitlers kommt zum Ausdruck, als Herr Plessner sagt, die Jugendlichen hätten »in die Figur des Führers alles das hineingelegt«, was sie »an Idealen erleben konnten«. Hitler wird als »Inkarnation« der Idee von Deutschlands Größe beschrieben; auch der Begriff »Inkarnation« stammt aus dem Hinduismus, der Religion der indischen Scham-Kultur.

Auffällig ist auch das wiederkehrende Motiv der Augen, auf das ich später (Kap. 4, S. 110 ff.) zurückkommen werde.

Meine These ist, das Hitler (neben anderen Gründen) als Erlöser von Schamgefühlen inszeniert und erlebt wurde. Die Niederlage des Ersten Weltkriegs, der Versailler »Schandvertrag« (wie es oft heißt), Teil-Entmilitarisierung, Schulden, Armut, Wirtschaftskrise, Geldentwertung, Arbeitslosigkeit und politische Schwäche der Weimarer Republik wurden offenbar von einem großen Teil der Bevölkerung als Beschämung, als Verletzung des Ehrgefühls erlebt. Diese objektiven historischen Fakten wurden subjektiv nach der »Psycho-Logik« der Schamkultur verarbeitet – und diese Lesart wurde von der NS-Propaganda massiv gefördert.

Weil Scham eine so peinigende, kaum auszuhaltende Emotion ist, »schrie« sie geradezu nach Abwehr, die ihr durch den Nationalsozialismus geboten und legitimiert wurde: Schamabwehr wurde möglich durch Idealisierungen Hitlers und der Deutschen (»größter Führer aller Zeit«, »arische Herrenrasse«); durch größenphantastische Ansprüche auf Weltherrschaft; durch Versprechungen, die Ehre Deutschlands wiederherzustellen; durch ein heroisierendes und zynisches Weltbild der Härte und damit die Abwehr weicher (»schwächlicher«) Gefühle und humanistischer Werte (»Gefühlsduselei«, so der NS-Jargon); durch Verachtung und Vernichtung von jüdischen Mitbürgerinnen und Mitbürgern, aber auch von Non-Konformisten: Sie wurden entwürdigt, weggeschafft, zu Objekten gemacht und ermordet.

Abb. 3: Öffentliche Beschämung als Bestrafungspraxis

Wie bei der mittelalterlichen, schamkulturellen Bestrafungspraxis des Prangers waren öffentliche Beschämungen eine der wesentlichen Methoden des Nazi-Terrors. So wurden Frauen, die Liebesbeziehungen mit Zwangsarbeitern hatten, öffentlich wegen »Rassenschande« angeprangert und ihre Haare abgeschnitten.

Juden wurden öffentlich gedemütigt, etwa indem sie gezwungen wurden, mit der Zahnbürste den Rinnstein zu putzen, oder indem orthodoxen Juden der Bart abgeschnitten wurde. Die Verbrechen des Nationalsozialismus beschränkten sich ja nicht darauf, Millionen von Menschen zu ermorden,[129] sondern diese Menschen wurden auch, vor ihrem Tod, millionenfach gedemütigt, verhöhnt, verachtet und zu bloßen Zahlen gemacht. Die Eintätowierung von Häftlingsnummern ist dafür bezeichnend. Das Bewusstsein für diese Dimension der Nazi-Verbrechen scheint mir oft angesichts der großen Zahl der Ermordeten zu verschwinden; den Holocaust auf die Zahl der Ermordeten zu reduzieren bedeutet aber in gewisser Weise auch, ihre Entwürdigung zu verlängern.

Der psychische Mechanismus von Scham und Schamabwehr wird in Forschungen zum Nationalsozialismus wenig berücksichtigt. Gleichwohl war gerade er – wie ich im Folgenden zeigen werde – für die Rekrutierung der NS-Anhänger und ihre Bindung an den Nationalsozialismus von großer Bedeutung. Auch der Holocaust wurde dadurch ermöglicht, dass die NS-Propaganda den Affekt der Scham und dessen Abwehr zu instrumentalisieren vermochte: vom Abbruch der Beziehung zu den jüdischen Mitbürgern und deren sozialer Ächtung bis zu ihrem Abtransport und ihrer Ermordung.

»Dabeisein« oder die Furcht, als Feigling ausgeschlossen zu werden

Friedrich Tanner, geboren 1919, ist mittelgroß; er trägt sein schütteres Haar nach hinten gekämmt und hat einen Schnauzbart. Er geht in leicht gebeugter Körperhaltung. Während des Gesprächs entsteht wenig Blickkontakt, er nuschelt viel vor sich hin. Obwohl er weder Nationalsozialismus noch Krieg befürwortete, meldete sich Friedrich Tanner freiwillig für den Kriegseinsatz. Ausschlaggebend dafür war eine Militärparade nach dem Sieg über Frankreich: Die städtische Infanteriedivision marschierte durch seine Heimatstadt, und die Soldaten »sind jubelnd empfangen worden, die waren die Helden, und wir, die nicht dabei waren, sind halt daneben gestanden, wie wenn du nichts wert wärst«.
Bei dieser Gelegenheit hat der Interviewte »auch die ersten Schwarzen gesehen, die sie als Gefangene mitgebracht haben, das waren ja Unmenschen, das waren ja überhaupt keine Menschen, so ist es beim Hitler gepredigt worden, das sind Unmenschen«. Vermutlich fühlte sich Herr Tanner in dieser Situation selbst als Unmensch: Alle Soldaten wurden »von den Mädchen geküsst und mit Blumensträußen begrüßt, und wenn du da nicht dabei warst, hast du dich irgendwie geschämt. [...] Und dann hab ich mir gedacht: ›Also, da musst du auch dabei sein!‹, obwohl ich ja gar nix mit dem Krieg zu tun haben wollte, und dann hab ich mich freiwillig gemeldet.« Aufgrund seiner freiwilligen Meldung gehört er nun selbst zu den Geehrten: beim Marsch durch die Stadt, bei der Verabschiedung am Bahnhof und »wo der Zug durchgefahren ist, haben uns alle gewunken«.
Und so sind es nicht Gewissensfragen, sondern es ist die Frage nach Schande oder Ehre, die sich wie ein roter Faden durch das ganze Interview mit Herrn Tanner zieht. Unter anderem berichtet er von Massenerschießungen in Russland – einmal 600 Juden, ein anderes Mal 10 000 Russen – in lapidarem, unberührtem Tonfall. Er selbst habe ja nicht geschossen (im ganzen Zweiten Weltkrieg hat er nach eigenen Angaben insgesamt nur zwei Schüsse abgegeben: auf ein Flugzeug). Viel mehr beschäftigt ihn ein – offenbar ehrenrühri-

ger – Irrtum der Militärbehörde: Der Eintrag einer Geschlechtskrankheit in seinen Wehrpass, für dessen Löschung er sich zwei Jahre lang einsetzte. Ansonsten empfand er den Krieg als angenehme Zeit, insbesondere nach seiner Versetzung nach Norwegen: »Von meiner Seite aus hätte der Krieg da oben noch weitergehen können. Wir haben ja alles gehabt, wir hatten zu essen und haben auch Mädchen kennengelernt, Norwegerinnen, es war ein normales Leben.«

Erst nach der militärischen Niederlage erlebt er wiederum Beschämung, während des Transports als Kriegsgefangener im offenen Kohlenwagen zu der, wie er sagt, »Negerkaserne«[130] nach Südfrankreich: »Da sind die Frauen auf der Brücke gestanden und haben Steine runtergeschmissen in die Waggons und haben runtergepinkelt.« Damit hat sich der Kreis wieder geschlossen: Wieder ist er unter den Beschämten, was er wiederum in Verbindung bringt mit »Neger« bzw. Schwarzen = »Unmenschen«.

Herrn Tanners Ausführungen illustrieren die überragende Bedeutung des Scham-Paradigmas bei seinem Entschluss, sich freiwillig für die Wehrmacht zu melden. Neben seiner Furcht, als Feigling zu gelten und ausgeschlossen zu werden, scheinen seine politische Überzeugung und sein Gewissen nebenrangig gewesen zu sein.

Die Wiederherstellung der Ehre Deutschlands

Das Tragische an traumatischer Scham besteht darin, dass sie oft von den Eltern an das Kind weitergegeben wird, schon ab dessen ersten Lebenstagen. Auf diese Weise wurde die Scham der traumatisierten Veteranen des Ersten Weltkrieges (aufgrund der »Schmach« der Niederlage und des sogenannten Versailler »Schandvertrags«) an ihre Kinder delegiert, in deren Seelen deponiert (vgl. Kap. 5). Die Kinder bekamen den Auftrag, die Ehre von Vater und Vaterland wiederherzustellen, und so wurden sie zu den Trägern von Nationalsozialismus und Zweitem Weltkrieg. Dies wird etwa im Interview mit Eduard Gebhard deutlich.

Herr Gebhard wurde 1922 im Sauerland geboren und wohnt mit seiner Frau in einer Hochhaus-Siedlung in Ulm. Das Interview findet in seinem Arbeitszimmer im Keller statt, das wie ein Studierzimmer mit vielen Büchern und Bildern – vor allem über Krieg und Nationalsozialismus – eingerichtet ist. Herr

Gebhard ist von großer, schlanker Statur, ein lebendiger Erzähler, der die Interviewerin mit frischem Blick anschaut. Er berichtet: »Mein Vater war selber im Ersten Weltkrieg maßgeblich an der Front beteiligt, schwer verwundet, in Flandern, und das hat mich schon bewegt. Und für mich war immer Versailles ein Schlüssel, und so sind wir[131] auch immer wieder darauf aufmerksam gemacht worden, sogar meine sanftmütige Mutter, die hat darunter gelitten. Man hat Deutschland wehrlos gemacht, gewissermaßen ehrlos. [...] Ich sah uns gedemütigt, unser Deutschland, und die verlorenen Länder, da hat man uns ja auch immer darauf aufmerksam gemacht, das abgetretene Elsass, im Norden, in Schleswig, dann im Osten, das Warteland, und Schlesien, Oberschlesien. Das ging mir damals alles schon durch den Kopf, ich hab auch Kriegsbücher verschlungen damals. Durch den Versailler Vertrag durften wir keine Flugzeuge haben, drüben, unsere Nachbarn ringsum, die haben Kampfflugzeuge gehabt noch und noch und Bomber, wir nichts in der Richtung, keine Panzer durften wir haben, die deutsche Armee. Die anderen haben sie alle gehabt in Massen, und das ging mir alles durch den Kopf, das empfand ich furchtbar ungerecht und demütigend. Und so bin ich dann aufgewachsen und war dann begeistert, wie dann der Hitler in mein Bewusstsein gedrungen ist und versprochen hat, den Deutschen wieder zu ihrer Ehre und zu ihrem Recht zu verhelfen. Und da war ich dann engagiert und begeistert. Versailles, das hat mich immer begleitet, den ganzen späteren Lebensweg, und das war dann der Drang, dem deutschen Land, dem Vaterland wieder zu seinem Recht zu verhelfen. Und da war eigentlich für mich der Weg schon vorgezeichnet.

Als Schüler einer Nationalpolitischen Erziehungsanstalt (Napola) verfolgt er den Frankreichfeldzug »immer am Atlas: Wo sind unsere? Und da habe ich gedacht: ›Jetzt wird's denen gezeigt!‹ Und dann wusste ich, der Vater, der war schwer verwundet worden in Flandern. Und dann hab ich gedacht: ›So, jetzt geht's mal andersrum!‹ Und das schien mir ein gerechter Ausgleich.« Herr Gebhard hat nur die Angst, zu spät zu kommen, denn er möchte unbedingt auch zum Kriegseinsatz kommen. Der Überfall auf die Sowjetunion wird bejubelt, weil damit klar ist, dass der Krieg lange genug dauern wird, sodass er noch mitkämpfen kann. Er meldet sich freiwillig zur Waffen-SS; an der Front hat der Interviewte dann seine »eigentliche Erfüllung gefunden«.

Die Frage von Ehre oder Schande bestimmt die gesamte Narration von Herrn Gebhard. Wie er sagt, kam es schon bei der Napola darauf an, kein Feigling zu sein. Später, bei der SS, hielt er die Hinrichtung von Deserteuren für gerechtfertigt. Wenn einer »abgehauen« war und »geschnappt« wurde, dann wurden Kameraden aus seiner Einheit ausgesucht, die ihn erschießen mussten. »Jetzt stellen Sie sich vor, da wäre man beauftragt worden. Mensch, das war ein Schock für uns! Ein Kamerad, und der hat ausreißen wollen!« (Unklar bleibt, worin der Schock für den Interviewten bestand: im Auftrag, einen Kameraden zu erschießen, oder darin, einen Deserteur in den eigenen Reihen zu haben.) Der Gedanke »abzuhauen« sei ihm selbst nie gekommen, er hätte sich »geschämt, meinen Kameraden gegenüber, dass ich aus Feigheit abhaue und die da sitzen lasse im Dreck«.

Partisanen waren für ihn heimtückische Mörder, die erschossen werden mussten. Er empfand es auch als gerechtfertigt, wenn mehrere Zivilisten aus Rache für einen von Partisanen ermordeten Kommandanten erschossen wurden. Glücklicherweise sei ihm dies nie befohlen worden; so etwas wäre eine große Belastung und ein Gewissenskonflikt für ihn gewesen. Er war immer nur Soldat an der ersten Front und schoss nur auf andere Soldaten. Bei einem Heimaturlaub war er stolz, sich als Frontsoldat zu zeigen. Für die Wiedereroberung von Charkow wurde seine Einheit von Hitler, seinem Idol, gelobt. Herr Gebhard war auch stolz, als er das EK II erhielt. Und stolz darauf, »dass ich als kleiner Mann eine Offiziersstelle hatte an vorderster Front, an der vordersten Linie, und das Feuer mehrerer Batterien leiten durfte. Das war eine Auszeichnung, dass ich so etwas machen durfte, das Feuer leiten und wirklich maßgebend mitwirken.« Ihm war es wichtig, seine Pflicht zu erfüllen und nicht als Feigling zu erscheinen.

Auf dem Rückzug »bin ich ausgewählt worden von unserem Batteriechef, da war der Befehl gekommen: Taktik ›verbrannte Erde‹, der Rückzug. Und alles, was dem Feind nützen konnte, musste entweder angesteckt werden oder kaputtgemacht werden.«

Herr Gebhard betont, dass die Waffen-SS aus ausgesuchten Leuten bestand, die immer als vorderste Angriffsspitze »ehrlich« und »bis zum letzten Mann« gekämpft habe. Nur weil Himmler zugleich den Oberbefehl über die KZs hatte, werde heute die Waffen-SS »mit diesen Mördern in einen Topf geschmissen. Und das ist das, worunter wir leiden. Wir waren immer in der vordersten Front, Elitetruppen für Hitler, im vordersten Einsatz, und werden nun mit diesen Mördern zusammen abgehandelt. Man verteufelt uns, man macht uns zu Verbrechern, das ist für mich das Katastrophale.« Herr Gebhard habe damals nur gewusst, dass in KZs »Volksfeinde« einsaßen, aber nicht, dass dort Menschen zu Tode geschunden wurden. Mit dem »abscheulichen Mord an sechs Millionen Juden« habe die Waffen-SS nichts zu tun gehabt. Seine Einheit habe nie Gräueltaten begangen. Nur einmal passierte etwas, was der Interviewte für eine Schweinerei hielt: Ein sich ergebender russischer Soldat wurde von seinem

Unterscharführer erschossen. Ungerecht fand er auch, als seine Einheit junge Frauen einsammelte und nach Deutschland abtransportierte; aber er nahm das hin, weil Deutschland Arbeitskräfte brauchte, um den Krieg zu gewinnen.
Rückblickend hat der Interviewte keine Gewissensbisse, denn »ich habe meine Pflicht getan als Soldat meinem Vaterland gegenüber. Wäre ich abgehauen, hätte ich mich gedrückt, würde ich mich heute noch schämen.« Er möchte, »dass man die Wahrheit erfährt und dass man uns nicht in eine Ecke stellt wie Verbrecher. Wir waren nie Verbrecher, wirklich, unsere Einheit, wir haben uns nie was vorzuwerfen gehabt, wir haben nichts Abscheuliches getan. Wir waren immer ehrliche, gutwillige Soldaten.«
So besteht »das Katastrophale« für Herrn Gebhard nicht etwa in den Kriegsverbrechen oder im Holocaust, sondern darin, dass seine Waffen-SS wie Verbrecher »in eine Ecke« gestellt, d.h. beschämt werde. In erstaunlichen Windungen zählt er einerseits die von seiner Waffen-SS-Einheit begangenen Verbrechen auf, um andererseits zum Resumé zu kommen: »Wir waren immer ehrliche, gutwillige Soldaten.« Noch die von ihm und seiner Einheit praktizierte Taktik der »verbrannten Erde« vermag er als ehrenvolle Auszeichnung zu verbuchen: Er sei dafür »ausgewählt« worden.

Von der Beschämung zu Stolz und Ehre

Auch im Interview mit Josef Acker zeigt sich die zentrale Bedeutung von Scham und Beschämung bei der Rekrutierung für die SS.

Herr Acker wurde 1925 in Minden geboren. Nach dem Krieg baute er eine Großgärtnerei bei Freiburg auf, wo er heute noch lebt. Er ist mittelgroß, schlank, mit vollem, schwarzem Haar. Er praktiziert täglich Yoga-Übungen, er begrüßt die Interviewerin freundlich lächelnd und bewirtet sie mit Tee und selbstgebackenen Keksen. Durch seine Erzählungen über seine Kindheit wird deutlich, wie stark seine Erziehung durch die feudal-militaristische Werte-Polarität von Scham und Ehre seiner Eltern bestimmt war. Der Stolz seines Vaters, eines Veteranen des Ersten Weltkriegs, geht über in den Stolz des Sohnes: »Mein Vater war damals im Kriegerverein bekannt, und mein Vater war stolz, dass wir – ich war ungefähr so zehn Jahre alt und mein jüngerer Bruder acht, und ich war gerade ins Jungvolk gekommen und hatte gerade meine Uniform bekommen, und ich war stolz auf diese Jungvolk-Uniform.«
Auf einer Weihnachtsfeier in der Stadthalle im Jahr 1935 trugen die beiden

Brüder, in Uniformen gekleidet, ein Gedicht ihrer Mutter vor. »So traten wir auf der Bühne auf. Und dann sagte mein jüngerer Bruder: ›Wer will unter die Soldaten, der muss haben ein Gewehr, der muss es mit Pulver laden, wie ein Schießgewehr.‹ Und ich sagte dann: ›Na, hört mal doch nur den Gernegroß. Das Schießgewehr verwahret bloß. Soldat willst du schon sein? Dafür bist du noch viel zu klein.‹« Mit dieser Inszenierung führt die Mutter ihre beiden Söhne öffentlich vor. Dabei hat sie an ihren älteren Sohn, den damals zehnjährigen Interviewten, die Aufgabe delegiert, seinen achtjährigen Bruder öffentlich zu beschämen (»Gernegroß«). Diese Beschämung soll den Jüngeren motivieren (»gerne«), eines Tages auch »groß« zu werden und damit ehrenhafter Soldat.

Dieses Grundmuster – von der Beschämung zu Ehre und Stolz – wiederholt sich im weiteren Verlauf von Herrn Ackers Narration: Er schildert die Erziehung zur Härte auf der Gebietsführerschule: »Die Ausbilder waren damals SS-Unterscharführer, die verwundet gewesen waren und nun als so Verwundete eben diese Aufgabe hatten, Hitlerjugendführer auszubilden.« Treffend formuliert der Interviewte, dass die Ausbilder genau »als [!] Verwundete« die Aufgabe hatten, HJ-Führer auszubilden: In der Werte-Welt der nationalsozialistischen Scham-Kultur gilt Krankheit als Schwäche, als Makel, der abzuwehren ist – durch besondere Härte gegen andere. Hier: durch Härte gegen die Hitler-Jungen, die auf Befehl der verwundeten Verwunder barfuß im Schnee robben, raufen und boxen müssen, bis das Blut fließt. Die Jungen müssen erniedrigende Stubenappelle über sich ergehen lassen und den Spott der Kameraden erleiden, deren bevorzugtes Objekt der Interviewte als »Muttersöhnchen« ist: »Wenn ich einen Brief von zu Hause bekam, dann wurde mir der weggerissen, und dann haben die den vorgelesen – das war in jeder Beziehung schrecklich.«

Während des Arbeitsdiensts kommt ein SS-Offizier zur Gruppe, um Freiwillige zu rekrutieren. Der Offizier spricht »vom Heldenkampf unserer Soldaten und dass ein jeder jetzt gebraucht wird und jeder sich zur Ehre anrechnen kann, in die Waffen-SS aufgenommen zu werden«. Als sich zunächst keiner der Arbeitsdienst-Leistenden freiwillig meldet, werden sie als »Vaterlandsverräter« beschimpft. Die Älteren von ihnen müssen sich »nackend ausziehen. Wir hatten keine Möglichkeit, miteinander zu sprechen. Dann mussten wir einzeln in den Nebenraum rein, und da war schon alles zur Musterung vorbereitet: Da saßen dann die SS-Unterscharführer an ihren Schreibtischen, Personalien, und dann stand ich vor diesem SS-Offizier, im Scheinwerferlicht, nackend, und da sagte er: ›Hier unterschreiben Sie, dass Sie sich freiwillig zur Waffen-SS gemeldet haben.‹ ›Ich zur SS?‹, dachte ich, ›und dazu noch freiwillig?‹ Ich hatte ja die SS-Unterscharführer gerade auf der Gebietsführerschule kennengelernt, ihre brutale Art, und ich zur SS? Nie in meinem Leben hätt ich dran gedacht. Aber ich hatte Angst und unterschrieb.«

Eben noch beschämt und entblößt, kippt bald nach dem Eintritt in die SS seine Einstellung plötzlich um – in Stolz, »dass ich 'ne SS-Uniform anhatte, und ich verband im Augenblick nicht mit der SS-Uniform irgendwelche Verbrechen. Von den Verbrechen wusste ich ja damals nicht. Ich wusste nur von der SS: Das ist 'ne Elitetruppe. Und dieser Elitegedanke, das war was Besonderes, dass ich diese Uniform plötzlich trug. Irgendwo war dann auch ein gewisser Stolz. Die Minderwertigkeitskomplexe, die ich immer gehabt habe, die waren dann plötzlich verschwunden. Plötzlich war ich wer.«

Die Härte, eben noch von außen ihm angetan, richtet er nun gegen sich selbst, sie wird zum Heroismus. So liegt der Interviewte ein Jahr später in einem Gefecht »unter dem Panzer, und dann explodierten im Panzer die Granaten, und ich merkte erst nicht, dass ich nicht mehr richtig sehen konnte. Meine Augenbrauen waren verbrannt, und ich hatte 'ne Wunde am Kopf, und der Kommandant, der wollte mich dann gleich zum Verbandsplatz schicken, und dann sagte ich zum Untersturmführer: ›Untersturmführer, mir steht doch aber jetzt endlich das Panzersturmabzeichen in Silber zu!‹«

Herrn Ackers Bericht verdeutlicht die Instrumentalisierung von Scham in einem Sozialisationsprozess, der einen jungen Menschen zu einem harten, stolzen, heroischen SS-Mann umformt: durch Appelle an Heroismus und Ehre; durch Beschämungen durch Vorgesetzte und »Kameraden«[132]; durch Einübung von Härte; durch Grenzverletzung mittels Entblößung und das Ausgesetztsein den Blicken anderer, hier noch betont durch das Scheinwerferlicht während der Musterung; durch die feudal-militaristische Wertewelt von Ehre versus Verrat; durch das Umkippen von Beschämung in Stolz; und schließlich durch die Internalisierung der Beschämung durch Härte gegen sich selbst.

Der Abbruch der Beziehung zu den jüdischen Mitbürgerinnen und Mitbürgern

Frau Dr. Eva Neuber wurde 1910 in Bremen geboren. Sie wohnt heute in einem Seniorenheim in Rottweil. Alle Wände ihrer kleinen Wohnung sind mit Bücherregalen vollgestellt. Sie ist klein und leicht gebückt; sie spricht mit leiser Stimme, nachdenklich und mit vielen Pausen. Die Interviewte schildert den Abbruch ihrer Beziehung zu jüdischen Freunden im Jahr 1938: »Ich bin der Frau weinend um den Hals gefallen und hab gesagt: ›Ich kann euch nicht weiter besuchen.‹ Da hatte ich einfach Angst, ich könnte dabei mal beobachtet werden. Und das war mir zu riskant. Man ist dann vor der Situation: Willst du diese Freundschaft weiter pflegen und du verlierst deine Stelle und denen kannst du nicht helfen? Das ist also eine verfluchte Situation.«

Bei dieser Formulierung fällt auf, dass die Interviewte ihren Konflikt nicht aus der Perspektive der Gewissens-Kultur, sondern aus der der Scham-Kultur schildert. Nicht als Gewissenskonflikt, sondern als Angst vor den Augen der anderen: die »Angst, ich könnte dabei mal beobachtet werden.« Interessant ist auch Frau Neubers Wechsel zwischen »ich«, »du« und »man«: Die eine Handlungsmöglichkeit, die Beziehung zu ihren jüdischen Freunden aufrechtzuerhalten und damit dem Nationalsozialismus ein Stück Widerstand entgegenzustellen, wird in der »Ich«-Sprache formuliert: »Da hatte ich einfach Angst, ich könnte dabei mal beobachtet werden.« Die andere Handlungsmöglichkeit, diese Freundschaft zu beenden und sich dem Nationalsozialismus anzupassen, drückt die Interviewte mit den Begriffen »man« und »du« aus: »Man ist dann vor der Situation: Willst du diese Freundschaft weiter pflegen und du verlierst deine Stelle und denen kannst du nicht helfen?«

Einige Jahre zuvor hatte die Interviewte »auf dem Gebiet, auf dem ich eben sehr interessiert war, das war ein großer Glücksfall«, eine Stelle im Wirtschaftsministerium bekommen, die frei geworden war, »weil man meine Vorgängerin, weil sie Jüdin war, entlassen hatte. Das hat mich sehr bedrückt. Aber wie reagiert man dann? Soll man sagen: ›Das kann ich nicht, ich kann nicht einen Posten annehmen, wenn ich dabei quasi eine andere verdrängt habe, weil sie Jüdin war?‹ Das ist unsinnig, das kann man nicht.«

Wieder ist die NS-oppositionelle Handlungsmöglichkeit (das Stellenangebot nicht anzunehmen) in der »Ich«-Sprache formuliert: »Das hat mich sehr bedrückt. Das kann ich nicht, ich kann nicht einen Posten annehmen, wenn ich dabei quasi eine andere verdrängt habe, weil sie Jüdin war.« Und wieder wird die NS-bejahende Option (die Stelle anzunehmen) mit »man« ausgedrückt: ablehnen »kann man nicht«. Wahrscheinlich hat die Interviewte damit recht: Ein »man« konnte dem Nationalsozialismus kaum die Gefolgschaft verweigern, dazu hätte es eines »Ichs« bedurft.

Übrigens stützt sich Frau Dr. Neubers Argumentation auf einen verqueren Sinn-Begriff, wenn sie sagt, ein solches Angebot einer Stelle im Ministerium habe man nicht ausschlagen können, das sei »unsinnig, das kann man nicht«. Tatsächlich hätte sie durchaus die Freiheit gehabt, das Stellenangebot nicht anzunehmen. Dies wäre allemal *sinnvoll* und vor dem Gewissen vertretbar gewesen. Damit ist nicht gesagt, dass dies *einfach* gewesen wäre, angesichts der Attraktivität der Stelle, der Erwartungen ihrer Umgebung (»Blicke der anderen«) und eventuell drohenden Repressalien durch das Regime. Oder dass dies *erfolgreich* gewesen sei in dem Sinne, dass ihr Nein allein den Nationalsozialismus insgesamt hätte verhindern können. Aber es war das Ja der vielen Millionen Beteiligten in vielen Handlungsmöglichkeiten, das den Nationalsozialismus letztlich möglich machte.

Die jüdischen Mitbürgerinnen und Mitbürger werden beschämt und geächtet

Der Nationalsozialismus, so nochmals die These, vermochte die in der Weimarer Republik verbreiteten Schamgefühle für seine Zwecke zu instrumentalisieren, indem er seinen Anhängern Gelegenheiten zur Schamabwehr anbot und diese legitimierte. Es wurde also dem Einzelnen ermöglicht, sich seiner Schamgefühle dadurch zu entledigen, dass diese auf andere projiziert, im wahrsten Sinne des Wortes »aus-gedrückt«, werden konnten. Diese anderen wurden dann stellvertretend beschämt: jüdische Mitbürger, aber auch Homosexuelle, kritische Intellektuelle, Behinderte, Osteuropäer etc., die als »minderwertig« gebrandmarkt und verfolgt wurden.

Durch diese Verlagerung nach außen entlastet sich der Beschämende vorübergehend von seiner Scham, wird sie erst einmal »los« – das ist die Bedeutung von »Schamlosigkeit«.[133] Diese entlastende Wirkung von Schamabwehr dürfte den oft lapidaren bis fröhlichen, *schamlosen* Ton erklären, in dem viele Interviewte über Erlebnisse berichten, die wir, Interviewer und Zuhörerinnen, als zynisch und abscheulich empfinden.

Über die Beschämungen und Ausgrenzungen, die jüdische Mitbürgerinnen und Mitbürger in einem bayerischen Dorf während des Nationalsozialismus erleben mussten, liegen uns Schilderungen aus zwei verschiedenen Perspektiven vor. Zum einen die Erinnerungen einer jüdischen Überlebenden, Anna Kerner, die ich im März 1998 in ihrer Wohnung in Tel Aviv interviewte. Sie erinnert sich an die Diskriminierung, die sie vor allem während ihrer letzten drei Jahre in Nazi-Deutschland erlebte. Von ihren nichtjüdischen Mitschülerinnen und Mitschülern wurde sie als »Drecksjude« beschimpft und ausgelacht. Das jüdische Mädchen wurde zunehmend gemieden, die anderen Kinder spielten nicht mehr mit ihr, auch an den Klassenausflügen durfte sie nicht mehr teilnehmen. Am 10. November 1938 wurden die jüdischen Männer von SA-Leuten durch die Dorfstraßen getrieben. Erst Wochen später kehrten sie kahlgeschoren aus Dachau zurück, darunter Annas Vater, der an dieser Erfahrung seelisch zerbrach und erkrankte. Ein Dorfbewohner beschimpfte ihre Mutter als »Drecksau« und drohte, sie umzubringen. 1938 konnte die 13-Jährige mit einem Kindertransport entkommen und schließlich nach Palästina auswandern.

Eine andere Perspektive derselben Vorfälle bietet das Interview mit einer von Anna Kerners Klassenkameradinnen, Helga Möller, die bereits vorgestellt wurde (vgl. S. 68):

Frau Möller kann sich nicht erinnern, dass ihre jüdische Mitschülerin gemieden oder lächerlich gemacht worden wäre, davon sei ihr »wirklich nix bekannt«. Dass Anna an Klassenausflügen nicht mehr teilnehmen durfte, »das stimmt«, so konstatiert die Interviewte kurz und ohne Empathie. Dass niemand mit dem jüdischen Mädchen gespielt oder gesprochen habe, wird von der Interviewten – blaming the victim – dem Mädchen selbst angelastet: »Sie ist aber auch auf andere nicht zugegangen, sie war immer so ein bisserl zurückhaltend, und das ist sie auch schon gewesen, ehe sie in der Schule war. Sie war auch schon vor der Nazi-Zeit irgendwie ... [Pause]. Sie war ein Einzelkind und hat wahrscheinlich wenig Kontakt gehabt.«
Die Interviewte fühlt sich selbst ganz unschuldig, sie sei »so ein guter, friedfertiger Mensch«. Sie kann sich gar nicht vorstellen, was sie und ihre Klassenkameraden dem jüdischen Mädchen getan haben sollen – »Mit der wollte doch niemand etwas zu tun haben.« Eben.
Dass die jüdische Mitschülerin sozial geächtet wurde, wird von der Interviewten schließlich auch bestätigt: Es habe »damals eben allgemein geheißen, man solle Abstand von Juden halten. Aber wir jungen Leute, wir Kinder, haben uns doch überhaupt gar nix dabei gedacht an der ganzen Geschichte. Und überhaupt auch gar nicht gewusst, was das Regime und was das alles bedeuten soll.« Sie, die Interviewte, »war halt im BDM, wie halt alle. Und was haben wir gemacht? Gemeinschaft hat uns gefallen, gesungen, gespielt.«
Wir? Alle? Frau Möller übersah damals und übersieht auch jetzt während des

Interviews, dass keineswegs »alle« im BDM waren: Die jüdische Mitschülerin durfte der singenden, spielenden Gemeinschaft nicht angehören. Im »Wir« der von Frau Möller geschilderten harmonischen BDM- und Klassengemeinschaft ist für die Jüdin wie selbstverständlich kein Platz. Sie ist – noch heute – sprachlich getilgt.

Die soziale Ächtung der jüdischen Mitbürgerinnen und Mitbürger im Nationalsozialismus, um die es in dieser Interviewpassage geht, entspricht dem, was in sogenannten primitiven Gesellschaften als Tabuisierung bezeichnet wird (vgl. Kap. 1, S. 26). Sie wirkt oft bis in die Gegenwart nach. So erwähnt eine ganze Reihe der Interviewten Juden mit keinem Wort, ihre Erzählungen sind sozusagen »judenfrei« – bis der Interviewer nachfragte. So etwa Emil Bertram:

Herr Bertram ist ein rüstiger Herr, dem man sein Alter – er wurde im Jahr 1912 geboren – nicht anmerkt. Er vermittelt das Bild eines Menschen, der zu leben versteht; er ist leutselig, ohne dass ein dichter Erzählkontakt zwischen ihm und der Interviewerin zustande käme. Herr Bertram streitet mehrfach und im Brustton der Überzeugung ab, dass in seiner Nachbarschaft vor 1933 Juden gelebt hätten: »War'n nirgends Juden. Weit und breit nix. Nein, wirklich. Weit und breit kein Jude. Nein, da war weit und breit kein Jude.« Erst nachdem die Interviewerin (sie kennt die Geschichte des betreffenden Stadtteils) darauf hinweist, dass dort durchaus auch Juden gewohnt hatten, revidiert Herr Bertram seine Aussage: »In der Gegend hat's Juden gehabt.« Kurz darauf beschämt er die Interviewerin durch einen abwertenden Kommentar.

Merkwürdig ist schon die Wortwahl, mit denen die Interviewten über ihre ehemaligen jüdischen Nachbarn – wenn überhaupt – sprechen: »Es gab Juden«, »Es hat Juden gehabt« oder: »Sie waren da.« Die Schwierigkeiten, über Juden zu sprechen, scheinen noch bis in die Gegenwart nachzuwirken, etwa in bemüht politisch korrekten Formulierungen wie »jüdische Mitbürger« oder »Mitbürger jüdischen Glaubens«.

Die Juden werden weggeschafft

War die Distanz zu den jüdischen Mitbürgerinnen und Mitbürgern erst hergestellt, dann war ihre Vertreibung ins Exil bzw. ihr Abtransport zur

Vernichtung in der *subjektiven* Wahrnehmung der nicht-jüdischen Zeitgenossen nur noch eine Nebensache (vgl. Kap. 2, S. 61 f.) – auch wenn der Abtransport *objektiv* häufig in aller Öffentlichkeit geschah. Nur am Rande des Aufmerksamkeitskegels ihres Bewusstseins geschieht etwas, das ohne Empathie registriert wird.

Einen Abtransport bemerkte Margot Bogner (vgl. S. 33 f.) bei einem morgendlichen Blick aus dem Fenster: »Da sehe ich ein Lastwagen, und da sehe ich auch ... Da hat's schon den Judenstern ... Und da sehe ich, wie welche auf den Lastwagen gehen und da draufstehen mit dem Judenstern. Sie hatten wohl jeder ein Köfferchen bei sich. Ich guckte da raus: ›Ach ja‹, sag ich, ›die fahren jetzt fort mit dem Judenstern‹, und da geh' ich wieder weg. Hat mich eigentlich gar nicht interessiert, also, die Juden.«[134]

Der Abtransport wird zwar nur am Rande registriert, aber nicht ohne verächtliche Untertöne geschildert. Im Nachhinein sieht Frau Bogner den Zusammenhang zwischen dem beobachteten Abtransport der Juden und dem Holocaust, den sie als Entsorgungsproblem versteht: Weil das Ausland die Juden nicht aufgenommen habe, habe Hitler halt die Juden »am Hals gehabt. Und da er mit den ganzen Massen Juden nicht fertig wurde, hat sich dies entwickelt zu diesem Vernichtungslager.« In der damaligen Situation hatte Frau Bogner vermutet, dass »die natürlich auch schaffen müssen«. Sie habe ja schon des öfteren Lastwagen mit SS- und SA-Leuten und Arbeitern gesehen; auch ihre Schwester sei verschickt worden »zum Munition machen«, und sie selbst habe auch schon »schanzen«[135] müssen. Jetzt habe sie gedacht, »die müssen jetzt als auch mal [!] schaffen«. Damit reproduziert Frau Bogner das antisemitische Stereotyp vom arbeitsscheuen Juden.

Wie Frau Bogner schildern auch viele andere Interviewte die Konzentrationslager als pädagogisch wertvolle Einrichtungen, wo »die Leute lernen, auch mal richtig zu arbeiten«; lernen, »sich anständig zu benehmen und sich zu konzentrieren« oder »sich an die Spielregeln zu halten«. Stets haftet der Makel an den Opfern, die als arbeitsscheue, unanständige, unsichere, kommunistische oder das-Gute-blockierende Elemente dargestellt werden. Harte Maßnahmen gegen diese »Elemente« erschienen dann, nach Ansicht der Interviewten, gerechtfertigt.

Aus den Augen, aus dem Sinn

Waren die Juden einmal aus den Augen verschwunden, dann machte »man« sich offenbar keine weiteren Gedanken über sie. So sagte etwa die interviewte Elvira Scheer (vgl. S. 35 f.) über ihre jüdischen Nachbarn:

»Diese Leute, die waren auch eines Tages nicht mehr da. Wusste ich nicht. Hab ich mir aber auch nicht viel Gedanken gemacht. Hab mir gedacht: Die haben ihr Geschäft aufgegeben. Dass die aber total verschwunden waren – wahrscheinlich waren sie das –, ob sie ausgewandert sind oder [lacht] ob sie ins KZ gekommen sind, weiß ich nicht. Hat man auch damals nichts gewusst. Also, das können Sie mir wirklich abnehmen, dass man vom KZ erst was nach dem Krieg gehört hat.« Im weiteren Verlauf des Interviews sagt Frau Scheer über den Holocaust, wieder mit einem Lachen: »Naja, es ist ja kein jüdisches Volk ganz ausgerottet. Es gibt ja noch massenhaft Juden auf der Welt.«

Aufgrund der Interviews entsteht der Eindruck, es habe zweierlei Juden und zweierlei Judenverfolgungen gegeben: Auf der einen Seite die osteuropäischen Juden, welche der Holocaust vorwiegend betroffen habe. Auf der anderen Seite die Juden, die »es« im früheren Umfeld der Interviewten »gab« (so die merkwürdige Formulierung) und die ihrer Ansicht nach größtenteils nach Amerika ausgewandert seien. So sagt eine andere Interviewte:

»Woanders gab's vielleicht mehr Juden. Na ja, und jetzt wollen wir mal so sagen, die ganzen Juden, die umgebracht worden sind, das waren ja doch nun zu 90 Prozent Ostjuden, aus Polen, von überall her.«

Das hört sich fast so an, als wenn die Ermordung von »Ostjuden« vertretbar gewesen wäre.

Über die angeblich ausgewanderten heimischen Juden sagt eine Interviewte: »Meine Juden sind davongekommen. Die anderen« – hier bricht ihr Satz bezeichnenderweise ab. Die vermeintliche Auswanderung nach Amerika wird nicht ohne neidische, antisemitische Untertöne konstatiert. So meint eine Interviewte:

»Es ist ja immer so in der Weltgeschichte. Die Reichen können gehen. Und die sind gegangen. Und die Armen, die müssen's ausbaden. So ist das doch immer und überall! Die Sterns sind auch weg. Die haben alle gewusst, wo der Hase hinläuft, und hatten Geld und haben wahrscheinlich auch rausgeschafft, Geld, jedenfalls die sind weg.« Eine andere Interviewte berichtet von jüdischen Mitschülerinnen, »die haben wir dann beneidet, als die erzählt haben: ›Oh, wir kommen nach Amerika.‹ Und wir haben so was ja nie haben können.« So wird das Exil zu einem Unrecht, das die Juden an den Deutschen begangen haben: Das war, wie eine weitere Interviewte sagte, »natürlich für uns [!] schon bitter«.

So wird noch die Diskriminierung, Verfolgung und Vertreibung der Juden aus Deutschland antisemitisch uminterpretiert zu einem Beleg für die »typisch jüdische« Geschäftstüchtigkeit. Oder für deren verachtenswerte Heimtücke und Feigheit, wenn verschiedene Interviewte das »Verschwinden« der Juden beschreiben als: »Die liefen weg«, oder: »Die machten, dass sie fortkamen.«

Solche Aussagen der Interviewten waren für uns – die Interviewer oder Zuhörerinnen – schier unerträglich; unsere Reaktionen reichten von Fassungslosigkeit und Niedergeschlagenheit bis hin zu Empörung und Wut. Diese Aussagen sind umso bemerkenswerter, als sie stets mit großer Selbstverständlichkeit (oder sollte man dies Selbstgerechtigkeit oder Selbstgefälligkeit nennen?) vorgetragen wurden. Dabei sind die alten Damen und Herren keineswegs dumm oder ungebildet; die meisten von ihnen sind durchaus informiert und haben meterweise Bücher über das »Dritte Reich« und den Zweiten Weltkrieg in ihren Regalen stehen. Keiner von ihnen leugnete den Holocaust – zumindest insofern war die geschichtswissenschaftliche Erforschung und Aufklärung über den Nationalsozialismus und seine Verbrechen, die in den vergangenen Jahrzehnten geleistet wurde, erfolgreich.

Information ist jedoch verschieden von Wissen. All die Zahlen, Daten, Namen und Zusammenhänge über Nationalsozialismus und Holocaust, die seit Jahren fast tagtäglich durch Nachrichten, Bücher, TV-Dokumentationen, Debatten und andere Medien vermittelt werden, konnten offenbar nicht verhindern, dass diese Informationen von manchen Lesern, Zuhörerinnen oder Zuschauern in anti-aufklärerischer Weise rezipiert wurden; dass die Daten in einer Weise wahrgenommen, seelisch verarbeitet (und wenn nötig: umgebogen) wurden, wie ihnen dies vom Nationalsozialismus her vertraut war. So kommt es zu einem »Antisemitismus nicht trotz, sondern wegen Auschwitz«[136], so Rainer Erb. Insofern ist die

Aufklärung über Nationalsozialismus und Holocaust bisher unvollständig geblieben. Lernen aus der Geschichte muss den »Resonanzboden«, die psychischen Bedingungen, unter denen die Welt wahrgenommen und interpretiert wird, mit reflektieren. Dies ist das Anliegen des vorliegenden Buches.

An der eigentlichen Deportation und Vernichtung der Juden war nur noch ein relativ geringer Teil der deutschen Bevölkerung beteiligt. Dies machte es für einen großen Teil der Bevölkerung leicht, diese Wahrheit auszublenden. Wie das Verantwortungsbewusstsein nach dem Prinzip »aus den Augen, aus dem Sinn« eingeschränkt und die Verantwortung weiterdelegiert wurde, illustriert folgende Szene:

Der interviewte Wilhelm Plessner wird während seiner Marineausbildung eingesetzt, um einen »endlos langen« Zug mit holländischen Juden während eines Zwischenstopps zu bewachen. Es ist »wahnsinnig heiß«, und der Interviewte sorgt dafür, dass sich alle Zuginsassen mit Wasser versorgen können: »Der SS-Oberstabsführer kam dann rüber und sagte: ›Beeilung, Beeilung! Der Zug fährt ab.‹ Da sag ich: ›Jetzt warten Sie doch, verdammt noch mal, die brauchen doch auch Wasser.‹ Und da bin ich vor zum Lokführer und hab gesagt: ›Jetzt warten Sie noch, die müssen noch Wasser haben.‹ Dann hat der zweite Lokführer unten noch ein Wasserding aufgemacht, da sind so Hähne dran, an dem großen Wasserspeicher, wo die Loks aufgefüllt wurden. Und dann haben die Wasser geholt. Bekam der Zug also durch meine Maßnahme 20 Minuten Verspätung. Ich wollte, dass die Wasser kriegen, weil da waren Kinder drin, da hab ich gesagt: ›Das geht nicht, egal wo die hingehen.‹ Und da sagte ein Oberscharführer: ›Wo kommen die denn hin?‹ Da sagt der Oberstabsführer: ›Die werden umgesiedelt nach Lettland. Und dort ist alles vorbereitet, da wohnen die. Mehr interessiert dich doch nicht, oder?‹ Sag ich: ›Ist mir wurscht. Ich bin Mariner, das ist eure Geschichte hier.‹ Ich hätte aber nie dran gedacht, dass man diese Leute umlegt.«

Wohin dieser »endlos lange« Zug mit Juden fährt, war dem Interviewten damals »egal«; was mit ihnen dort geschehen würde, war ihm »wurscht«. Gemäß der Arbeitsteilung, mit der im industriellen Zeitalter Waren massenproduziert werden, war er verantwortlich für einen kleinen Arbeitsgang innerhalb der komplexen Maschinerie des nationalsozialistischen Massenmordens. *Moralisch* verantwortlich fühlte er sich nur für diese 20 oder 30 Minuten – er setzte sich dafür ein, dass die Zuginsassen sich Wasser holen konnten. Dies ist anzuerkennen. Es reichte aber nicht aus, um den Holocaust aufzuhalten. Moralisch *nicht* verantwortlich fühlte er sich jedoch für das Ganze. Diese Fragmentierung von Moral ermöglichte den Holocaust. Hannah Arendt sprach anlässlich des Eichmann-Prozesses von »Gedankenlosigkeit«, die »mehr Unheil anrichten [kann] als alle die dem Menschen innewohnenden bösen Triebe zusammengenommen, das war in der Tat die Lektion, die man in Jerusalem lernen konnte«[137].

Kapitel 4: Narzissmus und narzisstische Kollusion

Hermann Geißler wurde 1923 in einem kleinen Dorf auf dem Vogelsberg geboren. Nach dem Krieg studierte er Erziehungswissenschaft und lehrte an einer Pädagogischen Hochschule; er lebt heute in Kehl. Er ist mittelgroß und hager und macht einen bescheidenen Eindruck. Er schaut die Interviewerin mit großen Augen an, sodass sie sich wie festgenagelt fühlt. Der Interviewte spricht in sehr anschaulichen Worten; freimütig berichtet er von seiner Kindheit, seiner Jugend im Nationalsozialismus und seinen Kriegserlebnissen an der Ostfront.

Herr Geißler stammt aus einer armen Familie. Die Förderung durch einen NSDAP-Lehrer ermöglicht ihm den Besuch einer NS-Schule (Napola). Die Schüler bejubeln den Beginn des Zweiten Weltkriegs und fiebern ihrem Kriegseinsatz entgegen. Nach dem Abitur meldet sich Herr Geißler freiwillig zu den Pionieren. Aus dem ersehnten Kriegseinsatz wird jedoch bald Rückzug: »Nach 43 ging es eigentlich immer nach rückwärts. Das hatte für uns als Pioniere zur Folge, dass wir nur zerstört haben. Denn es durfte ja nichts zurückgelassen werden, was dem Gegner nutzen könnte. Das heißt aber, es wurde aber auch nichts zurückgelassen, was der Zivilbevölkerung genutzt hätte, denn die hätten ja wiederum die Rote Armee unterstützt. Also gab es eine Zeit, fast das ganze Jahr 43 und dann bis zum Ende, da haben wir nur noch zerstört. Wir haben Lokomotiven, Kraftfahrzeuge, Maschinen, Hochöfen gesprengt, alles. Wir haben die ganze Wasserversorgung zerstört, das war ganz wichtig.«

Die Interviewerin ist zufrieden mit dem umfangreichen Material, das Herr Geißler auf das Tonband gesprochen hat, und beeindruckt von dessen Authentizität und Glaubwürdigkeit. Allerdings fühlt sie sich nach dem Interview auch sehr angestrengt, »wie erschlagen«. Denn der Interviewte habe »immer sehr viel erzählt, er powerte seine Informationen durch, sodass ich schauen musste, dass ich mich da behaupten kann«.

Später nimmt Herr Geißler an einer der mehrgenerationalen Gesprächsgruppen teil, die wir zu Vergleichszwecken durchführten (vgl. Anhang). Dort beherrscht er die Gruppe mit seinen monologischen Erzählungen und fegt immer und immer wieder alle Fragen und Beiträge der anderen Teilnehmenden vom Tisch (»Das muss ich jetzt noch erzählen!«). Alle Versuche des Moderators, Herrn Geißlers Monologe zu begrenzen, um auch andere Gruppenmitglieder zu Wort kommen zu lassen, werden von ihm überrannt: Er redet einfach weiter, unbeirrbar, rücksichtslos. Mehr und mehr Teilnehmer verlassen die Gruppe, die dritte Gruppensitzung ist die letzte, da bis auf zwei Personen alle anderen Gruppenmitglieder weggeblieben sind.

Wir interpretierten Herrn Geißlers Verhalten dahingehend, dass er wie besetzt ist vom narzisstischen Wunsch: »Ich! Ich! Ich muss jetzt meine Geschichte erzählen!« Dieses Begehren ist so heftig, dass seine Erzählung zur Waffe wird, mit der er jede Möglichkeit eines Dialogs vernichtet. Jegliche Kommunikation, alles Fragen, alles Sich-Mitteilen wird zerstört. Alles Lebendige wird gesprengt. Indem er die Gruppe totredet, wiederholt er seinen Auftrag, alles zu zerstören.

Ähnliche Erfahrungen machten wir auch auf Tagungen, die wir zum Projekt-Thema organisiert hatten: In den Plenarversammlungen, ob mit 40, 60 oder 200 Teilnehmenden, standen immer wieder einzelne Angehörige des betreffenden Personenkreises auf und begannen rücksichtslos, ausführlichst ihre Lebensgeschichte zu erzählen. Sie waren nur mit größter Mühe zu bremsen. Nicht selten kam es zu einem regelrechten Gezerre zwischen verschiedenen Teilnehmern, da jeder jetzt erzählen wollte. Offenbar konnten die Betreffenden ihren Erzähldrang nicht zähmen – trotz des theoretischen Charakters der Tagungen, trotz der Ungeschütztheit eines Plenums und trotz der offenkundigen Tatsache, dass das Plenum viele Tage dauern würde, wenn jeder der Teilnehmenden so viel Zeit für seine Lebensgeschichte beanspruchen würde.

Eine weitere Beobachtung, die wir wiederholt machten, bestand darin, dass von verschiedenen Interviewten das Leiden ihrer jüdischen Mitmenschen in ganz erstaunlicher, narzisstischer Weise in eine »Belastung« umgedeutet wurde – für sie selbst. Einige Beispiele:

So empfand etwa Leonore Held die Besichtigung des Ghettos in »Litzmannstadt«[138] als »sehr bedrückend. Uns wurde erklärt: ›Dieser Bürgermeister muss jeden Monat so und so viel tausend Stück Uniformstücke, Schuhe abliefern.‹ Wenn diese Leistung, die absichtlich sehr hoch gehalten wurde, nicht erfüllt werden konnte, was fast nicht möglich war, sagte man uns, dann musste das mit Gold, jüdischerseits, aufgewogen werden. Und so etwas zu hören, mit 26 Jahren – war ich inzwischen –, ist schon eine Belastung, eine seelische.« Ein anderer Interviewter schildert das plötzliche Verschwinden seiner Jugendliebe im November 1938 mit den Worten: »Und sie war weg und da war ich [!] halt ein gebranntes Kind.« Von dem jüdischen Mädchen ist im weiteren Verlauf des Interviews nicht mehr die Rede.

Diese Beobachtungen deuten auf einen engen Zusammenhang zwischen Narzissmus und Nationalsozialismus hin. Zunächst einige grundlegende Informationen.

Über Narzissmus

Narzissmus ist benannt nach Narkissos – einer Gestalt aus der griechischen Mythologie –, der aus einer Vergewaltigung hervorging.[139] Er ist, dem Mythos zufolge, so erfüllt »von trotzigem Stolz auf seine eigene Schönheit«[140], dass er herzlos die Liebe anderer zurückweist. Entsprechend wird unter Narzissmus im Allgemeinen übersteigerte oder pathologische Selbstbezogenheit bzw. Selbstliebe verstanden. Der Psychoanalytiker Otto Kernberg charakterisiert narzisstische Persönlichkeiten u. a. als extrem selbstbezogen, misstrauisch, übermäßig der Bestätigung und Bewunderung durch andere bedürftig; sie sind gekennzeichnet durch Größenideen und zugleich Minderwertigkeitsgefühle. Narzisstische Persönlichkeiten zeigen wenig Einfühlung und Interesse für ihre Mitmenschen; Beziehungen werden parasitär und entwertend gestaltet.[141]

Narzissmus ist dennoch nicht als quasi autistischer Zustand zu betrachten. So betont auch Martin Altmeyer die *intersubjektive* Qualität des Narzissmus, den er als einen unbewussten Kampf um Anerkennung beschreibt: In den verschiedenen Formen, in denen sich Narzissmus ausdrückt, sind unbewusste Botschaften an die Welt enthalten, die übersetzt etwa lauten: »Schau mich an, hör mir zu, beachte mich, bewundere mich!«[142] Im Grunde möchten narzisstische Menschen geliebt, gehalten und anerkannt werden. Wird dieses Grundbedürfnis von den Mitmenschen nicht befriedigt, dann erfolgen Angriff oder gekränkter Rückzug: »Mit einer Welt, die mich so behandelt (hat), will ich nichts zu tun haben!«[143]

Das Bedürfnis danach, gesehen, gehört, beachtet und anerkannt zu werden, gehört zur menschlichen Natur. Wie in Kapitel 3 über Scham ausgeführt wurde, besteht schon von frühester Kindheit an das Bedürfnis, sich anderen zu zeigen und von ihnen gesehen zu werden. Auch die Psychologin und Frauenforscherin Christina Thürmer-Rohr betont die »Tatsache, dass wir erst mit dem Anerkanntwerden durch Andere, ebenso mit der Anerkennung Anderer zu Menschen werden«[144].

Dieses normale, gesunde Grundbedürfnis nach Anerkennung wird leicht übersehen angesichts der Tendenz, den Narzissmus zu pathologisieren. Daher ist es notwendig, zwischen gesundem und übersteigertem (oder pathologischem) Narzissmus zu unterscheiden. Wo aber verläuft die Trennungslinie? Wie könnten beide Ausprägungen von Narzissmus unterschieden werden? Da wir Menschen nicht autistisch in einem asozialen Raum leben, schlage ich – unter Bezug auf Thürmer-Rohr – ein soziales Unterscheidungskriterium vor, das aus dem dialogischen Prinzip Martin Bubers hergeleitet ist:

Dialog setzt voraus, dass ich dem Du mit einer wertschätzenden, respektvollen Haltung begegne. Dass ich den Mitmenschen Akzeptanz, Achtung, positive Zuwendung gebe und ihre Menschenwürde achte. Es geht nach Thürmer-Rohr nicht nur darum, notgedrungen die Anwesenheit anderer Menschen zu ertragen, sondern um echtes Interesse am Anderen.[145] Dialog bezeichnet die Bereitschaft, »die Welt mit den Anderen zu teilen«[146].

Demzufolge schlage ich vor, Narzissmus danach zu beurteilen, inwieweit die betreffende Person zum Dialog bereit oder fähig ist. Inwieweit sie Aufmerksamkeit, Wertschätzung, positive Zuwendung, Achtung, Respekt sowohl entgegenzunehmen als auch zu geben vermag. Inwieweit sie bereit ist, die Welt mit anderen zu teilen; inwieweit sie etwa in einer Gruppensituation die Zeit und Aufmerksamkeit mit den anderen Gruppenmitgliedern teilen kann oder möchte. Eine Balance zwischen einem Geben und Nehmen von Anerkennung, Zeit, Aufmerksamkeit wäre idealerweise ein Zeichen für gesunden Narzissmus. Ein Überhandnehmen des Nehmens von Anerkennung wäre entsprechend ein Indiz für übersteigerten oder pathologischen Narzissmus.

Neville Symington betrachtet den pathologischen Narzissmus als eine Abwehrstrategie, mit der sich Menschen vor unerträglichen psychischen Schmerzen schützen, die auf traumatische Erfahrungen in Zusammenhang mit verweigerter Anerkennung zurückgehen (z. B. auf das Trauma, als Kind missachtet worden zu sein). Wenn diese Traumata nicht durchgearbeitet werden konnten, schlagen sie laut Symington häufig um in Hass gegen die Grundtatsache der menschlichen Existenz: dass nämlich das Selbst des Menschen immer in Beziehung zu anderen Menschen steht. Aufgrund der traumatischen Erfahrung fehlt die Offenheit für andere, die der Narzisst nur mit Blick auf seine eigenen Bedürfnisse wahrnimmt. Pathologisch-narzisstische Persönlichkeiten sehen, hören und spüren nicht wirklich die Präsenz anderer Menschen.[147] Im Gespräch verhalten sie sich so, dass die Gesprächspartner ausgeschlossen sind. Sie sind nicht daran interessiert, sich zu vermitteln – und zugleich beklagen sie sich häufig, nicht verstanden zu werden.[148] Symington vergleicht das pathologisch-narzisstische Selbst mit einem Vakuum, einer Gallerte oder einem »Wesen mit einem Außenskelett – ohne innere Struktur, ohne inneres Vitalitätsprinzip«[149].

Aufgrund der eigenen großen Bedürftigkeit nach Bestätigung und Bewunderung werden andere Menschen so funktionalisiert, dass sie das gewünschte Selbstbild widerspiegeln und bestätigen.[150] Der Begriff »narzisstischer Missbrauch« bezeichnet solche ausbeuterischen Beziehungskonstellationen in asymmetrischen Machtverhältnissen, z. B. zwischen Erwachsenen und Kindern. Etwa wenn die Abhängigkeit des Kindes ausgenutzt wird, um die narzisstischen Bedürfnisse der Mutter zu befriedigen, wie Claudia Heyne in ihrem Buch über Täterinnen aufzeigt.[151] Das Kind wird dann zu einem »Ding« gemacht, dem die Mutter Bedeutungen überstülpt, die narzisstisch auf sie selbst, die Mutter, bezogen sind. Das Ich des Kindes hat die Aufgabe, das »Loch im Ich« der Mutter zu füllen wie eine Plombe.[152] Narzisstischer Missbrauch bedeutet, dass Erwachsene die Abhängigkeit des Kindes ausnützen, um ihren eigenen Nachholbedarf nach Anerkennung, Achtung, Bejahung und Bewunderung befriedigt zu bekommen. In der Folge werden die Kinder mit großer Wahrscheinlichkeit zu Erwachsenen heranwachsen, die ihrerseits großen Nachholbedarf nach Anerkennung, Achtung und Bejahung haben – auf diese Weise wird das Trauma narzisstischen Missbrauchs an die folgende Generation weitergereicht.

Beim narzisstischen Missbrauch wird die Eigenständigkeit des Gegenübers, des Kindes, als Bedrohung erlebt, daher wird es kontrolliert und Wahrnehmungs-, Gefühls- und Denk-Verboten unterworfen. Alice Miller benannte dies mit dem Satz: »Du sollst nicht merken.«[153] Das Kind wird für fremde Zwecke benutzt, seine eigene Persönlichkeit darf sich nicht entwickeln. An Stelle des Selbst entwickelt das Kind ein falsches Selbst, in dem authentische ethisch-moralische Maßstäbe keinen Platz haben, weil es sie nicht in Freiheit und Selbstverantwortung selbst erwerben konnte, sondern sie ihm aufgedrängt wurden.[154]

Narzisstischer Missbrauch schafft die Erfahrung, dass in Beziehungen zu anderen Menschen »immer nur Platz für ein Ich«[155] da ist. Beziehungen sind auf diesem Hintergrund nur nach dem Muster »Unterwerfung und Herrschaft« vorstellbar.

Menschen, deren Sozialisation durch narzisstischen Missbrauch geprägt war, stehen (wenn diese Erfahrungen nicht aufgearbeitet wurden) in Gefahr, auch im Erwachsenenalter dieses vertraute Muster zu wiederholen, etwa in der Gestaltung ihrer Beziehungen und in der Wahl eines Partners, der zu ihrer narzisstischen Problematik passt. Durch das unbewusste Zusammenspiel der narzisstischen Begehrungen von zwei (oder mehr) Personen entstehen Beziehungskonstellationen, die von Christoph Schmidt-Lellek als »maligne narzisstische Verstrickungen«[156] und von Jürg Willi als »narzisstische Kollusion«[157] bezeichnet werden.

Der Begriff Kollusion bezeichnet ein unbewusstes Zusammenspiel von zwei Personen. Der Wortteil »-lusion« kommt vom lateinischen *ludere*, das »spielen«, aber auch »täuschen« bedeutet. Demnach ist Kollusion ein »Spiel« zweier oder mehrerer Personen, das von gegenseitiger Täuschung geprägt ist.[158] Die narzisstische Kollusion funktioniert etwa nach dem Muster: A himmelt B an; B ist abhängig von der Bewunderung durch A, so wie A den zu bewundernden B braucht. A lebt durch und für die Bewunderung von B; B braucht die bewundernde Abhängigkeit von A, um sein brüchiges Selbstwertgefühl zu stabilisieren. A und B verhalten sich also nicht dialogisch zueinander, sondern B monologisiert und wird darin von A belassen und unterstützt. A ist in der passiven, B in der aktiven Rolle.

Nationalsozialismus als kollektive narzisstische Kollusion

Josef Acker berichtet über seine Zugehörigkeit zur SS: »Man war stolz auf die schicke Uniform.« Von der SS wusste er damals nur: »Das ist 'ne Elitetruppe. Dieser Elitegedanken, das war was Besonderes, dass ich so diese Uniform plötzlich trug, irgendwo war dann auch ein gewisser Stolz. [...] Ich war stolz, etwas zu sein. Wenn ich Zivil angehabt hätte, ich glaube, da wär ich nicht so aufgefallen, auf der Straße. Und auch in der Gruppe nicht, auf dem Kasernenhof, da waren wir unter uns. Aber in dem Augenblick, wo wir als Kompanie die Kaserne verließen, durch's Kasernentor, und da unsere Lieder sangen, das war irgendwo berauschend. Wenn wir dann sangen: ›SS marschiert in Feindesland und alles zittert mit‹, oder: ›Heute gehört euch Deutschland und morgen ...‹, all diese anderen Kampflieder, und wenn man durch diese alte Stadt Nürnberg marschierte, diese engen Gassen, dann schallte das, das

war, als wenn ich Rauschmittel genommen hätte, so war mir dann zumute, aber das ging allen so, nicht nur mir alleine. Und dieser Gleichschritt auf der Straße, das dröhnte, und wenn die Menschen aus dem Fenster guckten – wer kommt da und wer marschiert, wer singt da? –, war ich begeistert.«
Präzise beschreibt der Interviewte, wie abhängig sein Stolz davon war, aufzufallen, von anderen gesehen und bewundert zu werden. Dazu war es notwendig, die Kaserne hinter sich zu lassen und sich die *Aufmerksamkeit* der Nürnberger Bürger zu *holen*: durch die Uniformen, das Marschieren, das Auftreten in der Gruppe und durch die Kampflieder: »Da hat man sich gefreut, wenn sich Mädchen nach einem umdrehten oder dass man beachtet wurde.« Die Bewunderung von außen stopfte (zumindest vorübergehend) das Loch in seinem Selbstwertgefühl. Folgerichtig sagt Herr Acker über seine SS-Mitgliedschaft: »Die Minderwertigkeitskomplexe, die ich immer gehabt habe, die waren dann plötzlich verschwunden. Plötzlich war ich wer.«

Dieses Beispiel illustriert meine These: dass der Nationalsozialismus wie eine kollektive narzisstische Kollusion funktionierte. Aus der Perspektive der Anhänger des Nationalsozialismus: Durch ihre Beteiligung am »Dritten Reich« wurde das Loch in ihrem Selbstwertgefühl wie mit einer Plombe gestopft. Aus der Perspektive des Nationalsozialismus: Durch sein Propagandaprogramm vermochte er, die narzisstische Bedürftigkeit seiner Anhänger für seine Zwecke zu instrumentalisieren. Beispielsweise der nachfolgend zitierte U-Boot-Matrose Manfred Präger. Er war anderthalb Jahre im Kriegseinsatz und wurde dafür von Großadmiral Dönitz – »persönlich«, wie der Interviewte betont – zum Maat befördert. Noch heute ist der Interviewte darauf stolz. »Der kümmerte sich um jeden.«

Die Wirkung von Bewunderung auf narzisstisch bedürftige Menschen stelle ich mir vor wie einen Tropfen Wasser, der von einem trockenen Löschblatt sofort »gierig« aufgesaugt wird. Die emotionalen Beziehungen innerhalb der NS-Gesellschaft waren demnach ein vielfältiges Geflecht von Bewundern und Bewundert-Werden.

Das Loch im Selbstwertgefühl wird gestopft

Das Thema des Gebens und Bekommens von Anerkennung bzw. Bewunderung ist ein beherrschendes Thema im Bericht des interviewten Manfred Präger.

Herr Präger wurde 1918 geboren, er wirkt wie ein großer Bär, mit mächtigem Körper, großem Schädel und einer lauten Bassstimme. Sein kleines Haus am Stadtrand von Tuttlingen zeugt von bescheidenem Wohlstand. Das Wohnzimmer wird von einer Schrankwand im Stil »Eiche rustikal« beherrscht. Herr Präger lacht ein lautes, herzhaftes Lachen, das von Hustenanfällen unterbrochen wird.

Schon als Schüler war er »einfach begeistert« von Hitler. Später, während seiner Ausbildung bei der Marine, gehört Manfred Präger anlässlich der Feierlichkeit eines Stapellaufs einer Ehrenkompanie an. Hitler geht vorbei und »wir hatten das Gefühl, er guckt jeden an. Irgendwie dachte ich: ›Jetzt fällt mir die Knarre runter.‹« Als besonderen Verdienst Hitlers führt Herr Präger an, dass »das Ansehen der Deutschen stieg«, wie er als Seemann im Ausland beobachtet habe.

Während des Krieges ist der Interviewte u. a. anderthalb Jahre lang auf einem Kaperschiff. Danach erhält er sechs Wochen Urlaub, den er als Anerkennung verbucht: »Das war 'ne lange Zeit im Krieg, muss man sich vorstellen ... Ja, das war die Anerkennung, dass wir anderthalb Jahre draußen waren.« Er wird von Großadmiral Dönitz, dem Befehlshaber der U-Boote, persönlich zum Maat befördert. Er ist stolz darauf, als U-Boot-Fahrer einer Elite anzugehören. Dies waren »alles nur Freiwillige. Wir nannten uns das Freikorps Dönitz. Und wenn wir wiederkamen, kam ja auch Dönitz zu uns und gab jedem von uns die Hand. Kam immer extra hin. Der kümmerte sich um jeden.«

Der Interviewte betont, »dass ich zu meiner Pflicht gestanden habe und zu meiner Sache, das geht wohl auch daraus hervor, dass ich als kleiner seemännischer Unteroffizier die zweithöchste deutsche Tapferkeitsauszeichnung hab. Das deutsche Kreuz in Gold, das kann ich nachweisen. Und dass ich wegen Tapferkeit vorm Feind auch noch Sonderurlaub gekriegt habe. 45! [betont] 45! Wo's keinen Urlaub mehr gab. Ich hab mich schon eingesetzt, so ist es nicht, das war nicht nur dummes Gerede.« Er sei bereit gewesen, sein Leben für Hitler einzusetzen: »Wir wollten ja alle für Adolf selig sterben.«

Das Interview mit Herrn Präger illustriert die starke Bindung, die durch das wechselseitige Geben und Erhalten von Aufmerksamkeit bzw. Bewunderung entstand: Der Interviewte erhielt die Anerkennung durch Adolf Hitler (tiefer Blick in die Augen), durch Dönitz (der jedes Mal zum Empfang des U-Boots »extra kam«, Handschlag), durch seine Vorgesetzten (Sonderurlaub, Tapferkeitsmedaille) und vom Ausland (gestiegenes Ansehen Deutschlands). Dadurch entstand eine intensive Bindung an Hitler und das »Dritte Reich«

(Bewunderung für Hitler und Dönitz), die so weit ging, dass Herr Präger zu allem bereit war: zu völkerrechtswidriger Kaperei und sogar dazu, für seinen »Führer« zu sterben.
Im Gegensatz dazu scheint der Interviewte in der heutigen deutschen Gesellschaft wenig Anerkennung zu erfahren; dies dürfte auch seinen Groll erklären: Das Nachkriegsdeutschland »ist nicht mehr mein Deutschland, für das ich jederzeit bereit war mich einzusetzen«. Und an anderer Stelle: »Ich bin stolz auf mein deutsches Volk. Nicht auf die Bastard-Mischung heute. Da bin ich nicht mehr stolz drauf.«

In diesem sowie in den anderen Interviews zeigte sich eine Vielzahl von Mitteln, mit denen der Nationalsozialismus seinen Anhängern narzisstische Aufwertung bot: Ihnen wurde das Gefühl vermittelt, dass sie gesehen wurden. Sie fühlten sich dadurch aufgewertet, dass sie sich mit dem idealisierten »Führer« identifizierten. Sie empfanden sich als Auserwählte, Teil einer Elite. Sie erhielten Anerkennung für ihr Engagement für »die Bewegung«. Sie wurden durch Ränge, Uniformen, Ehrungen und Beförderungen ausgezeichnet. In ihnen war der Wunsch geweckt, ein Held zu werden.

Gesehen werden

Wie wichtig das Gesehen-Werden ist, wird auch im Interview mit Herrn Plessner deutlich. Gleich zu Beginn des Interviews (vgl. S. 82) betont er die »offenen Augen, wirklich offenen Augen« der jungen Menschen. Dies erinnert an die grundlegende Bedeutung des Blickes in der frühkindlichen Entwicklung, die im Kapitel über Scham ausgeführt wurde (vgl. S. 75 ff.): Das Kind sucht hungrig nach Spiegelung in den Augen seiner Bezugspersonen. Die Aussagen des Interviewten über seine Eltern lassen vermuten, dass sein Hunger nach Blickkontakt lange Zeit unbefriedigt blieb: Seine Eltern werden als abwesend geschildert; wenn der Erzähler von der Schule kam, lag nur ein Zettel auf dem Tisch mit einer Arbeitsanweisung.

Stattdessen erlebte er »böse«, grenzverletzende Blicke: Er berichtet vom Blick der »Senegal-Neger mit ihren Stammeszeichen, mit ihren Narben«, die über den Rhein — die Grenze [!] – herüberblickten. »Blau-graue Uniformen wie Gespenster und wie böse Geister.«[159]

Als Erlösung wird demgegenüber der Blick Adolf Hitlers geschildert:

»Er guckt jedem in die Augen. Und es war also beeindruckend.« Auffälligerweise wechselt der Erzähler für diesen Augen-Blick in die Gegenwartsform – offenbar ist ihm diese Szene noch gegenwärtig und besonders wichtig. Wenig später schildert Herr Plessner:

1935 war ich auf dem Reichsparteitag in Nürnberg und hatte die zweite Begegnung mit Hitler. Da war ich auch wieder zufällig in einem vorderen Glied mit weißen Kniestrümpfen, schwarzer Hose und Uniform, Tornister, und da fuhr er im Auto vorbei in langsamem Schritt im Mercedes und hat jedem in die Augen geblickt. Und diesen Blick, der BDM-Führerinnen zu enthusiasmierten Schreien hinriss, ich hab das alles ... Ich seh das vor meinem Auge wie heute, die Tränen ... Wie sie ihn mit tränenden Augen wie einen Messias begrüßten, mit Heil, unendlichen Heil-Rufen. Es war ein Aufschrei, als ob ein Messias, ein Erlöser auf die Welt gekommen wäre. Es gab nichts anderes, und deshalb war das der große Eindruck.«

Offenbar waren Hitlers Auftritte so inszeniert, dass jeder der Anwesenden *subjektiv* das Gefühl hatte, »ER« habe jedem persönlich in die Augen geblickt (was objektiv bei der Vielzahl der Versammelten unmöglich war).

Abb. 4: Von Hitler gesehen werden – die Jugend vor dem »Führer«, Nürnberg 1938

Diese tiefe, faszinierende Wirkung jenes Augen-Blicks – von dem viele Interviewte berichten – wird auf dem Hintergrund der Entwicklungspsychologie von Scham vielleicht verständlich: Das lange Zeit hungrig suchende, sehnende Auge glaubt – endlich! – ein antwortendes Auge gefunden zu haben. Demnach wäre es dem Nazi-Propagandaprogramm gelungen, das frühkindliche Verlangen anzusprechen und zu instrumentalisieren: das Verlangen, gesehen und fasziniert zu werden. Der Blickkontakt stellt eine frühe, vorsprachliche Form der Bindung dar, die an die frühe Entwicklungsphase von Scham anknüpft. Die Menschen schämten sich, und endlich war da jemand, der sie anschaute.

Identifikation

Narzisstische Aufwertung erfuhren die NS-Anhänger auch durch Identifikation mit dem von ihnen idealisierten »Führer« und dessen politischen Erfolgen sowie durch Identifikation mit Deutschland und der deutschen Tüchtigkeit. So schwärmt z. B. eine Interviewte von der »Organisation mit den [Lebensmittel-]Marken, das klappte!« Und sie erfuhren eine solche Aufwertung durch Identifikation mit der modernen Waffentechnologie, die sie benutzen durften, wie viele Interviewte voller Stolz berichten (»ganz moderner Panzer«, »ganz neues geheimes Radargerät«, »die beste Jagdmaschine, nach allerneuesten Erkenntnissen gebaut«). Selbst die Wirksamkeit der Nazi-Propaganda wird von einer Interviewten zum Anlass für Bewunderung: Der »Führer hat eben wahnsinnig fähige Leute gehabt. Was die konnten, war Regie führen. Regisseure waren das ... Das verstanden die, das verstanden die, und damit die Menschen zu kriegen.«

Vermittlung eines Gefühls des Auserwähltseins

Viele der Interviewten betonen den Moment, da Hitler ihnen in die Augen blickte. Dies vermittelte ihnen offenbar das Gefühl, von »IHM« gesehen und höchstpersönlich von Hitler (oder einem seiner Sendboten) auserwählt worden zu sein.[160] Viele Interviewte begründen ihre Karriere im NS-Staat damit, an die betreffende Position »berufen« worden zu sein. Für Leonore Held beispielsweise war es auch selbstwertstärkend, in gut ausgestatteten BDM-Schulungsstätten gewesen zu sein: Sie schwärmt von der Reichsakademie für Jugendführung, »die war gebaut, übrigens für Bannführer, für die Männer. Und weil es Krieg gab, kamen die Mädchen da rein.

Wurden die geschult da drin. Sehr schön gemacht. Mit Schwimmbad, mit Bibliothek, mit allen allen Finnessen, die man sich vorstellen konnte.« Bei einer BDM-Reise nach Prag ist sie in einer Villa untergebracht: »Die war so gebaut, dass man in jedem Zimmer Musik machen konnte und im Nachbarzimmer das nicht hörte. Also, eine klassische Villa, mitten in Prag.« Ihr Stolz wird keineswegs dadurch geschmälert, dass »diese Villa den Juden weggenommen und für diese Arbeit freigegeben« war.

Vermittlung eines Elitebewusstseins

Erstaunlich viele Interviewte betonen, einer Elite angehört zu haben, z. B. als U-Boot-Fahrer (wie der interviewte Manfred Präger), als Mitglied der SS (wie Josef Acker), als Absolvent der Heeresnachrichtenschule[161], als Kriegsheld, als Freiwilliger, als frühes Mitglieder der NS-Bewegung (s. u., S. 114) oder als Mitglied der NSDAP, wie etwa Elvira Scheer: »Jemand, der schon mal straffällig war oder im Gefängnis, der konnte nicht der NSDAP beitreten. Vielleicht wissen Sie das nicht – ist aber wichtig, dass Sie das wissen –, dass man damals also eine gewisse Elite da drin sah. Und ich bin mit 18 Jahren in die Partei eingetreten, und das war auch freiwillig. Mich hat auch keiner gezwungen. Eben aus meiner Begeisterung raus, und weil ich's als 'ne gewisse Elite angesehen habe.«

Diese weite Verbreitung des Gefühls, einer Elite angehört zu haben, macht – logisch betrachtet – keinen Sinn: Wenn jeder NS-Anhänger sich einer Elite zugehörig fühlt, wird der Elitegedanke ad absurdum geführt. Psycho-logisch betrachtet aber konnte die inflationäre Verbreitung des Elitegedankens durchaus wirkungsvoll sein. Entscheidend ist ja nur, dass der/die Einzelne sich subjektiv einer Elite zugehörig und dadurch narzisstisch aufgewertet *fühlt:* Wer's glaubt, wird selig.

Anerkennung des besonderen Einsatzes für die »Bewegung«

Als besonders ehrenhaft galt offenbar auch, sich früh und freiwillig für »die Bewegung« gemeldet zu haben: für »die Partei«, für die Wehrmacht, selbst für die Pimpfe. Davon berichtet etwa Hubert Schweitzer, geb. 1925, ein pensionierter Geschichtslehrer.

Herr Schweitzer wohnt in einem Einfamilienhaus in einem kleinen Dorf im nördlichen Schwarzwald. Er ist groß und schlank mit vollem, dunkelbraunem

Haar. Das Gespräch findet in seinem Arbeitszimmer statt, die vielen Bücher zeugen von seiner intensiven Auseinandersetzung mit dem Nationalsozialismus.

Herr Schweitzer erinnert: »Als die Dienstpflicht [für die HJ] eingeführt wurde, da waren wir, die wir schon vorher freiwillig dagewesen waren, sehr sehr stolz. Da trugen wir schon unser Fahrtenmesser. Als Pimpf kriegte man ein Fahrtenmesser, wenn man die Pimpfenprobe bestanden hatte, und man kriegte Schlips und Knoten. Man musste zum Beispiel 10 Fahnensprüche kennen: ›Schwarz oder weiß, nur nicht grau. Kalt oder heiß, nur nicht lau.‹ Oder: ›Es kann nicht jeder Feldherr sein, doch jeder sei Soldat. Ein jeder Mann in unseren Reihen sei General der Tat.‹ Und dann dieses ›Hitlerjungen sind flink wie Windhunde, hart wie Kruppstahl und zäh wie Riemenleder‹. Zehn Stück. An jedem Morgen stand einer und wurde so rundrum abgefragt. Und das machte mir auch Spaß, fand ich auch richtig, ›zäh wie Riemenleder, hart wie Kruppstahl‹ – prima. Und dann waren wir also stolz, dass wir diejenigen waren, die schon von Anfang an dabeigewesen waren. Und die anderen nachher kamen unfreiwillig ... So unfreiwillig kamen sie wahrscheinlich gar nicht, aber es gab doch immer welche, die das auch schwänzten. Und das fand ich also ziemlich unerhört. Denn wir waren immerhin die junge Generation für das Vaterland.«

Anerkennung durch Ränge, Uniformen, Ehrungen und Beförderungen

Durch eine Vielzahl an NS-Organisationen und Unter-Organisationen mit einer Vielzahl an Rängen, Uniformen, Ehrenzeichen, Insignien usw. (die darzustellen ein ganzes Buch füllen würde) wurde es offenbar jedem einzelnen Anhänger ermöglicht, von jung bis alt, seine je ehrenwerte Position, Uniform, Auszeichnung usw. zu finden, auf die er jeweils stolz sein konnte. So erinnert etwa der interviewte Wilhelm Plessner: »An meiner Uniform war das goldene HJ-Ehrenzeichen, aus der Kampfzeit 1932, Nummer 18 27, so viel wie das goldene Parteiabzeichen. Wird also sehr beachtet. Das goldene HJ-Ehrenzeichen. Das ist ein HJ-Abzeichen in Gold.« Interessanterweise kennt der Interviewte heute noch die Nummer seines HJ-Ehrenzeichens, von dem er in der Gegenwartsform spricht (»wird sehr beachtet«).

Durch großzügige Verteilung von Anerkennungen konnte das »Dritte Reich« das Engagement seiner Anhänger an sich binden. Anerkennungen hatten im Nationalsozialismus etwa dieselbe Bedeutung, die Kapital für ein kapitalistisches Wirtschaftssystem besitzt. Nur ist Anerkennung viel leichter zu vermehren als Kapital; sie ähnelt einer Maschine zum Gelddrucken. Wie vermehrt man das »Kapital Anerkennung«? Nichts leichter als das: Man erfinde eine Vielzahl von hierarchischen Organisationen und unterteile diese in möglichst zahlreiche Ränge, Unterränge und Unterunterränge mit allerlei Orden, Abzeichen, Ehrenurkunden usw. Beispielsweise war das D J (Deutsches Jungvolk in der H J), die NS-Organisation für die 10- bis 14-jährigen Jungen, in folgende Ränge unterteilt: Ganz unten in der Hierarchie stand der einfache Pimpf, die nächsthöheren Ränge waren Hordenführer, Oberhordenführer, Jungenschaftsführer, Oberjungenschaftsführer, Jungzugführer, Oberjungzugführer, Fähnleinführer, Oberfähnleinführer, Hauptfähnleinführer, Jungstammführer bis hin zum Oberjungstammführer. Mit 14 Jahren wurde der Junge in die Hitler-Jugend versetzt, in der wiederum 11 Rangstufen zu erklimmen waren. Vom obersten Rang, dem Oberstammführer der HJ, ging es weiter nach oben in der Hierarchie mit Bannführer, Oberbannführer, Hauptbannführer, Gebietsführer, Obergebietsführer. In ähnlicher Weise waren JM (Jungmädelbund in der HJ für Mädchen von 10 bis 14 Jahren) und BDM (Bund Deutscher Mädel in der HJ für Mädchen von 14 bis 21 Jahren) organisiert; ähnlich die vielen anderen NS-Organisationen.

Innerhalb dieses verwirrenden Systems wurden Beförderungen und Ehrungen gezielt eingesetzt, um die Bindung der Anhänger an den Nationalsozialismus zu fördern und sie zu erhöhtem Engagement für »Führer« und »Drittes Reich« zu motivieren. Dies wird zum Beispiel im Interview mit Karl Reeb deutlich:

Der ehemalige SS-Obersturmführer wohnt am Stadtrand von Freiburg; das riesige Haus ist von einer hohen, gradflächig beschnittenen Hecke umgeben. Eine Ecke des großen Wohnzimmers wird von einer voluminösen Ledercouch beherrscht. Herr Reeb ist mittelgroß und schlank, man kann erkennen, dass er in seiner Jugend markante Gesichtszüge hatte. Seine Körperhaltung ist auffallend aufrecht.
Herr Reeb berichtet, dass er in der Endphase des Krieges den Auftrag erhielt, mit seiner SS-Einheit eine bestimmte »Stellung gegen den Russen zu halten«; dabei kamen innerhalb von drei Wochen 635 seiner 670 Männer ums Leben, sie wurden zusammengeschossen oder erfroren. Danach »wurden wir dann rausgezogen. Rief mich der Divisionskommandeur an, der Führer hätte mir das Ritterkreuz verliehen.« Bei der Verleihung wird Herr Reeb gefragt:

»›Haben Sie noch einen Wunsch?‹ Ich sagte: ›Jawohl, Herr General. Ich möchte in der Heimat das Regiment neu aufstellen.‹«

Auf Herrn Reebs Wunsch arrangiert Himmler wenig später ein Treffen mit Hitler. »Damals aß der Führer noch mit so 40 Generälen und Admirälen an einem großen roten Tisch. Die standen alle in kleinen Gruppen beisammen, bis er da war, und unterhielten sich. Und dann kam er rein mit Himmler. Himmler winkte mich herbei, ich ging hin, dann stellte er mich vor. Dann nahm er mich am Arm, führte mich an den Tisch, an den großen roten Tisch. Der Keitel rückte einen weiter runter, dann saß ich neben ihm.« Der Interviewte ist »erstaunt, über das, was er wusste. Da wusste er noch jeden Einsatz des Regiments. Sagt er: ›Und wie geht's jetzt dem Regiment?‹ Da sagte ich: ›Mein Führer, deswegen bin ich hier. Ich möchte das Regiment in der Heimat neu aufstellen.‹«

Die Interviewerin fragt: »Hat dieses Erlebnis, am Führertisch zu sitzen, für Sie das Erlebnis von den Wochen davor aufgewogen?« Herr Reeb antwortet: »Aber bestimmt, ja.« Die geschilderte Tischszene beschreibt er als »ein sehr erhebendes Gefühl.«

Der Wunsch, ein Held zu sein

Entsprechend dem NS-Ideal der Härte wurden auch Kriegsverwundungen als besonders ehrenvoll erlebt. Dieser Stolz klingt in vielen Interviews durch. So etwa im Gespräch mit Gustav Fiedler, geboren 1926.

Herrn Fiedlers Wohnung in einem Hochhaus in Lörrach ist mit hellen, jugendlich wirkenden Möbeln eingerichtet. Er ist groß und breitschultrig, mit vollem, weißem Haar und wachen Augen. Er wirkt freundlich und aufgeschlossen. Seine spannende Erzählung unterstützt er mit vielen Gesten und Hinweisen seiner Zeigefinger auf die Texte, Bilder und Landkarten, die er vor dem Interviewer ausgebreitet hat. Herr Fiedler berichtet stolz von seiner ersten Verwundung als »Luftwaffenhelfer. Also einer, der so zweitrangiger Soldat ist. Obwohl die Hälfte der Kameraden ja auch durch Bomben oder – ich bin auch verwundet worden. Ich hab mir meine erste Verwundung mit dem Finger – hier hab ich einen Splitter hingekriegt. Aber es war schon ein richtiger Krieg.«

Das NS-Ideal der Härte kulminierte schließlich in der Mystifizierung des »Heldentods« auf dem »Feld der Ehre«. Hubert Schweitzer erinnert die Lieder, mit denen die Bereitschaft zum Heldentod propagiert wurde:

»1933 haben wir noch gesungen: ›Als die goldene Abendsonne sandte ihren letzten Schein, zog ein Regiment von Hitler singend in das Städtchen ein.‹ Das war eine Umdichtung, das gab's vorher aus dem alten Krieg. ›Und der Mutter in der Ferne sandten wir den letzten Gruß, dass ihr Sohn mit Stolz gefallen, durch das Herz traf ihn der Schuss.‹«
Der Interviewte schildert seine damalige Enttäuschung darüber, dass eine Verwundung ihn daran hinderte, Heldentaten zu vollbringen: »Ging raus, drei Schritte – bumms. Eine Granate oben rein, und ich sackte zusammen. In den Bunker zurück, und da blutete es dann überall. In solcher Situation bist du erst mal platt und still und weißt gar nicht, was du sagen sollst. Es tut weh, aber heulen tut ein Junge – tat ein Junge damals nicht. Ein Hitlerjunge schon gar nicht und ein Reserveoffiziers-Fahnenjunker überhaupt nicht. Und die Alten lachten: ›Mensch, hast du ein Glück. Heimatschuss, du kommst noch raus aus dem Kessel.‹ Und dann haben sie mich abtransportiert auf so 'nem kleinen Pferdewagen. Zum Verbandsplatz ein paar Kilometer durch die Nacht. Da hab ich geheult. Und nicht geheult, dass ich so Schmerzen hatte, sondern geheult, weil ich noch keine Heldentaten vollbracht hatte, und nun war es vorbei. Ich hatte doch gesagt: ›Für Adolf Hitler alle Zeit, bin ich zu sterben stets bereit.‹ Nun war ich nicht gestorben, hatte bloß kaputte Knochen und fuhr nach Hause.«

Verkehrung von Trauer in Loyalität durch narzisstische Aufwertung

Auch an der sogenannten »Heimatfront« wurde durch narzisstische Aufwertungen die Loyalität der Bevölkerung zum Nationalsozialismus gefestigt. Die Akzeptanz des NS-Regimes in der Bevölkerung war insbesondere durch die wachsende Zahl gefallener deutscher Soldaten potenziell gefährdet. Um »*der Gefahr einer heimlichen Verzweiflung und des geheimen Zweifels an der wirklichen Kraft und dem Beistandswillen der Volksgemeinschaft*«[162] vorzubeugen, wurde 1940 auf Initiative des Reichspropagandaministers Goebbels verfügt: »*In allen Ortsgruppen sind in Zukunft regelmäßig Gedenkfeiern durchzuführen, wenn neue Verluste unter Soldaten aus dem Hoheitsbereich eintreten.*«[163] Die »Heldengedenkfeiern« hatten die Aufgabe, »*die Volksgemeinschaft zusammen(zu)schweißen und in ihrem Opfer- und Einsatzwillen zu bestärken.*«[164]

Der psychologische Mechanismus, mit dem Schmerz in vermehrten

Einsatzwillen umgelenkt werden konnte, wird im nachfolgenden Kapitel 5 beschrieben. An dieser Stelle soll gezeigt werden, wie durch die Gestaltung dieser Rituale mit Erfolg an die narzisstische Bedürftigkeit der trauernden Angehörigen von Gefallenen appelliert wurde:

Die Reichspropagandaleitung gab 1940, um die einheitliche Gestaltung dieser Feiern zu gewährleisten, technische Hinweise, Gestaltungsmaterialien und Beispielprogramme heraus. Wie Sabine Behrenbeck aufzeigt, wurde dabei auf Elemente der kirchlichen Trauergottesdienste zurückgriffen. Die damit gemachten Erfahrungen wurden im Laufe der weiteren Kriegsjahre ausgewertet und die Rituale entsprechend (wie man heute sagen würde) »optimiert« und den veränderten Rahmenbedingungen (Kriegsverlauf, Bombardierung deutscher Städte, wachsende Verluste) angepasst. In den ersten Kriegsjahren beschränkte sich die Betreuung der trauernden Angehörigen darauf, sie »in würdiger Form« einzuladen und ihnen für die Feierlichkeiten Ehrenplätze zu reservieren.[165] Nach einem Beispielprogramm wurde die Feier durch ein »Führerwort« (aus Hitlers Rede zum Heldengedenktag 1940) eingeleitet. Nach einer Ansprache wurden die Namen der Toten verlesen.

Ab 1942 kamen Kranzniederlegungen vor dem örtlichen Kriegerdenkmal sowie Gedichte und feierliche Musik hinzu. Der Schwerpunkt verlagerte sich zunehmend auf die Anteilnahme und Hilfeleistung für die Hinterbliebenen, z. B. dadurch, dass den Angehörigen eines Gefallenen die Anteilnahme der Ortsgruppenleitung persönlich übermittelt werden sollte.

Aufgrund der Erfahrungen, die mit diesen Feiern gemacht wurden, kam die Propagandaleitung zum Ergebnis, dass die Hinterbliebenen am besten in einem »persönlich herzlichen Ton«[166] angesprochen werden sollten. Ihnen sollte der Eindruck vermittelt werden, dass sie im Mittelpunkt der Heldengedenkfeier stehen und dass sich die Partei ihrer annehme. Die Hinterbliebenen sollten von ihren Wohnungen abgeholt, vom Ortsgruppenleiter persönlich vor der Feierhalle begrüßt und zu ihren bereitgehaltenen Plätzen geführt werden.[167] Wie erfolgreich diese Rituale wirkten, soll am Beispiel einer Interview-Sequenz illustriert werden:

Maria Federn berichtet, wie sie die Nachricht vom Tod ihres Verlobten erhält: »Das war natürlich eine Katastrophe. Ja, das war eine Katastrophe. Das war von jetzt auf nachher. Am Abend wollten wir uns noch treffen und wollten uns einen netten Abend machen mit anderen zusammen und dann auf einmal ... Und dann ruf ich an bei denen und dann hat's geheißen: ›Der Kurt ist nicht

mehr von dem Kommando zurückgekommen.‹ Dann hab ich ein Rad gepackt und bin stundenlang mit dem Rad in der Gegend umeinandergefahren. Dann hab ich seinen Eltern geschrieben. Und ich war dann auch bei der Beerdigung. Da hat mich der Kapitän dann eingeladen und hat gesagt: ›Wollen Sie nicht an der Dings teilnehmen, an der Beerdigung?‹ Selbstverständlich, nicht wahr? Ich als einzige Frau bei Tausend ... Da war eine Formation von der Marine, vom Heer, von der Luftwaffe, zig Generäle und Feldmarschälle usw., und ich hab Bilder davon. Und wo ich vorne in der ersten Reihe sitze, da denk ich: ›Menschenskinder, was du eigentlich trotzdem noch mitgemacht hast!‹«
Anstelle von Schmerz, Trauer, Verzweiflung oder Wut gegen den Nationalsozialismus, der für den Tod ihres Verlobten verantwortlich ist, erlebte die Interviewte eine narzisstische Aufwertung, die in ihrem stolzen Tonfall und ihrer Wortwahl zum Ausdruck kommt: »Ich als einzige Frau bei Tausend ... «, »zig Generäle und Feldmarschälle«, »Ich vorne in der ersten Reihe«, »Menschenskinder«.

Kollektiv-narzisstische Moral

Viele unserer Interview-Partner betonten »die Ideale« des »Dritten Reiches« und ihren damaligen »Idealismus«.

So äußerte etwa Elvira Scheer: »Ich war idealistisch veranlagt, sehr idealistisch, und deswegen war das Dritte Reich für mich Idealismus und Abenteuer. Es war ein Abenteuer der Seele, sich für was zu begeistern, für irgendeine Idee. Wissen Sie, ob die Idee sich nachher im Nachhinein als gut oder schlecht, als richtig oder falsch darstellt, das spielt gar keine Rolle. Wichtig ist, dass man, wenn man jung ist, überhaupt eine Idee hat, sich für etwas begeistern kann.« Der BDM war für sie ein »Club ungefähr Gleichgesinnter. Die alle so idealistisch dachten.«
Der Interviewer fragt nach: »Welche Ideale waren das?«
Frau Scheer: »Bitte?«
Interviewer: »Welche Ideale hatten Sie?«
Bei der Beantwortung dieser Frage gerät Frau Scheer zunächst ins Stolpern: »Ja, äh, wieso, was soll ich sagen? Ideale, äh, also, viel war natürlich auch dabei, dass man, na, was hatte ich für Ideale? Ein gewisses auch von Freiheit, das schon. Aber auf der anderen Seite ging die Freiheit auch nicht so weit, dass man jetzt hätte also mit Gewalt seine eigene Freiheit suchen wollen, also

auf Kosten anderer Menschen. Also 'ne gewisse Toleranz war schon da. Die erstreckte sich aber nicht auf alle, die Toleranz. Das erkenne ich aber erst heute. Die Toleranz war eigentlich nur begrenzt, sagen wir mal auf, auf das Deutsche oder das germanische Volk oder auf Europa, auch nicht ganz.«
Was Frau Scheer unter dieser »begrenzten Toleranz« versteht, wird im weiteren Verlauf des Interviews deutlich. Sie erzählt, wie sie als 17-Jährige während der »Reichskristallnacht« mit einer Gruppe Gleichgesinnter in die Wohnung eines jüdischen Lehrers eindrang: »Wir sind alle so in dem Haus rumgelaufen, aber irgendwie war das abenteuerlich. Und er war nicht da. Dem ist aber nichts geschehen, dem Lehrer, der ist am nächsten Tag wiedergekommen. Ich weiß nicht, ob sie den einfach rausgejagt hatten oder ob er aus Angst weggelaufen ist. Jedenfalls hat einer [lacht] da drin Klavier gespielt und wir waren in dem Haus. Und dann passierte Folgendes, was mich wirklich aufgeregt hat. Nämlich abends, als es dunkel wurde, kam der Pöbel. Und das waren nicht Nationalsozialisten, sondern das war dieser Mob und Pöbel, den's in jeder Stadt gibt. Kamen und fingen da an zu klauen, in dem jetzt offenstehenden Haus. Und das hat mich ganz furchtbar aufgeregt, dass da geklaut wurde. Dass man da diesen Schritt machte. Jetzt in das Haus reinzugehen hab ich nicht allzu schlimm empfunden, aber dass man da Sachen rausnahm, die einem nicht gehörten, das habe ich als Unrecht empfunden. Und wo man dann hörte, die hätten auch Synagogen zerstört und so. Das hab ich dann auch wieder als Unrecht empfunden, eben weil es Zerstörung war. Weil man in meinen Augen nichts kaputt machte, was einem nicht gehörte.«

Die Interviewte schildert ihre Beteiligung an den antisemitischen Pogromen vom 9. November 1938. Es liegt nahe, die Motive ihres Handelns in ihrer Amoralität und ihrem Antisemitismus zu suchen. Gewiss bot der Nationalsozialismus seinen Anhängern alle Möglichkeiten, amoralische Regungen auszuleben, sei es als Mittäter bei antisemitischen Pogromen, sei es als Schläger, als Denunziantin, als sadistischer Folterer oder als Massenmörder.

Ich halte das Denkmodell, wonach die Handlungen der Nazi-Täter und -Mitläufer auf ihre Amoralität zurückzuführen seien, jedoch für eine bequeme Simplifizierung. Bequem insofern, als die aktiv am Nationalsozialismus beteiligten Männer und Frauen dadurch zu amoralischen, »bösen« Wesen etikettiert werden (in dieser Weise werden die Begriffe »Täter« und »Mitläufer« häufig verwendet) – mit denen wir anderen, Nicht-Nazis, rein gar nichts gemein haben.

Die zitierten Ausschnitte zeigen, dass Frau Scheer durchaus über Vorstellungen von Recht und Unrecht verfügt(e), wobei sie Letztere allerdings nicht auf ihr eigenes Handeln bezieht, sondern nur auf andere (den »Pöbel«) und nur auf Gegenstände, die zu stehlen und zerstören sie als Unrecht empfand und empfindet. Ihr Unrechtsbewusstsein gilt *nicht* der Verletzung der Menschenwürde des jüdischen Lehrer, von dessen Demütigung und Vertreibung sie vergnügt erzählt. Wie ist dies zu erklären?

Eine der grundlegenden Theorien über die moralische Entwicklung des Menschen wurde vom Psychologen und Erziehungswissenschaftler Lawrence Kohlberg vorgelegt. Kohlberg unterscheidet verschiedene Stufen der Moralentwicklung, wobei die höchste Stufe die »Orientierung an universellen ethischen Prinzipien«[168] wie Gerechtigkeit, Gleichheit, Gegenseitigkeit und Achtung vor der Menschenwürde darstellt – die Betonung liegt dabei auf *universell.*

Wie die Interviews zeigten, verfügte die Mehrzahl der interviewten Männer und Frauen durchaus über ethische Prinzipien – allerdings unter Streichung des Attributes »universell«. Mit der Folge, dass die ethischen Prinzipien in kollektiv-narzisstischer Weise an die eigene Gruppe zurückgebunden und dadurch pervertiert wurden:

- *Gerechtigkeit* war z. B. für den interviewten Dr. Kurt Friedrich ein wesentliches Prinzip. Damit rechtfertigt er etwa den Krieg gegen Polen, weil »die Polen Gewalttätigkeiten begangen oder den Funkschaltturm besetzt hatten und die Reaktion Deutschlands also durchaus gerechtfertigt« gewesen sei. Gerechtigkeit: ja – aber nur für Deutschland.
- Auf *Gleichheit* wurde im »Dritten Reich« besonderer Wert gelegt, in der »Volksgemeinschaft« sollten alle Standes- und Klassenunterschiede aufgehoben sein. Allerdings waren Juden und andere sogenannte »Volksschädlinge« (NS-Jargon) von der Volksgemeinschaft ausgeschlossen, wie auch verschiedene Interviewausschnitte zeigten. (Vgl. S. 92 ff.)
- *Gegenseitigkeit* war z. B. für Wilhelm Plessner ein wichtiges ethisches Prinzip. Er sagt: »Es gab eine absolute Volksgemeinschaft, wo man gewusst hat: Du kannst dich auf den verlassen, der steht für dich ein. Und das war auch meines Erachtens das Geheimnis der Blitzsiege Adolf Hitlers. Der junge Feldwebel, der junge Unteroffizier, der junge Leutnant, der aus der Hitler-Jugend kam, befahl nicht von hinten, sondern ging voraus. Während die französische Armee von hinten geführt wurde, wurde vorne geführt. Und das war nur möglich, weil in der Hitler-Jugend die Grundlage für Kameradschaft und Einstehen und sich gegenseitig

vielleicht opfern praktiziert wird.« Gegenseitigkeit: ja – aber nur innerhalb der »Volksgemeinschaft«.

So verwandeln sich die Freiheit und Toleranz – die Frau Scheer in der zitierten Interview-Passage anführt – in Unfreiheit und Intoleranz für bzw. gegenüber Juden. Recht und Menschenwürde gelten nur für »das germanische Volk«.

Das Rezept der NS-Ideologie bestand darin, so meine These, dass amoralische Begehren so umdefiniert wurden, dass sie in ein moralisches System eingebunden werden konnten:[169] Tue das Böse im Dienste des Guten. Indem die universellen ethischen Prinzipien in kollektiv-narzisstischer Weise auf die eigene Gruppe bezogen wurden, schlugen sie in ihr Gegenteil um.

Diese Umbiegung macht auch die verquere Logik hinter der schon zitierten berüchtigten Rede Himmlers bei der SS-Gruppenführertagung in Posen am 4. Oktober 1943 verständlich:

»Von euch werden die meisten wissen, was es heißt, wenn 100 Leichen beisammen liegen, wenn 500 daliegen oder wenn 1000 daliegen. Dies durchgehalten zu haben, und dabei – abgesehen von Ausnahmen menschlicher Schwächen – anständig geblieben zu sein, das hat uns hart gemacht. Dies ist ein niemals geschriebenes und niemals zu schreibendes Ruhmesblatt unserer Geschichte [...]. Wir hatten das moralische Recht, wir hatten die Pflicht gegenüber unserem Volk, dieses Volk, das uns umbringen wollte, umzubringen. [...] Insgesamt aber können wir sagen, dass wir diese schwerste Aufgabe in Liebe zu unserem Volk erfüllt haben. Und wir haben keinen Schaden in unserem Inneren, in unserer Seele, in unserem Charakter daran genommen.«[170]

Indem amoralische Regungen in dieser Weise mit Moral (scheinbar) versöhnt wurden, wurde ein psychisch geradezu paradieshafter Zustand geschaffen, frei von Ambivalenzen und Konflikten zwischen Gewissen und amoralischen Impulsen (in psychoanalytischen Begriffen: zwischen Über-Ich und Es). Daher fällt es NS-Anhängern vermutlich auch schwer, nach 1945 plötzlich Schuldvorwürfen ausgesetzt zu werden: Man habe doch eigentlich nur das Gute gewollt.

Die vorgeburtlichen Wurzeln des Narzissmus

Schon Sigmund Freud wies darauf hin, dass der Narzissmus letztlich in den totalen Glücksempfindungen des Ungeborenen wurzelt. Die Psychoanalytiker Béla Grunberger und Pierre Dessuant führen diesen Gedanken Freuds fort und vergleichen den Zustand des Fetus mit vollkommener Seligkeit, denn es gibt keine Enttäuschungen und keine Konflikte. Die Ernährung erfolgt kontinuierlich und wie von selbst durch das Blut der Mutter, was sich als paradiesisches Gefühl von wunschlosem Glück und ozeanischer Ewigkeit interpretieren lässt. Die Zellen vermehren sich auf wunderbare Weise wie von selbst – dies ist wie Allmacht. So ist der Zustand des Fötus göttlich und wunderbar.[171]

Diese Hochstimmung geht nach der Geburt nicht verloren, sondern hinterlässt eine bleibende Spur. Sie wird quasi wie in Reserve gehalten und kann im weiteren Verlauf des Lebens in Gestalt von Narzissmus reaktiviert werden. Nach dem traumatischen Fall aus dem fetalen Paradies durch die Geburt wird die Suche nach dem verlorenen Zustand zu einem zentralen menschlichen Problem. Immer wieder sucht der Mensch danach, jenes paradiesische Gefühl von Ganzheit, Vollkommenheit, Allmacht, Hochstimmung, Wunder, Unendlichkeit und Reinheit wiederzuerlangen.[172]

Nach Grunberger und Dessuant wird durch den christlichen Glauben ein Denken gefördert, wonach diese ersehnten Ziele wirklich und erreichbar seien. Demzufolge werden fetal-narzisstische Vorstellungen auf eine Idee oder Gestalt projiziert: auf einen Messias. Die Vorstellung von absoluter Reinheit wird zum Ideal erhoben und zu idyllischen Bildern wie goldenes Zeitalter, Paradies, »gute alte Zeit« usw. ausformuliert.[173]

Diese fetal-narzisstischen Phantasien und Stimmungen wurden von der Nazi-Ideologie gefördert und genutzt; sie sind bis heute bei den Interviewten lebendig und mit ihrem Empfinden des »Dritten Reiches« verbunden: Hochstimmung; Vorstellungen von Reinheit und paradiesischer Idylle; ozeanische Gefühle von Ewigkeit und Unendlichkeit; selige Abwesenheit von Enttäuschungen und Allmachtsgefühle.[174] Dies wird in den folgenden Abschnitten ausgeführt.

Das »Dritte Reich« als Reinheit und paradiesische Idylle

Verschiedene Interviewte schildern das »Dritte Reich« als paradiesische Idylle, wobei das Unrecht völlig ausgeblendet wird. So etwa Frau Scheer:

»Und damals[175] war Deutschland ja auch noch schön. Es war nichts zerstört, es war irgendwie romantisch, es gab noch nicht viele Autos, es gab keine ökologische Verschmutzung, das gab es noch nicht, diesen ganzen giftigen Dünger und den sauren Regen und diese falsche Fütterung wie jetzt mit den BSE-Fällen usw., das gab's alles nicht. Es waren wenig Autos auf der Straße, dementsprechend wenig Abgase. Die Flüsse waren sauber, wenn wir baden wollten, dann sind wir einfach in den Fluss gegangen oder in den nächsten Bach – das war alles sauber und Deutschland war schön, weil nichts zerstört war. Und abends saß man so vor der Tür ... Die warmen Sommerabende – da saßen die Leute vor der Tür, die Maikäfer flogen durch die Straßen. Die gibt's ja heute auch nicht mehr. Die Schwalben flogen durch die Straßen. Und die Leute sprachen mit ihrem Nachbarn. Es war so etwas, was man heute überhaupt nicht mehr kennt. Die Leute haben viel gearbeitet. Also nicht 35-Stunden-Woche, das gab's nicht. Wir hatten 'ne 48-Stunden-Woche. Aber es war kein Stress. Es war alles ruhig und Mobbing – man kannte den Ausdruck gar nicht. Ob's das gegeben hat, weiß ich nicht, ich hab's jedenfalls nie kennengelernt. Und in der Schule war es auch anders. Wir haben einander geholfen. Das war auch in unserer Erziehung mit drin, dass man sich eben gegenseitig helfen musste.«

Das ozeanische Gefühl von Ewigkeit und Unendlichkeit

Der Fetus lebt in einem unbegrenzten, flüssigen Universum, einem Urmeer ohne zeitliche Grenzen. Den Interviews zufolge konnte die Nazi-Ideologie bei ihrem Anhängern an die Sehnsucht nach diesem ozeanischen Gefühl von Ewigkeit und Unendlichkeit appellieren – etwa durch Vorstellungen von »ewigem Germanentum« und einer harmonischen Geborgenheit in der »Volksgemeinschaft«.

So berichtete beispielsweise ein Interviewter von den »volksgemeinschaftlichen Freuden« beim Eintopfessen: »Da traf man dann alle vor der Gulaschkanone. Und die Gulaschkanone machte 'ne Erbsensuppe oder 'ne Linsensuppe und ein großes Würstchen, und wer das größte Würstchen hatte, da klapperte man mit der Büchse und sagte: ›Du hast noch mal was reinzustecken!‹ Also, das war wie ein Sport dann: Alle einen Einheitsteller, einen Einheitslöffel. Erwachsene, Kinder, Jugendliche, alles stand drum rum und aß den Eintopf, und fröhlich wurde gesammelt.«

Paradiesisch mutet schon allein die Beschreibung der »Gulaschkanone« an, die offenbar ganz von allein, wie ein Tischlein-deck-dich, Suppen »machte«. Alle – Erwachsene, Kinder und Jugendliche – essen von derselben Suppe, einem »Einheitsteller« und mit einem »Einheitslöffel«: ein Volk – ein Teller – ein Löffel! Die geschilderte »Volksgemeinschaft«, die sich fröhlich um die Gulaschkanone versammelt, wird zur warmen »Ursuppe«, zum fetalen Urmeer, in welcher alle Individuen schwimmen wie die Würstchen in der Erbsensuppe. Alle sind gleich, alle essen die Suppe, ob jung oder alt, klein oder groß. Wer sich aus der Gleichheit aller dadurch hervorhebt, dass er »das größte Würstchen« hat, wird sogleich dadurch wieder »verkleinert« und gleichgemacht, dass er zu einer Extra-Spende aufgefordert wird.

Wie selbstverständlich war – und ist auch beim heutigen Erzählen – im »wir« dieser fröhlichen Volksgemeinschaft kein Platz für Juden.

Zum ozeanischen Gefühl gehört auch das Gefühl von Zeitlosigkeit, Ewigkeit und Unendlichkeit, was sich vielfältig in der NS-Ideologie mit ihrem spezifischen Zeitbegriff zeigt (dies kann hier nur angedeutet werden): in Schlagworten wie »tausendjähriges Reich«, »größter Führer aller Zeiten« oder durch Bezugnahme auf angeblich »uraltes Brauchtum« und »ewiges Germanentum«, »Rasse« und »Boden«. Zitat eines Nazi-Ideologen: *»Auf Österreichs Höhen lodern die Sonnwendfeuer des uralten Jahreslaufes mit der gleichen unauslöschlichen Glut«*[176] wie überall im Dritten Reich. Diese Zeit- und Raumlosigkeit wird in NS-Filmen, etwa von Leni Riefenstahl oder Veit Harlan, in Bildern von Himmel, Wolken, weiten Naturlandschaften umgesetzt. Zeitlosigkeit gehört zur magischen Bewusstseinsstruktur (vgl. Kap. 1, S. 43).

Die Abwesenheit von Enttäuschungen

Das »Dritte Reich« wird von vielen Interviewten als selige Zeit, frei von jeglichen Enttäuschungen geschildert.

Nach Ansicht des interviewten Eugen Ebner holte Hitler »die Arbeitslosen von der Straße, er hat die Wehrmacht aufgebaut, er hat den Versailler Vertrag ignoriert, er ist ins Rheinland eingezogen, obwohl das noch immer, nach dem Versailler Vertrag, Fremdgebiet war. Er hat viele Menschen glücklich gemacht.« Auch »die Russen waren so glücklich, dass wir Deutschen sie befreit haben«. Noch wenige Tage vor Kriegsende bemühte sich der Interviewte, in die NSDAP einzutreten. Die Enttäuschungen seien ja erst später gekommen, nach der militärischen Niederlage: »Dass Hitler später größenwahnsinnig wurde und sich auch nicht mehr beraten ließ, das haben wir ja alles erst viel später erfahren.«

Diese Schilderung vom Glück des »Dritten Reiches« ist erstaunlich angesichts Herrn Ebners Geschichte: Er wird in der ersten Kriegsphase so schwer verwundet, dass er neun Tage klinisch tot ist und 66 Narben zurückbehält. Bei einem nächsten Einsatz wird er beschossen und bekommt einen Hodenbruch. Bei einem noch späteren Einsatz in Monte Cassino wird sein Rücken durchschossen.

Narzissmus und Scham

Narzissmus und Scham sind eng miteinander verbunden, wie die zwei Seiten ein und derselben Medaille. Scham ist »die verhüllte Begleiterin des Narzissmus«[177], so Leon Wurmser. Dies zeigt auch das Interview mit Sieglinde Groeder.

Frau Groeder wurde 1919 geboren und wohnt in einer Villa in Baden-Baden. Garten, Wohnungseinrichtung, Kleidung, Schmuck – alles wirkt überaus ordentlich, gepflegt, distinguiert und zeugt von Wohlstand und gehobenem Geschmack. Im Gegensatz dazu stehen ihre kleinmädchenhafte, quengelige Stimme und ihr vorwurfsvoller Erzählstil. Nach dem Gespräch schenkt sie der Interviewerin eine Stück Kinderschokolade.

Frau Groeder äußert sich – wie viele der Interviewten – äußerst verächtlich und pauschalisierend über alle möglichen Personenkreise. Etwa über die heutigen Eltern: »Damals im Dritten Reich haben die Eltern Opfer gebracht, um den Kindern eine gute Ausbildung zu geben. Das gibt es ja heute nicht mehr. Heute soll alles der Staat finanzieren.«

Über heutige Politiker und über das Gedenken an die Opfer des Nationalsozialismus zieht sie mit den Worten her: »Wehe dem Politiker oder Stadtrat, der nicht erscheint bei einer Bußlichterprozession. Da setzen sie ihre Bußgesichter auf und laufen alle mit.« Über Asylbewerber: »Schauen Sie sich die Leute an. Alle wohl genährt, dick. Die Deutschen [nach Kriegsende, S. M.], schauen Sie, wie mager, was die für dünne Ärmchen hatten.« Zu diesen Worten zeigt Frau Groeder der Interviewerin Fotos von 1945. Sie fährt fort mit den Worten: »Die hatten kaum das Nötigste zu essen. Die mussten alles selbst machen. Uns hat niemand geholfen. Darum sind wir auch jetzt wieder eine der reichsten Nationen geworden.«

Über »den Juden« (den sie übrigens als »Ausländer« tituliert) behauptet sie, dass er heute »wieder [!] einen neuen Hass und die Rache predigt«.
Verachtung hat sie auch für die Neonazis der Gegenwart: »Wenn solche Leuten wie die Glatzköpfe und die Springerstiefel damals dabeigewesen wären, wär das Dritte Reich von vornherein nicht so gekommen.«[178]
Verächtlich äußert sich Frau Groeder auch über die Interviewerin, indem sie diese mit einer Journalistin vergleicht, über die sie sagt: »Jede Journalistin, wenn sie ein Buch schreibt, wenn sie über das Dritte Reich schreibt, kann dann ihren Käse veröffentlichen.«
Diese Verachtung, die sie wie Gift um sich verspritzt, geht einher mit einer auffallenden Selbstverachtung und starken Identifikation mit harten Erziehungsmethoden. So betont Frau Groeder nicht weniger als zehn Mal die harte Erziehung, die sie erfahren habe, stets mit positiver Bewertung. Unermüdlich preist sie die Strenge von Internat und Arbeitsdienst: »Um sechs raus. Manchmal nachts um 11 Uhr wurde ich noch rausgeholt, da hat das Geschirr noch ein paar Tropfen gehabt. Fünf Mark Taschengeld im Monat.« Dort »musste ich also ran. Heute würden Sie bestraft werden, wenn Sie so einen Drill hätten.« Als die Interviewerin ihre Aussagen spiegelnd zusammenfasst, reagiert die Interviewte auf die Begriffe »streng« und »Disziplin« mit begeisterten Ausrufen: »Ja, ja ja ja ja!«
Frau Groeder betont, dass sie bei all dieser Strenge »doch vieles Schönes erlebt und gelernt« habe. Sie zitiert ihre Mutter, die über sie gesagt habe: »Aus dir wäre nichts geworden, wenn du nicht da [im Internat] gewesen wärst.«
Nachfrage der Interviewerin: »Glauben Sie das auch?«
Frau Groeder: »Ja, ja. Das hat mir nicht geschadet. Oh nein.« Sich selbst bezeichnet sie abwertend als »ein von zu Hause verwöhnter Fratz«, »schrecklich verwöhntes Geschöpf«, »halt ein Einzelkind«.
Die von der Interviewten erfahrene und internalisierte Verachtung, die sie gegen sich selbst richtet, wird von ihr nach außen projiziert, nach dem Prinzip: Verachte deinen Nächsten wie dich selbst. Diese Verachtung geht einher mit Bewunderung: für ihre strengen Erzieher, für Soldaten, BDM, Arbeitsdienst und allgemein für den Nationalsozialismus mit seinen »Idealen« und Idolen: »Die Jugend hat Ideale gehabt. Solche Typen wie heute, nein, die hat's da nicht gegeben. Da war eine Christel Kranz, denken Sie mal, die ist ja berühmt gewesen, und dann Hanna Reitsch, die Fluglehrerin, die Fliegerin. Wir haben solche Ideale gehabt. Aber die heutige Jugend ist arm.«

An Frau Groeders Verhalten lässt sich folgende These aufzeigen: Der Nationalsozialismus funktioniert nach der psychosozialen Dynamik: »nach oben bewundern, nach unten verachten« – und diese Dynamik speist sich aus der grundlegenden Verachtung für sich selbst, mit anderen Worten: Scham. Diese wird zum einen abgewehrt durch Idealisierungen: ihrer Eltern, ihrer Vorgesetzten und letztendlich Adolf Hitlers. Zum anderen wird die Scham abgewehrt durch Verachtung gegenüber gesellschaftlich Unteren und gegenüber der Gegenwart: heutige Eltern, Politiker, Neonazis, Journalistinnen, Asylbewerber, Juden und viele andere.

Die dieser Dynamik zugrunde liegenden narzisstischen Defizite, die mit Scham einhergehen – letztendlich ein Hunger nach Liebe und Anerkennung –, sind durch keine Ehrung per Rang, Uniform, Orden, Beförderung usw. wirklich zu befriedigen. Daher kann jede Ehrung nur vorübergehende Sättigung bieten und geht sogleich in den Hunger nach der nächsthöheren Ehrung über.[179] Dadurch entsteht eine Sucht-Dynamik, auf die ich in Kapitel 6 zurückkommen werde.

Kapitel 5: Die Traumata früherer Generationen

Eduard Gebhard wurde in Kapitel 3 bereits vorgestellt (vgl. S. 88 ff.). Obwohl er erst 1922, also vier Jahre *nach* dem Versailler Vertrag, geboren wurde, war für ihn dieser Vertrag das entscheidende Ereignis seines Lebens: für ihn war »immer Versailles ein Schlüssel«. Sein Vater, ein Veteran des Ersten Weltkriegs, und seine Mutter machten ihn »immer wieder darauf aufmerksam«, dass Deutschland ehrlos gemacht worden war. Der Interviewte war begeistert und engagiert, als dann Hitler »in mein Bewusstsein gedrungen ist und versprach, den Deutschen wieder zu ihrer Ehre« zu verhelfen. Von da an war für ihn »der Weg schon vorgezeichnet«. Er ersehnte seinen Kriegseinsatz und meldete sich freiwillig für die SS. An der Front schließlich fand er seine »eigentliche Erfüllung«.

An mehreren Stellen wird ersichtlich, dass seine Motivation, sich für die Wiederherstellung der Ehre Deutschlands einzusetzen, keineswegs authentisch aus ihm selbst erwachsen ist. Schon in den ersten Sätzen des Interviews sind Ich-Erzähler und sein Vater nicht klar getrennt; vielmehr gehen diese Personen fast nahtlos ineinander über. Er sagt: »Mein Vater war selber im Ersten Weltkrieg maßgeblich an der Front beteiligt, schwer verwundet, in Flandern, und das hat mich schon bewegt.« Treffend benennt der Interviewte den psychischen Mechanismus, mit dem Hitler in sein Bewusstsein, wie er sagt, »gedrungen« sei: Die Kriegsveteranen (sein Vater sowie Adolf Hitler) benutzten das Kind, um ihr Anliegen in dessen Seele zu deponieren. Das Kind wird für die Zwecke der Eltern benutzt; dies ist eine Form von emotionalem Missbrauch, der in diesem Kapitel näher betrachtet werden soll.

Über die transgenerationale Weitergabe traumatischer Erfahrungen

Seit dem Zweiten Weltkrieg wurde vielfach beobachtet und erforscht, wie unverarbeitete oder traumatische Erfahrungen von Eltern an ihre Kinder weitergegeben werden. Die Mechanismen dieser Weitergabe werden in der Fachliteratur u. a. als Teleskopierung, Transposition, Eindringen unbewusster Phantasma, Externalisierung, Projektion, Delegation, unbewusste Identifizierung, Introjektion, Implantation, Zuschreibung bezeichnet;[180]

ich werde im Folgenden den Begriff »transgenerationale Weitergabe« verwenden.

Der Psychoanalytiker Kurt Grünberg beschreibt diesen Prozess bei Überlebenden des Holocaust und ihren Nachkommen mit den Worten: »Für die meisten kaum sichtbar, tragen die Überlebenden ihre eingekapselten Erinnerungen ihrer Verfolgungserfahrungen in sich. Wie verborgene ›Krypten‹ enthalten sie die hinterlassenen Spuren des Zivilisationsbruchs, die damaligen Haltungen, Einstellungen, die Bilder und Gefühle, die Handlungen der Verfolger und Verfolgten, die Erfahrungen zerstörter menschlicher Beziehungen und Werte, aus denen es kein Entrinnen gab, selbst wenn man überlebt hat. Sie können über längere Zeit im Verborgenen bleiben, existieren unterhalb der – scheinbaren – Normalität des Lebensalltags, ohne von anderen wahrgenommen zu werden.«[181]

Bei diesem Weitergabeprozess sollte, so Grünberg, die Bedeutung des Verbalen nicht überschätzt werden. Die Weitergabe erfolgt wesentlich auch durch die Gestaltung der *Beziehung* zwischen Überlebenden und ihren Kindern. Relevant für die Weitergabe des Traumas ist nach Grünberg also nicht nur dessen sprachliche Verbalisierung, sondern die nichtsprachlichen Formen, in denen sich das erfahrene Leid ausdrückt: in der Atmosphäre, die in der Familie herrscht; in der Beziehung zwischen den Eltern und zwischen Eltern und Kind sowie in Bezug auf besondere »Empfindlichkeiten« der Eltern.[182]

Dadurch werden die Erfahrungen, Gefühle, Haltungen und Einstellungen vom traumatisierten Elternteil an das Kind weitergereicht, in dessen Psyche deponiert. So zitiert Grünberg eine Tochter von Holocaust-Überlebenden: »Ich fühl' mich so, als ob ich selbst im KZ gesessen wäre.«[183] Wie H. A. und C. B. Barocas beobachteten, zeigen die Kinder von Überlebenden häufig Symptome, die normalerweise bei jemandem zu erwarten wären, der den Holocaust persönlich erlebt hat. »Sie alle scheinen eine angsterfüllte, kollektive Erinnerung an den Holocaust mit sich herumzutragen, die in Träumen und Phantasien zu Tage tritt, in denen sich immer wieder Hinweise auf die traumatischen Erfahrungen ihrer Eltern finden. Diese Kinder wachen nachts aus schreckenerregenden Albträumen über die Naziverfolgung auf, träumen von Stacheldraht, Gaskammern, Erschießungskommandos, Folter, Verstümmelung, von der Flucht vor feindlichen Truppen und Angst vor der Vernichtung. Die Kinder fühlen, dass der Holocaust, obwohl er sich vor ihrer Geburt ereignet hat, das Ereignis ist, von dem ihr Leben am stärksten geprägt wurde.«[184]

Auch *schuldhafte* Erfahrungen werden psychologisch an die eigenen Nachkommen weitergereicht, wie schon im Alten Testament beschrieben wurde, wonach die Missetaten der Väter »bis ins dritte und vierte Geschlecht«[185] weiterwirken. So wurde auch bei Kindern und Enkeln von Nazi-Tätern und -Mitläufern eine Weitergabe dieser Erfahrungen beobachtet.[186] Grünberg warnt jedoch davor, die Tradierungsprozesse der beiden Gruppen (der Opfer einerseits sowie der Täter und Mitläufer andererseits) vorschnell zu parallelisieren, wie dies teilweise in der Fachliteratur geschieht, indem Begriffe wie »zweite Generation« oder »Pakt des Schweigens« verwendet werden. Denn das Schweigen von Holocaust-Überlebenden hat eine ganz andere Funktion (sich und seine Familie vor *unaussprechlich* schmerzhaften Erfahrungen zu schützen) als das Ver-Schweigen der NS-Täter und -Mitläufer (die geschehene Wirklichkeit zu verleugnen oder zu belügen).[187] Bei Letzteren waren es, so Werner Bohleber, »andere Geheimnisse und eine andere Geschichte, die hier durch Beschweigen sprachlos, aber tyrannisch in die psychische Realität der Kinder eindrangen«[188].

Trotz dieser notwendigen Unterscheidung zwischen den beiden Gruppen ist festzuhalten, dass der transgenerationale Weitergabeprozess auch hier nicht-sprachlich geschieht: durch die Art und Weise, *wie* die Betroffenen ihre Beziehungen gestalten. Sie selbst sind die Botschaft: Unvermeidlich und unbewusst wiederholen NS-Täter und -Mitläufer (soweit sie ihre Vergangenheit nicht aufgearbeitet und bewusstgemacht haben) ihre damaligen Erfahrungen, Gefühle, Haltungen und Einstellungen in ihren Beziehungen, insbesondere zu ihren Kindern.[189]

Der Prozess der transgenerationalen Weitergabe von Traumata besteht vor allem aus folgenden Aspekten: Die traumatisierten Eltern gestalten, wie bereits ausgeführt, ihre Beziehung zu ihren Kindern entsprechend den psychischen Deformationen, die sie durch das Trauma einst selbst erfahren haben. Dabei werden Anteile der Eltern in der Psyche des Kindes – wie Fremdkörper – deponiert.[190]

Um zu verstehen, welche seelischen Deformationen die jüngeren NS-Anhänger durch ihre Eltern erfuhren, ist es zunächst notwendig, einen Blick auf deren Lebensgeschichte und erfahrene Traumatisierung zu werfen.

Das Trauma des Ersten Weltkriegs

Stellen wir uns einen deutschen Mann Anfang zwanzig vor. Stellen wir uns idealerweise vor, er wäre gesund, psychisch stabil und ohne psychische Vorbelastungen durch Missbrauchserfahrungen, alkoholabhängige Eltern oder dergleichen. Es ist das Jahr 1914, und er zieht in den Ersten Weltkrieg. Er ist in keiner Weise auf das vorbereitet, was ihn an der Front erwartet: das Grauen der Grabenkämpfe, Giftgas, das Töten und Sterben von Menschen, Verstümmelungen und Todesangst, die er in den kommenden Monaten oder Jahren erlebt. Diese Erfahrungen sind so entsetzlich, dass er sie psychisch nicht verarbeiten kann. Der Soldat wird mit großer Wahrscheinlichkeit traumatisiert: Trauma (vom griechischen Wort Trauma = Verletzung) wird definiert als ein »vitales Diskrepanzerlebnis zwischen bedrohlichen Situationsfaktoren und den individuellen Handlungsmöglichkeiten«[191].

Für den Frontsoldaten gibt es keine Möglichkeiten, die traumatischen Erlebnisse an der Front aufzuarbeiten; keine psychotherapeutische Betreuung. Wie der Medienwissenschaftler Bernhard Wutka und der Psychoanalytiker und Facharzt für Kinder- und Jugendpsychiatrie Peter Riedesser schreiben, war die Realität des Krieges so schrecklich, dass Hunderttausende von Frontsoldaten psychische und somatische Symptome entwickelten, mit einer so steigenden Tendenz, dass die politisch-militärische Führung zeitweise das Erreichen ihrer militärischen Ziele für gefährdet hielt. Zahlreiche Soldaten reagierten auf das Grauen an der Front u. a. mit Weinkrämpfen, Dämmerzuständen oder narkoleptischen Anfällen, d. h. plötzlichen Schlafanfällen, die Minuten oder Stunden dauern konnten, oft verbunden mit kurzzeitigem Verlust der Muskelspannung, die einen Menschen bei plötzlicher Aufregung z. B. stürzen ließen. Ein anderes Symptom waren kataleptische Zustände (sogenannte »Starrsucht« oder »Halbstarre«), d. h. anhaltendes Verharren in einer bestimmten, auch unangenehmen Körperhaltung; die Muskelspannung ist dabei erhöht, die Bewegungen des Erkrankten sind stark verlangsamt. Weitere Reaktionen der Soldaten bestanden in krampfartigen Zuckungen (konvulsivische Anfälle) mit tiefer Bewusstseinsstörung oder Schütteltremor, in Gangstörungen, Lähmungen, Aphonie (Stimmlosigkeit), Mutismus (die Betroffenen schweigen, obwohl sie organisch betrachtet sprechen könnten) oder psychogener Blindheit, Taubheit, Taubstummheit und andere Symptomen.[192]

Diese Symptome wurden von den Neuropsychiatern der damaligen Zeit nicht als natürliche Reaktionen auf die unerträglichen Grabenkriege angesehen, sondern als Ausdruck einer schon vor dem Krieg bestehenden organischen oder psychischen Minderwertigkeit der Betroffenen. Die Kranken wurden als Psychopathen stigmatisiert und mit brutalen Methoden »therapiert«, wie z. B. durch »Dauerbäder, Isolation, ›zu Tode langweilen‹, Applikationen sehr schmerzhafter Ströme an den betroffenen Körperteilen, Gewalt- oder Zwangsexerzieren, Hervorrufen von Erstickungsangst durch Einführen einer Kugel in den Kehlkopf«[193]. Gegen Ende des Krieges wurde die sogenannte »frontnahe Psychiatrie« eingeführt. Sie sollte den Patienten jegliche Hoffnung nehmen, von der Front verschont zu werden. Manche Psychiater jagten ihre Patienten ins Trommelfeuer und priesen die prophylaktische Wirkung dieser Maßnahme.[194]

Was aber war mit all den Soldaten, die keine sichtbaren Symptome entwickelten und die 1918 zu ihren Familien zurückkehrten? Deutschland beteiligte sich am Ersten Weltkrieg mit ca. 13 Millionen Soldaten, von denen etwa 2 Millionen ums Leben kamen. Bei Kriegsende kehrten 11 Millionen Veteranen nach Deutschland zurück. Bei einer Gesamtbevölkerung von ca. 59 Millionen im Jahr 1919 bedeutete das fast ein Fünftel der deutschen Bevölkerung. Somit bestand fast die gesamte erwachsene männliche Bevölkerung aus Kriegsveteranen. Auch für die Zivilbevölkerung war der Krieg entbehrungsreich: Innerhalb Deutschlands verhungerten mehr als vierhunderttausend Menschen als Folge der Lebensmittelverknappung durch die Kriegslasten und die Seeblockade.

Noch einmal: Was war mit den 11 Millionen Veteranen, die aus dem Weltkrieg zurückkehrten und scheinbar ganz normal ihre Rollen als Ehemänner, Väter, Lehrer, Ausbilder usw. einnahmen – und somit: als Erzieher, Vorbilder und Gewissensbildner? Hatten diese Männer keine psychischen Wunden davongetragen aus jenen vier Jahren des Kriegsgrauens? »Waren sie die Normalen, von denen die Neuropsychiater sprachen und von denen sie die Psychopathen und Kriegsneurotiker abgrenzten? Ist es normal, dass man vier Jahre lang Kälte, Hunger, ständige Lebensgefahr, Verwundung, Verstümmelung am eigenen Leibe erlebt und grässliche Verstümmelungen und Todesarten bei Kameraden oder Gegnern mit ansehen muss, dass man gezwungen ist, Menschen zu verwunden oder zu töten, und danach zur Tagesordnung übergeht [...]? Haben diese Menschen nicht auch psychische Wunden davongetragen?«[195] Was war mit ihren psychischen Wunden geschehen?

Wie die Traumaforschung erkannt hat, können sich Traumata in multiplen Symptomen ausdrücken und auf verschiedene Weisen bewältigt werden. Der Begriff der »Bewältigung« bezeichnet in der Traumatologie einen Umgang mit schmerzhaften oder traumatischen Erfahrungen, der nicht in deren Aufarbeitung, sondern in deren Abwehr durch bestimmte Mechanismen (wie unter anderem transgenerationale Weitergabe) besteht. Bei der Bewältigung spielt nicht nur die je subjektive Disposition, sondern auch das jeweilige soziale Umfeld eine wesentliche Rolle: Es geht darum, welche Form der Bewältigung durch das je herrschende Werte-, Erziehungs-, Gesundheits- und Gesellschaftssystem gefördert wird.

Wutka und Riedesser arbeiten heraus, wie die traumatischen Kriegserfahrungen von Teilnehmern des Ersten Weltkriegs typischerweise bewältigt wurden – im Kontext der Kriegsjahre sowie der Weimarer Republik und ihrer noch wilhelminisch geprägten Wertewelt. Die Autoren kommen zum Ergebnis, das die Gefahr psychischer Dekompensation der traumatisierten Soldaten dadurch abgewehrt wurde, dass ein »heroisches Kriegerbewusstseins« herausgebildet wurde. Dieses schlug sich unter anderem in einer Fülle von heroisierender Kriegsliteratur nieder, wie am Beispiel Ernst Jüngers gezeigt wird. Diese Operation an der Psyche der Betroffenen besteht aus folgenden Schritten:

Derealisierung

Als Reaktion auf die unerträgliche Situation wird diese entwirklicht (derealisiert); das Ich setzt sich in die Distanz eines entfernten Beobachters zu dem Schrecken, der dadurch zum Schreckens*bild* wird. So notiert z. B. Ernst Jünger in seinem Kriegstagebuch *In Stahlgewittern:* »Mit einem merkwürdig beklommenen Gefühl der Unwirklichkeit starrte ich auf eine blutüberströmte Gestalt mit lose am Körper herabhängendem und seltsam abgeknicktem Bein, die unaufhörlich ›Zu Hilfe‹ hervorstieß [...]. Was war das nur? [...] Das war so rätselhaft, so unpersönlich. Kaum, dass man dabei an den Feind dachte, dieses geheimnisvolle, tückische Wesen irgendwo dahinten. Das völlig außerhalb der Erfahrung liegende Ereignis machte einen so starken Eindruck, dass es Mühe kostete, die Zusammenhänge zu begreifen. Es war wie eine gespenstische Erscheinung im hellen Mittagslicht.«[196]

Noch zwei Jahrzehnte nach dem Ersten Weltkrieg schreibt Jünger über »das ganze gewaltige Vernichtungsarsenal, das drohend vor dem Menschen zur Entfaltung kommt. Alles das ist nur Theater, reine Szenerie, die mit den Zeiten wechselt.«[197] Alle Gewalt, alle Schmerzen wurde für Jünger – nur zu einem Bild.

Abspaltung von Schmerz

Die Schmerzen werden entwirklicht und abgespalten. Emotionsforscher fanden heraus, dass unter dem extremen Druck der Todesgefahr auf dem Schlachtfeld die Gefühle der Soldaten ausgeschaltet werden. Dies hat die – für das unmittelbare Überleben durchaus sinnvolle – Konsequenz, dass sie in der Extremsituation klaren Kopf behalten. An diesem Abwehrmechanismus sind körperliche Prozesse beteiligt, welche die Verarbeitung von Emotionen im Gehirn in einem sehr frühen Stadium abblocken.

Problematisch wird es, wenn diese Blockierung chronifiziert wird, was durch die häufige Wiederholung der Schreckenserfahrung geschehen kann. Chronifizierung führt dazu, dass Menschen mit traumatischen Erfahrungen sich dauerhaft mit diesem »Panzer« umschließen. Diese Gefühlsblindheit wird als Alexithymie bezeichnet. Wie der Traumaforscher Henry Krystal beobachtete, sind Kriegsveteranen und Holocaust-Überlebende, die am posttraumatischen Stresssyndrom leiden, häufig alexithym.[198]

Auch das Mitgefühl für das Leiden der Mitmenschen wird abgeschnitten. Sachlich und ohne Mitgefühl konstatiert z. B. Ernst Jünger in *In Stahlgewittern:* »Aus zerschossenem Gebälk ragte ein eingeklemmter Rumpf. Kopf und Hals waren abgeschlagen, weiße Knorpel glänzten aus rötlichschwarzem Fleisch.«[199]

Idealisierung und Heroisierung

Der individuelle Schmerz wird abgeschnitten und zu etwas Überpersönlichem idealisiert: dem heroischen Affekt. »Die Derealisation eigener Schmerzerfahrung ist eine psychische Operation, die es ermöglicht, der Traumatisierung zu entgehen.«[200] Beispielsweise beschreibt Ernst Jünger *(In Stahlgewittern)* ein Gespräch mit einem Mitpatienten:

»›Was fehlt denn dir, Kamerad?‹

›Ich habe einen Blasenschuss.‹

›Tut's sehr weh?‹

›Ach, das macht nichts. Aber dass man so gar nicht mehr mitmachen kann – – –.‹«[201]

Wie Bernhard Wutka und Peter Riedesser analysieren, wird das Trauma dadurch abgefangen, dass das heroische, grandiose Ich an einer vermeintlich »höheren Bewegung« teilhat. Diese macht den Betroffenen zu einem rein geistigen Wesen, das gewappnet ist gegen die »›Verführungen‹ des Mit-Leids«[202]. Diesen Abwehrmechanismus der Heroisierung erläutert Ernst Jünger in *Der Kampf als inneres Erleben*: »Aber wer in diesem Krieg nur die Verneinung, nur das eigene Leiden und nicht die Bejahung, die höhere Bewegung empfand, der hat ihn als Sklave erlebt. Der hat kein inneres, sondern nur ein äußeres Erlebnis gehabt.«[203]

Durch diesen Prozess der Trauma-Abwehr wird die Beziehung zwischen Psyche und Körper militarisiert. Ernst Jünger schreibt zwölf Jahre nach den Tagebüchern des Ersten Weltkrieg von zwei Welten: zum einen die heroische Welt, zum anderen die »Welt der Empfindsamkeit«. Beide Welten haben ein ganz anderes Verhältnis zum Schmerz. In der Welt der Empfindsamkeit komme es darauf an, sein Leben vom Schmerz abzuschließen, diesen abzudrängen. Im Unterschied dazu gelte es in der heroischen Welt, den Schmerz einzuschließen. Das Leben solle so eingerichtet werden, dass es jederzeit für die Begegnung mit dem Schmerz gerüstet ist. Es gelte, immer mit ihm in Fühlung zu bleiben, dies sei der Zweck von Disziplin, »sei es die priesterlich-asketische, die auf Abtötung, sei es die kriegerisch-heroische, die auf Stählung gerichtet ist. Hier wie dort gilt es, das Leben völlig in der Gewalt zu haben, damit es zu jeder Stunde im Sinne einer höheren Ordnung zum Einsatz gebracht werden kann.«[204] Der Körper solle als Gegenstand behandelt werden. »Dieses Verfahren setzt freilich eine Kommandohöhe voraus, von der aus der Leib als ein Vorposten betrachtet wird, den der Mensch aus großer Entfernung im Kampf einzusetzen und aufzuopfern vermag.«[205]

Durch die Abwehr, die Ernst Jünger so prägnant beschreibt, wird das erfahrene Trauma von den Betroffenen weder durchgearbeitet, noch löst es sich einfach in Luft auf. Vielmehr wird es, wie alle »unerledigten psychischen Geschäfte« eines Menschen, an die folgende Generation weitergereicht.[206]

Solche Prozesse transgenerationaler Weitergabe traumatischer Erfahrungen wurden in den vergangenen Jahren an den *Nachfolgern* von Nazi-Tätern und -Mitläufern erforscht. Die Grundthese dieses Kapitels ist nun, dass diese Prozesse auch schon *vor* 1945 wirksam waren: Die jüngeren der aktiv am Nationalsozialismus beteiligten Männer und Frauen waren ihrerseits bereits durch die unverarbeiteten Traumata ihrer Vorfahren geprägt, insbesondere ihrer traumatisierten Väter, Veteranen des Ersten Weltkriegs. Dadurch waren sie, von Kindheit an, auf den Nationalsozialismus, den Holocaust und das Grauen des Zweiten Weltkrieges eingestimmt; sie waren für das »Dritte Reich« – in den Worten Ernst Jüngers – »gerüstet«;

sie waren darin eingeübt, »das Leben völlig in der Gewalt zu haben, damit es zu jeder Stunde im Sinne einer höheren Ordnung zum Einsatz gebracht werden kann«. Als diese »höhere Ordnung« präsentierte sich der Nationalsozialismus, der die eingeübte »kriegerisch-heroische Stählung« (Jünger) für seine Zwecke zu instrumentalisieren vermochte.

Die transgenerationale Weitergabe der Traumata des Ersten Weltkrieges zeichnet sich durch folgende Aspekte aus: Deponierung, Derealisierung, Gefühlskälte und Idealisierung/Heroisierung.

Deponierung

Psychische Anteile der Eltern werden – wie Fremdkörper – in der Psyche des Kindes deponiert. Dies wurde im eingangs zitierten Interview mit Eduard Gebhard deutlich: Sein Vater, Veteran des Ersten Weltkriegs, sowie Adolf Hitler delegierten den Auftrag an ihren Sohn, die Ehre von geschlagenem Vater und Vaterland wiederherzustellen.

Auch der interviewte Josef Acker berichtet, dass seine Kindheit und seine Erziehung durch die feudal-militaristischen Werte seiner Eltern bestimmt waren (vgl. S. 91). Das Zitat sei nochmals wiederholt: »Mein Vater war damals im Kriegerverein bekannt und mein Vater war stolz, dass wir, ich war ungefähr so zehn Jahre alt und mein jüngerer Bruder acht und ich war gerade ins Jungvolk gekommen und hatte gerade meine Uniform bekommen, und ich war stolz auf diese Jungvolk-Uniform.« Der Stolz des Vaters, eines Veteranen des Ersten Weltkriegs, geht fast unmerklich, nahtlos über in den Stolz des Sohnes. Dies zeigt sich auch im Satzbau: Der Interviewte spricht zunächst von seinem Vater (»mein Vater war stolz, dass wir«) und wechselt, ganz unabgegrenzt, über zu seinem eigenen Stolz: »mein Vater war stolz, dass wir, ich war ungefähr so zehn Jahre alt [...] und ich war stolz auf diese Jungvolk-Uniform.«

Die Weitergabe von Derealisierung, Gefühlskälte und Idealisierung/ Heroisierung

Die transgenerationale Weitergabe geschieht nicht nur durch das, was die traumatisierten Väter bzw. Eltern ihren Kindern *sagen*, sondern vor allem durch das, was sie *sind*. Wie sie ihre Töchter und Söhne anschauen, behandeln oder bewerten, wie sie sich auf sie beziehen. Die Veteranen selbst, mit all ihren psychischen Deformierungen, sind die Botschaft: Ihre Derealisierung, Gefühls- und Empathielosigkeit, Idealisierung und Heroisierung wird an die Kinder weitergereicht.

Die Psychotherapeutin Claudia Subic-Wrana vom Institut für Psychosomatik und Psychotherapie der Universität Köln beobachtete, dass Eltern ihre Gefühlsblindheit (Alexithymie) häufig an ihre Kinder weiterreichen: »Bei meinen Patienten habe ich oft den Eindruck, dass auf diese Weise das Leid der Kriegsgeneration noch immer tief in unsere Gesellschaft ausstrahlt.«[207] So berichtet Veronika Hackenbroch von einem gefühlsblinden Patienten, Sohn von Alkoholikern, dessen Mutter starb, als er 11 Jahre alt war. Er wuchs bei seiner Großmutter auf, musste aber die Wochenenden bei seinem Vater verbringen. »Da habe ich immer geheult und geschrien. [...] Und der Vater hat gesagt: Hör das blöde Heulen auf.« Der Patient sagt: »Das Weinen [...], das hat mir mein Vater ausgetrieben.«[208]

Derealisierung, Gefühls- und Empathielosigkeit, Idealisierung und Heroisierung wurden also von den Veteranen des Ersten Weltkriegs an ihre Kinder weitergegeben. Diese neurotischen Abwehrmechanismen wurden dann vom Nationalsozialismus aufgegriffen und bildeten die Eckpfeiler des NS-Programms.

Das NS-Programm: Derealisierung, Gefühlskälte, Idealisierung und Heroisierung

Meine These ist, dass der Nationalsozialismus nahtlos an die Abwehr des Traumas des Ersten Weltkrieges anknüpfen konnte – sein Programm war ja von Veteranen dieses Krieges selbst, allen voran Adolf Hitler, geschaffen worden. Damit wurden Derealisierung, Gefühlskälte, Heroismus und Idealisierung zum politischen Programm. Dieses vermochte auch jüngere, nach dem Krieg geborene Jungen und Mädchen anzusprechen, ihnen »aus dem Herzen zu sprechen«, weil ihnen dieses Programm von klein auf transgenerational von ihren traumatisierten Eltern in die Herzen hineingelegt worden war. Das »Dritte Reich« bot der Trauma-Abwehr eine politische Heimat; hier nur einige Hinweise:

Derealisierung im NS

Das NS-Programm, seine Sprache und »Logik«, hat, genauer betrachtet, etwas zutiefst Unwirkliches. Angefangen mit Konstrukten wie »Rasse«,

»Arier«, »nordisch«, »Protokoll der Weisen von Zion« oder dem Glauben an die »Wunderwaffe«. Was als »germanisches« Wesen oder Brauchtum ausgegeben wurde, hatte mit den alten Germanen oft wenig zu tun. Die Unbekümmertheit, mit der Nationalsozialisten sich über die Realität hinwegsetzten, drückt sich symptomatisch im berüchtigten Spruch aus, der Josef Goebbels zugeschrieben wird: »*Wer Jude ist, bestimme ich!*«

Gefühlskälte im NS

Die Gefühlskälte des NS-Programms zeigt sich etwa in den bekannten Parolen wie »*Flink wie Windhunde, zäh wie Leder und hart wie Kruppstahl*«[209] sowie: »*Gelobt sei, was hart macht!*«[210] Der Satz wurde auch als Leitspruch u. a. in Napola-Schulen verwendet, um den allgegenwärtigen Drill, die Schikanen und das »Machtklima der Ungewissheit und des Schreckens, das die Anstalten beherrscht«[211], zu rechtfertigen. Dieses hatte den Zweck, die Jugendlichen körperlich und seelisch abzuhärten. Unter den NS-Mördern galt Mitgefühl mit den Opfern als Schwäche, die es im Dienste einer »höheren« Sache, für »Führer« und »Vaterland«, zu bekämpfen galt.

Idealisierung und Heroisierung im NS

Idealisierung und Heroisierung sollten die Anhänger des NS dazu bewegen, sich ganz für die Ziele des Nationalsozialismus zu engagieren, letztlich: ihre Gesundheit, ihr Leben dafür einzusetzen. In der magisch-mythischen Sprache des Dritten Reiches: sich zu »opfern«[212]. Diese Selbstaufgabe wurde als Einsatz für etwas »Höheres« propagiert, als »Idealismus«. So schreibt Adolf Hitler in *Mein Kampf:* »*Wir verstehen darunter nur die Aufopferungsfähigkeit des Einzelnen für die Gesamtheit [...], die Unterordnung der Interessen und des Lebens des einzelnen unter die Gesamtheit«, die Bereitschaft, »für das Ideal seines Volkstums das junge Leben hinzuwerfen*«[213].

Dieses Programm als Nur-Ideologie, primitive Propaganda, Lüge zum Zweck der Manipulation abzutun, bedeutet, seine Wirkung auf die NS-Anhänger zu unterschätzen. Denn tatsächlich wurde diese Propaganda ja von Millionen Menschen geglaubt, auch von intelligenten und gebildeten Personen etwa in Hochschulen.

In welchem Ausmaß die Anhänger des Nationalsozialismus durch

Derealisierung, Gefühlskälte, Idealisierung und Heroisierung geprägt wurden, zeigte sich auch in den Interviews.

Edeltraut Greiner wohnt in einem Mehrfamilienhaus in Freiburg. Sie spricht mit österreichischem Akzent, ihre Wohnung ist mit vielen Pflanzen, Ölbildern, Deckchen, Teppichen und kunstgewerblichen Gegenständen eingerichtet. Sie ist mittelgroß, wirkt fit und drahtig. Sie schaut die Interviewerin mit großen, etwas wässrigen blauen Augen an, wie um Verständnis heischend. Frau Greiner schwärmt von den Vorbilder ihrer Kindheit und Jugend: »Für mich waren meine Eltern das Vorbild.« Sie beschreibt diese als »sehr liebevoll zu uns, wir haben auch sehr viel gespielt, es war also wirklich harmonisch«. Die Werte in ihrem Elternhaus waren »eigentlich alles Gute und dass die Familie eben zusammen ist«. Nach Frau Greiners Auskunft machten die Eltern mit den Kindern Spaziergänge und Ausflüge, sammelten Pilze, ihr Vater erklärte den Kindern die Natur und brachte ihnen das Schwimmen bei. »Ja, das war, äh, eigentlich, eine glückliche Kindheit, gell?«
»Eigentlich« – dieses Wort deutet häufig auf die verborgene Ebene einer Aussage hin. Diese wird in der folgenden Passage angedeutet: Die Interviewte sagt, sie habe »nur, ich glaub, es war ein einziges Mal, hab ich einen Streit mitbekommen. Da war ich aber auch noch sehr klein. Es ging um einen Wecker, der kaputt war. Ich weiß nicht, wer ihn kaputt gemacht hat oder was damit war, und, äh, also teilweise war mein Vater streng und, äh, was ich nicht zu sehr, äh, mochte, das war damals, wenn man was angestellt hatte, und man hat gelogen. Dann waren da sehr harte Strafen und das waren Strafen, die ... die [Pause] fürchterlich waren, muss ich sagen, aber ich hab sie auch mitgemacht. Wir mussten knien, aber auf einem Holzscheit.«
Sogleich fällt der Interviewten eine weitere Begebenheit ein, bei der sie mit Scheiterknien bestraft wurde. »Das war eigentlich das Einzige, wo ich mich dran erinnern kann.«

Angesichts der ausgesuchten Brutalität dieser Bestrafungen – zumal für ein sehr kleines, möglicherweise unschuldiges Mädchen – erscheint Frau Greiners Schilderung ihrer Eltern als »sehr liebevoll« erstaunlich und legt die Vermutung nahe, dass es sich um eine Idealisierung handeln könnte. Merkwürdig ist auch Frau Greiners Formulierung, sie habe ein einziges Mal »einen Streit [?!] mitbekommen«. Der Begriff »mitbekommen« suggeriert eine derealisierte Beobachterposition, obwohl ja die Erzählerin selbst die am unmittelbarsten Betroffene dieser grausamen Bestrafung war. Dies erinnert an die von Ernst Jünger propagierte »Kommandohöhe«, von der aus der Mensch seinen Körper – ohne Schmerz noch Mitleid – als »Vorposten«[214] zu behandeln habe.

Übrigens verwendeten die Interviewten fast durchweg den Begriff »mitbekommen« in Bezug auf schmerz- oder schuldhafte Erfahrungen. Als Derealisierung könnte auch folgende Szene interpretiert werden, die vom interviewten Herrn Tanner geschildert wird:

Herr Tanner beobachtete von einem »kleinen Lustschloss« aus einen Massenmord, wiederum also von einer erhöhten Position aus. Der Interviewte sagt: »Alles schön getäfelt, das war hervorragend, und da hat man einen Blick runter gehabt – das war ja nur ebene Erde, so weit du gesehen hast –, und dann haben sie da Dings so ausgehoben, also große Gräben, und dann haben sie acht Tage lang Russen erschossen. Ich hab so im Kopf zehntausend. Auch mit Frauen, die in Uniform waren, ich hab auch Frauen gesehen, die am MG hängen. Also, einen Mann kann man noch ertragen, aber eine Frau als Soldat und hängt da erschossen an so 'nem MG oder so, das war schon ein komischer Anblick.«

Der Begriff »komisch« mutet an dieser Stelle schon sehr abstrus an. Generell fielen bei den Interviews – mit ganz wenigen Ausnahmen – die Abwesenheit von Mitgefühl sowie eine emotionale Flachheit auf. Ein erstes Indiz dafür ist, dass in den ca. 1200 Seiten Interview-Transkripten – etwa eine halbe Million Wörter – Begriffe wie Trauer, Weinen, Tränen, Schmerz, Mitleid, Empathie oder Mitgefühl so gut wie nicht vorkommen. Auch in der Art und Weise, *wie* gesprochen wird, fällt (mit einer Ausnahme) eine erstaunliche Emotions- und Mitleidlosigkeit auf: ob es um die Diskriminierung, Deportation oder Ermordung der jüdischen Mitbürger geht oder um Töten, Massenmorden, Hinrichtungen von Kameraden oder Luftangriffe.

Stählung – die von Jünger beschriebene kriegerisch-heroische Abtötung von Schmerz – ist auch Thema im Interview mit Herrn Reeb.

Karl Reeb, geb. 1909, sagt, dass er schon »von Hause aus national eingestellt« war. Sein Vater, Veteran des Ersten Weltkriegs, »brachte das Nationalbewusstsein mit nach Haus. Und unterrichtete uns auch in diesem Sinne. [...] Alles, was mit dem Weltkrieg zusammenhing, interessierte mich sehr. Bücher über den Ersten Weltkrieg habe ich verschlungen, wo ich sie fand. Es war mir wichtig, dass man den Weltkriegssoldaten nicht diffamierte, sondern in Ehren hielt. Die haben ja wirklich ihre Pflicht getan. Ernst Jünger habe ich gern gelesen.« Schon als Jugendlicher ist der Interviewte fasziniert von der »Standhaftigkeit« der deutschen Soldaten im Ersten Weltkrieg bei Verdun und von Hitlers »Durchschlagskraft«. Ihn begeisterte auch, dass der »Führer« seine Gegner stets fest in der Hand gehabt habe.

1925 tritt Karl Reeb der paramilitärischen Organisation *Werwolf* bei. »Wir marschierten ziemlich jeden Samstag raus in die Lüneburger Heide. Dort hatten wir ein Haus gebaut. Wir blieben dann über Nacht in unserem Heim und haben dann am Sonntag in der Heide Übungen gemacht. ›Vormilitärische Ausbildung‹ nannte man das später. Im Werwolf waren wir eine verschworene Gemeinschaft.«

Die Interviewerin fragt nach: »Verschworene Gemeinschaft, was ist das? Woran haben Sie das gemerkt, dass das eine verschworene Gemeinschaft war?«

Herr Reeb: »Nun, wir machten z. B. Gepäckmärsche, mit 25 Pfund Sand im Tornister.«

Interviewerin: »Oh je.«

R: »56 km. In 7 Stunden.«

I: »Und in den Rucksäcken war nur Sand?«

R: »Sand. Ein Sandsack abgewogen. 30 Pfund. Oder 25 Pfund.«

I: »Aber Sie hatten auch was zu essen dabei und zu trinken.«

R: »Ja, aber wenig. Das brauchte man auch nicht viel.«

I: »Das brauchten Sie nicht. Haben Sie Pausen gemacht?«

R: »Nein, ohne Pause.«

I: »Sie sind ohne Pause durch?«

R: »Durchmarschiert. 56 km.«

I: »Das Wichtige war, diese lange Strecke mit dem schweren Gewicht zu schaffen. Haben Sie sich dabei unterhalten untereinander mit Ihren Kameraden?«

R: »Kaum.«

I: »Es ging hauptsächlich darum, diese Strecke zu bewältigen?«

R: »Eben. Und das in dieser Zeit. In sieben Stunden.«

I: »In sieben Stunden. Das war vorgegeben, das mussten Sie schaffen?«

R: »Nein, das war nicht vorgegeben. Das hab ich mir vorgenommen.«

Dieser Ausschnitt macht deutlich, dass die beiden Gesprächspartner nicht nur verschiedenen Generationen angehören, sondern offenkundig auch verschiedenen »Welten« bzw. Bewusstseinsstrukturen: Die Interviewerin stellt sich die Aktion vor mit Pausen, Essen, Trinken und Unterhaltungen. Dies wird vom Interviewten mit der ihm eigenen verbalen Kargheit verneint: »Kaum.« 56 km in 7 Stunden zu marschieren erscheint der Interviewerin als mühselig (»Oh je«) und nur denkbar unter Zwang. Im Unterschied dazu weist Herr Reeb – durchaus mit stolzen Untertönen – darauf hin, dass er sich dieses Abhärtungsprogramm selbst vorgenommen und es auch geschafft habe. Sein selbstgesetztes Ziel war Stählung.

Das Interview verdeutlicht den Unterschied zwischen der »heroischen Welt« und der »Welt der Empfindsamkeit«, wie Ernst Jünger diese bezeichnet. Dadurch entstand in den Interviews eine Art »Clash der Kulturen«. Auf der einen Seite ist die Interviewerin, die sich den Marsch als eine Art Wanderung vorstellt, die man möglichst angenehm gestaltet, bei der es also, in den Worten Jüngers, »darauf ankommt, den Schmerz abzudrängen«[215]: Dem Durst wird durch mitgebrachte Getränke vorgebeugt, dem Hunger durch ein gemütliches Picknick, eventueller Langeweile durch Unterhaltungen.

Auf der anderen Seite der interviewte Karl Reeb, für den der Marsch »auf Stählung« abzielt. Diese Abhärtung praktiziert er in eigener Regie. Er richtet sich, noch einmal in den Worten Jüngers, das Leben so ein, »dass es jederzeit auf die Begegnung mit ihm [dem Schmerz] gerüstet ist«[216]. So präpariert sich der Interviewte für kommende Schmerzen, er nimmt quasi Nationalsozialismus und Zweiten Weltkrieg seelisch schon vorweg. Überspitzt formuliert, konnte Herr Reeb, späterer SS-Offizier, durch die Erfahrungen des Zweiten Weltkriegs kaum mehr traumatisiert werden, da er sich diese Erfahrung bereits selbst angetan hatte. Insofern ließe sich die Zeit von 1914 bis 1945 als ein einziger, 30-jähriger seelischer Kriegszustand betrachten.

1930 schließt sich Herr Reeb der SA an und beteiligt sich an Schlägereien und Saalschlachten mit Kommunisten. »Aber nach einem Jahr war mir die SA zu schlapp. Ich suchte doch etwas Festeres. Und dann kam ich zur SS. [...] Die SS war wesentlich standhafter.«
Die SS betrachtet er als Elite. Dies zeigte sich daran, »dass man sich gegen eine Übermacht durchsetzte, auch in kleineren Gruppen niemals feige war, sondern dann auch die Herausforderung annahm und sich dann doch durchsetzte«.
Um der Elite der SS anzugehören, musste man »Bewährungsleute beibringen, die einen für zuverlässig hielten und die auch bekundeten, dass man

geeignet sei. Die hatte ich aber dann auch.« Denn nicht jeder wird aufgenommen, wie der Interviewte mit Stolz betont: »War gar nicht so leicht, da reinzukommen. Man musste gewisse Voraussetzungen beibringen. Vor allen Dingen eine Standhaftigkeit.«

Herr Reeb steigt innerhalb der SS auf. Seine Einheit wird auf dem Reichsparteitag nach dem Führer benannt, das »war natürlich eine große Ehre für uns, schon der Name!« Seine militärische Ausbildung ist eine »sehr harte, aber prächtige Zeit«. Gefragt, ob er während des Krieges Angst gespürt habe, antwortet Herr Reeb: »Hab ich schon gespürt. Die vergisst man dann aber sehr schnell in solchen Situationen. Je dicker das Feuer ist, umso weniger spürt man das. Wenn man richtig drin ist, dann spürt man davon nichts mehr.«

An der Ostfront erhält Herr Reeb den Befehl, mit seiner Einheit eine bestimmte Stellung gegen die Russen zu halten. »Es war recht kalt. Es war der erste Winter. 54 Grad minus hatten wir da.«

Die Interviewerin fragt: »Was ging Ihnen da durch den Kopf?«

Herr Reeb antwortet ganz nüchtern und ohne Mitgefühl: »Durchhalten. Da musste man nur durchhalten. [...] Ich kam mit 670 Mann hinein in diese Operation und geblieben sind 35 Mann vom ganzen Regiment. Alle anderen sind draufgegangen.«

I: »Und während dieser ganzen drei Wochen, wo Sie von 670 auf 35 zusammengeschossen worden sind, haben Sie da nicht gedacht, dass das aussichtslos sein könnte?«

R:»Nein.«

I: »Das ist doch erstaunlich, oder?«

R:»Nein. Für uns gab es nur die eine Aufgabe: zu halten, und es wurde gehalten. Nach den drei Wochen wurden wir rausgezogen. Rief mich der Divisionskommandeur an, der Führer hätte mir das Ritterkreuz verliehen«.

Am 24. Februar wurde im Radio verkündet, »dass ich das Ritterkreuz bekommen hätte, da wurde gerade mein Sohn geboren«. So ist – noch Jahrzehnte später, bis zum Zeitpunkt des Interviews – das neugeborene Kind unmittelbar mit der Ritterkreuz-Verleihung seines SS-Vaters verknüpft.

Im Rückblich kritisiert der Interviewte die Art der Judenvernichtung (nicht die Vernichtung als solche), von der er damals nichts gewusst habe: »Die Führung des Dritten Reiches hätte etwas anders machen müssen. Das ist ja ganz klar. Diese Art der Judenvernichtung war zweifellos nicht richtig. Und war absolut nicht in unserem Sinne. Da man doch nicht die Schuldigen traf, sondern Unschuldige. Die Schuldigen sitzen an ganz anderen Stellen, an den Geldquellen in Amerika.«

Das Thema Standhaftigkeit wiederholt sich auch in der Beziehungsdynamik während des Interviews: Stunde und Stunde sitzen sich die beiden Gesprächspartner gegenüber, bis die Batterie des Aufnahmegeräts »schlapp machte«. Das insgesamt über siebenstündige Interview wirkt beim Hören wie eine Wiederholung des Stellungskampfes im Ersten Weltkrieg; offenbar wäre »aufhören« als Schwäche empfunden worden und wurde abgewehrt.
Nach diesem Muster erlebt Herr Reeb auch die Kriegsniederlage: Er habe mit seiner Einheit schon kurz vor Moskau gestanden, als er den Befehl zum Rückzug bekam. Er ist überzeugt: »Wenn wir nach Moskau reinmarschiert wären, wäre die Situation eine ganz andere gewesen, als sie bis dahin war. Und ich bin auch der Meinung, dass es damals gelungen wäre, die Sowjetunion zur Kapitulation zu zwingen. Wenn wir Moskau gehabt hätten.« Den Befehl zum Rückzug lastet er dem »Widerstand gegen Hitler« an.

Hier wiederholt der Interviewte die Dolchstoßlegende, und so schließt sich der Kreis zum Ersten Weltkrieg. Sein Ideal der »Standhaftigkeit« steht für Abtötung von Schmerz und Mitgefühl, für Derealisierung und Heroisierung. Mit diesen Abwehrmechanismen hatten die Veteranen des Ersten Weltkriegs ihr Trauma zu bewältigen versucht. Diese Mechanismen waren von Herrn Reeb, Angehöriger der folgenden Generation, übernommen und zum eigenen Lebenszweck gemacht worden. Er hatte die Fähigkeit bekommen, furchtbares Leiden zu ertragen wie auch zuzufügen. Dies machte ihn zum perfekten Ausführungsorgan der nationalsozialistischen Mordmaschinerie.

Kapitel 6: Abhängigkeit[217]

Herr Dr. Kurt Friedrich wurde bereits vorgestellt (vgl. S. 59 f.), das Interview mit ihm soll hier unter einem anderen Blickwinkel nochmals angeschaut werden.

Herr Friedrich berichtet von seiner Begeisterung, als Hitler Reichskanzler wurde. Man merkte, »dass jetzt eine neue, bessere Zeit beginnt, es geht vorwärts und aufwärts«. Seine Ausbildung als Kampfflieger erlebt er als wunderbare, phantastische Zeit. Hitlers intensiver Blick in seine Augen ist ihm unvergesslich. Herr Friedrich ist »unentwegt begeistert«: von den außenpolitischen Erfolgen Hitlers, vom Fliegen, von den neu entwickelten Flugzeugen. »Alles war in Bewegung und im Aufbau und, und, und, und – überall irgendwie große Begeisterung.« Von den Novemberpogromen 1938 hat er »überhaupt nichts mitgekriegt«. Die Dinge »außerhalb« haben ihn auch kaum interessiert.
»Dass viele Leute dagegen waren und auch schon in Konzentrationslager kamen, das hat man teilweise zur Kenntnis genommen und hat sich gesagt: ›Das muss wohl so sein. Wenn Leute gegen diese neue Entwicklung sind, dann müssen sie wahrscheinlich aus dem Verkehr gezogen werden.‹ Wir haben das für notwendig gehalten, um diese neue Entwicklung nicht zu stören.«
Die Zeit bis zum Kriegsbeginn ist für Kurt Friedrich »herrlich«. Zwischen den Übungsflügen, bei denen viele Kameraden ums Leben kommen, macht er Segeltouren und besucht Hamburg. Im Sommer 1939 bekommt seine Einheit die »wunderbare neue Messerschmidt 109, die beste Jagdmaschine, nach allerneuesten Erkenntnissen gebaut«. Drei Tage vor Kriegsbeginn wird die Mobilmachung befohlen, und zugleich wird er zum Oberleutnant befördert, für ihn »zwei fast unglaubliche Ereignisse«.
Während des Kriegs kommen ihm »Zweifel«, allerdings erst 1942 oder 1943, als er merkt, dass es mit dem Nachschub hapert. Aber er vertraut dennoch »unserer Führung, weil sie schon so viel fertiggebracht hat«. Seine Begeisterung ist groß, und es kommen »nie echte Zweifel auf, dass das schiefgehen könnte«. Als ein desertierter Kamerad zum Tode verurteilt und hingerichtet wird, geht Herr Friedrich zur Erschießung: »Das will ich auch mit ansehen. Warum dieser Mann abgehauen ist, hab ich nie richtig mitgekriegt. Wahrscheinlich war es ihm zu langweilig.« Nach der Invasion der Alliierten in

der Normandie und dem fluchtartigen Rückzug aus Frankreich sagt »man« sich vorübergehend, das sei das Ende. Aber »man« beruhigt sich wieder, »das könne nicht das Ende sein. Das Vertrauen in unsere Führung ist so groß, dass wir glauben, dass da irgendwie noch was passiert.« Zu dieser Zeit kommen Gerüchte über die Wunderwaffe auf. Beim Abschuss der V-Waffen nach London geht »ein Aufatmen durch ganz Deutschland, das sei die Wende im Krieg«. Aber nach 10 Tagen stellt »man« fest, dass das doch nicht die Wende war. Dann gibt es neue Gerüchte, und mit der V2 kommt neue Hoffnung auf.

Als der Rückzug ihn wieder nach Deutschland zurückbringt, notiert Herr Friedrich in sein Tagebuch: Wenn der Krieg verlorengeht und die Soldaten durch »Lug und Trug bei der Stange« gehalten wurden, dann seien sie »dem größten Verbrecher« aufgesessen. Die deutschen Soldaten seien »mit den Hinweisen auf den Endsieg belogen und betrogen worden«.

Herr Friedrich beschreibt sein Erleben der Zeit nach Kriegsende mit den Worten: »Brett vor dem Kopf. Die Lage war absolut hoffnungslos. Ich war der Meinung, dass das Leben, also ich will nicht sagen: keinen Sinn mehr hätte, aber großes Fragezeichen, wie es weitergehen würde. Und es hat lange gedauert, bis ich auch nur daran gedacht hab, einen Beruf zu ergreifen. Ich war völlig ohne Drive, ohne Schwung, völlig niedergeschlagen.«

Herr Dr. Friedrich schildert das »Dritte Reich« als eine geradezu rauschhafte Zeit, er verwendet den Begriff »begeistert« nicht weniger als 19-mal im Interview. Das Unrecht an jüdischen und nicht-konformen Mitbürgerinnen und Mitbürgern wurde dabei ausgeblendet bzw. als gerechtfertigt betrachtet: Wer sich dieser begeisternden »Entwicklung« in den Weg stellt, müsse halt aus dem Verkehr gezogen werden. Sein ganzes Leben war auf das »Dritte Reich« ausgerichtet. Ohne Mitleid beobachtete er die Hinrichtung eines desertierten Kameraden, über dessen Motive der Interviewte zum Zeitpunkt des Interviews immer noch rätselt: »Wahrscheinlich war es ihm zu langweilig.«

Moralische Zweifel am Nationalsozialismus hatte der Interviewte zu keinem Zeitpunkt. Zwar kamen ihm gewisse »Zweifel«, als der Nachschub ins Stocken geriet. Aber diese Zweifel beziehen sich nicht auf die moralische Berechtigung von Nationalsozialismus und Krieg, sondern nur auf dessen Erfolgsaussichten: auf die Sorge, »dass das schiefgehen könnte«. Herr Dr. Friedrich bezeichnet Hitler dann zwar als »größten Verbrecher«, aber nicht etwa wegen der millionenfachen Morde und Kriegsverbrechen, sondern weil Hitler die deutschen Soldaten mit Versprechungen in Bezug auf den Endsieg über die drohende Kriegsniederlage belogen habe.

Wie Herr Dr. Friedrich, so schildern auch viele andere Interviewte das »Dritte Reich« als berauschende, begeisternde Zeit: »Da war schon schwer was los«, »Man war begeistert«, »Er [Hitler] hat viele Menschen glücklich gemacht.« Ihre Sprechweise wird lebendig und kraftvoll, wenn sie vom »Dritten Reich« sprechen; manche Augenpaare beginnen zu leuchten (auch wenn wenige Minuten zuvor Hitler noch als Verbrecher bezeichnet wurde). Es ist, wie wenn Bundesrepublik und Nationalsozialismus als zwei unterschiedliche seelische Aggregatzustände erlebt würden. Als rauschhaft schildert etwa Josef Acker, wie schon zitiert (vgl. S. 107 f.), das nächtliche Marschieren mit seiner SS-Einheit durch die Gassen Nürnbergs: »Das war, als wenn ich Rauschmittel genommen hätte. [...] Und dieser Gleichschritt auf der Straße, das dröhnte, und wenn die Menschen aus dem Fenster guckten – wer kommt da und wer marschiert, wer singt da? –, war ich begeistert.«

Auch Wilhelm Plessner beschreibt, wie schon zitiert (vgl. S. 111), den Reichsparteitag in Nürnberg 1935 als einen orgiastischen Rausch: Hitler »fuhr im Auto vorbei in langsamem Schritt im Mercedes und hat jedem in die Augen geblickt. Und diesen Blick, der BDM-Führerinnen zu enthusiasmierten Schreien hinriss, ich hab das alles ... Ich seh das vor meinem Auge wie heute, die Tränen ... Wie sie ihn mit tränenden Augen wie einen Messias begrüßten, mit Heil, unendlichen Heil-Rufen. Es war ein Aufschrei, als ob ein Messias, ein Erlöser auf die Welt gekommen wäre.«

Der Begriff Rausch wird auch von dem folgenden Interviewten besonders betont:

Hans Schulte, 1923 bei Wien geboren, ist ein großer, rüstiger und humorvoller Mann. Er erinnert sich an die rauschhafte Begeisterung während des »Dritten Reiches«, die bis 1943 andauerte: »Wir waren nur im Rausch der Sondermeldungen, Fanfarenklänge von Franz Liszt und Sondermeldungen.« Auch seine Mutter war berauscht: »Wenn sie eine Sondermeldung gehört hat, war sie begeistert, wenn es hieß, es sind wieder 200 000 Bruttoregistertonnen versenkt worden. Da war niemand, der gesagt hat, da sind 20 oder 30 Engländer mit untergegangen. Rausch, das ist das richtige Wort. Man war immer in dem Rausch, der hat alles möglich gemacht. Und es war immer ›die gute Sache‹. Vor sich selbst hat man immer ein gutes Gewissen gehabt, das war immer ›die gute Sache‹ der Deutschen.«

In den Interviews wird deutlich, dass rauschhafte Begeisterung eine große Rolle spielte, um die Anhänger emotional an das »Dritte Reich« zu binden.

Nationalsozialismus als Rausch?

In der fach- und populärwissenschaftlichen Literatur wird der Nationalsozialismus häufig als Rausch charakterisiert, so etwa von C. G. Jung, Franz Neumann, Thomas Mann, Karl Jaspers, Iring Fetscher, Klaus Vondung, Rüdiger Safranski, Sebastian Haffner, Saul Friedländer, Michael Burleigh und vielen anderen.[218] Trotz der Popularität dieser These wurde der Zusammenhang zwischen Nationalsozialismus und Rausch bisher kaum wissenschaftlich erforscht.[219] Dies lag daran, dass in den bisherigen Ansätzen zur Erforschung von Diktaturen das Augenmerk stark auf dem Aspekt der Unterwerfung, Kontrolle und Disziplinierung der Bevölkerung sowie auf dem rationalen Handeln der Individuen lag. Wie Klimo und Rolf zusammenfassen, wurde durch diese Sichtweise die Tatsache vernachlässigt, dass Menschen – zumal im Politischen – nicht immer rational handeln. Vielmehr gibt es Momente des Irrationalen, der Grenzerfahrung und Grenzüberschreitung, die politisch wirksam werden können. Viele Diktaturen beruhen nicht nur auf der Unterdrückung ihrer Bürgerinnen und Bürger. Vielmehr gewinnen sie deren Loyalität auch dadurch, dass sie die Menschen emotional an sich zu binden vermögen. Diese Emotionalisierung von Politik und Herrschaft geht mit Bewusstseinsveränderungen einher,[220] wie in den Kapiteln 1 und 2 bereits ausgeführt wurde.

Der Soziologe, Psychoanalytiker und Psychiater Georg Bruns charakterisiert Rausch als eine Veränderung des Wachbewusstseins, bei dem die sonstigen Grenzen und Unterschiede zwischen dem Ich und der Mitwelt wie aufgehoben sind. Darüber hinaus ist die Aufmerksamkeit verengt. Die körperlichen Grenzen von Schmerz und Erschöpfung werden vergessen. Es stellt sich ein Gefühl mystischer Beseelung ein, die so weit gehen kann, dass man sich eine Aufgabe stellt, bei der sogar die Angst vor dem Tod überwunden wird. Die sonst geltenden sittlichen und rechtlichen Empfindungen werden vergessen bzw. übergangen.[221] Diese Phänomene korrespondieren mit den Mechanismen der Trauma-Abwehr, die im vorigen Kapitel am Beispiel eines Soldaten des Ersten Weltkriegs dargestellt wurden: Derealisierung, Abschalten von Schmerz, Heroisierung und Idealisierung. Auch das Phänomen der Verengung der Aufmerksamkeit, das in Kapitel 2 über hypnotische Trance beschrieben wurde, begegnet uns hier wieder.

Ich schlage vor, über den Erklärungsansatz des Rausches hinaus noch einen Schritt weiterzugehen. Denn ein Rausch ist zunächst nur ein Rausch, zwei Räusche sind zwei Räusche usw. Jeder Rausch ist immer nur ein zeitlich befristeter Zustand. Über die je *kurzfristigen* Wirkungen einzelner Rauschzustände hinausgehend, erscheint es mir wesentlich, deren *langfristige* Folgen in den Blick zu nehmen: Viele Räusche erzeugen Sucht bzw. Abhängigkeit.

Krieg und Abhängigkeit

Um den Zusammenhang zwischen Krieg und Abhängigkeit (und deren transgenerationale Weitergabe) verständlich zu machen, möchte ich noch einmal zum Ersten Weltkrieg zurückgehen. Stellen wir uns noch einmal einen Frontsoldaten vor, der, idealerweise, vor Kriegsbeginn gesund und psychisch stabil ist, ohne seelische Vorbelastungen durch Missbrauchserfahrungen oder traumatisierte Eltern. An der Front wird er mit großer Wahrscheinlichkeit traumatisiert, sein Körper wird viele Monate lang mit Endorphinen und anderen Stoffen durchflutet. Diese Stoffe sind dafür verantwortlich, dass Kampferfahrungen oft in rauschhafter Weise erlebt werden, wie es auch der Begriff »Blutrausch« zum Ausdruck bringt. Als rauschhaft wird schon in der *Ilias* der Kampf des Achill gegen Hektor beschrieben. Ähnlich berichten US-amerikanische Veteranen des Vietnamkriegs über »rauschhafte Zustände tödlicher Gewaltausübung«, in denen sie »nicht mehr zwischen Soldaten und Zivilisten, Männern und Frauen, Erwachsenen und Kindern«[222] unterschieden. Der Frontsoldat wird von rauschverursachenden Stoffen durchströmt, und so besteht eine nicht geringe Wahrscheinlichkeit, dass er von dieser körpereigenen Droge abhängig wird.

Endorphine haben im Grunde eine lebenserhaltende Schutzfunktion. Sie werden in lebensbedrohlichen Situationen ausgeschüttet, um diese zu bewältigen, Schmerzen zu ertragen, Gegner anzugreifen oder zu flüchten. Ihre Ausschüttung kann auch herbeigeführt werden, indem man den Körper in Situationen bringt, in denen er sich existenziell bedroht fühlt, etwa durch extreme sportliche Betätigungen oder beim Bungee-Springen. Der dabei auftretende »Kick« wird durch die Endorphine verursacht. Diese sind chemisch mit den Morphinen verwandt; sie verändern das Bewusstsein, das Erleben und die Gefühle der Betroffenen.

Endorphine sind, so Gottfried Fischer und Peter Riedesser im *Lehrbuch der Psychotraumatologie*, »körpereigene opiumartig wirkende Peptidstoffe, die in emotionalen Belastungssituationen und bei Schmerzen aus der Hypophyse in den Blutkreislauf abgegeben werden und schmerzunterdrückend wirken«[223]. Dauerhafte traumatische Belastung führt zu dauerhaft erhöhtem Endorphin-Spiegel, der in Zusammenhang gebracht wird mit posttraumatischer Belastungsstörung und damit einhergehenden Symptomen wie z. B. Benommenheit und emotionaler Abstumpfung (»numbing«). Zwischen seelischen Schmerzen und körperlichen Schmerzen muss hier nicht unterschieden werden, da sie vom Gehirn in gleicher Weise verarbeitet werden[224] und beide von Drogen (wie z. B. auch Cannabis) gedämpft werden können.

Die Suchtforschung unterscheidet zwischen stoffgebundenen und stoffungebundenen Suchtmitteln:

- Zu den *stoffgebundenen* Suchtmitteln zählen Alkohol, Morphine und Opioide (wie z. B. Heroin), Stimulantien (wie Koffein, Amphetamine), Halluzinogene (z. B. LSD), Kokain, Tabak u. a.
- Rauschähnliche Zustände können aber auch durch Stoffe hervorgerufen werden, die im Körper hergestellt werden: Endorphine. Abhängigkeit kann auch ohne Rausch-Erfahrungen entstehen und ohne dass bestimmte Suchtmittel eingenommen werden. Letztendlich kann (muss aber nicht) jede Form menschlichen Verhaltens süchtig machen, etwa Glücksspiel, aber auch Geld, Macht, Prestige, Arbeit, Geschwindigkeit, Gewalt oder Gruppenerfahrungen. So weit die *stoffungebundenen* Suchtmittel.

Der Frontsoldat ist, neben den Endorphinen, auch weiteren bewusstseinsverändernden Suchtmitteln ausgesetzt wie Kaffee, Nikotin und Alkohol, mit denen die Soldaten ja auch versorgt wurden, um die grauenhaften Erfahrungen überhaupt durchzustehen. Hinzu kommen die Auswirkungen von Schlafmangel und gruppendynamische Faktoren an der Front: Die Kriegserfahrung findet ja weitgehend kollektiv, im Kreis der Mit-Soldaten, statt (von den Beteiligten mit dem Begriff der »Kameradschaft« zusammengefasst).

Zusätzlich besteht die nicht geringe Gefahr, dass die Soldaten von anderen Drogen abhängig gemacht werden:

- etwa von Kokain, das zum Wach-Bleiben massenhaft verabreicht wird, z. B. an Jagdflieger wie Hermann Göring, der dadurch kokainabhängig wurde;
- oder von Morphin, wenn Soldaten verwundet und im Lazarett behandelt werden: Dem Apotheker Friedrich Wilhelm Sertürner war es 1806 gelungen, aus Opium Morphin zu isolieren. Seit der zweiten Hälfte des 19. Jahrhunderts wurden die Schmerzen verwundeter Soldaten mit Morphin-Injektionen gestillt. Oft wurde sorglos weitergespritzt, auch wenn die Schmerzen vorbei waren.[225] Dies führte häufig zu einer Morphin-Abhängigkeit, die allgemein als »Soldaten-Kankheit« bekannt war und nach Kriegsende in die Heimat getragen wurde. Die große Bedeutung des Morphins für die Bewältigung des Leidens von Soldaten und Veteranen lässt sich an den zahlreichen Straßenbenennungen, Denkmälern sowie Gedenkfeiern und -tafeln zu Ehren Sertürners nach dem Ersten Weltkrieg und vermehrt während des Nationalsozialismus erahnen.[226]

Die beschriebenen Wirkungen werden noch potenziert, wenn der junge Frontsoldat schon vor seinem Kriegseinsatz ein schwaches Ich hat oder transgenerationale Vorbelastungen durch traumatisierte oder abhängige Eltern mitbringt. Sucht ist eine häufige Folgewirkung von Krieg. So wird z. B. geschätzt, dass etwa ein Drittel aller US-amerikanischen Soldaten durch den Vietnam-Krieg heroinabhängig wurde. Eine ähnliche Wirkung dürfte auch der Erste Weltkrieg gehabt haben, wobei die Suchtdynamik der Kriegsveteranen transgenerational an die Kinder weitervermittelt wurde (damit soll nicht behauptet werden, dass die Suchtdynamik der deutschen Gesellschaft ausschließlich auf den Krieg zurückzuführen sei).

Die Begriffe Sucht bzw. Abhängigkeit werden meistens synonym verwendet. Die WHO definierte 1965 »Abhängigkeit« als das »unwiderstehliche Verlangen nach einer weiteren Einnahme der Substanz, um Lust zu erzeugen oder Missbehagen zu vermeiden«. Abhängigkeit bedeutet ein unabweisbares Verlangen nach einem bestimmten Gefühls-, Erlebens- und Bewusstseinszustand. Abhängigkeit ist u. a. gekennzeichnet durch das Entzugssyndrom, d. h. Symptome, die nach längerem Gebrauch von Substanzen und nachfolgendem Absetzen auftreten. Die Betroffenen haben über den Konsum des Suchtmittels keine Kontrolle, sie können nicht damit aufhören. Der ganze Lebensstil ist auf den Konsum hin ausgerichtet. Dabei werden familiäre, soziale und berufliche Interessen und moralische

Werte vernachlässigt. Wider besseres Wissen und Gewissen wird der Konsum fortgesetzt, in destruktiver und selbstdestruktiver Weise, auf Kosten der eigenen Werte, Gesundheit oder des eigenen Lebens. Aus der Suchtforschung ist bekannt, dass Kinder von Abhängigen stark gefährdet sind, ihrerseits abhängig zu werden. Und dass Abhängige von einem Suchtmittel auf andere umsteigen können.

Im Ersten Weltkrieg war Deutschland mit 13 Millionen Soldaten beteiligt, und auch wenn nicht jeder dieser Soldaten an der Front war, kehrte mit den 11 Millionen überlebenden Veteranen ein großes Potenzial an Traumatisierung und Abhängigkeit nach Deutschland zurück. Welche Auswirkungen hatte dies auf die deutsche Gesellschaft und ihre Politik?

Der heimkehrende Frontsoldat erlebt den Versailler Vertrag, die Entwaffnung und Verschuldung Deutschlands, Geld-Entwertung, Armut, Arbeitslosigkeit und die dafür verantwortlich gemachte Weimarer Demokratie als unerträgliche Beschämung. Um diesen schmerzhaften Erfahrungen, dem gleichzeitigen Endorphin-Entzug und der drohenden Dekompensation zu entgehen, bieten sich ihm insbesondere folgende zwei Möglichkeiten: Weiterkämpfen oder Umsteigen auf ein anderes Suchtmittel.

Die Möglichkeit zum Weiterkämpfen boten Freikorps-Verbände (die in Deutschland, Polen und im Baltikum kämpften), militaristische Organisationen wie der »Werwolf« sowie rechtsextremistische Parteien. Paramilitärische Trainings, Aufmärsche, Straßenkämpfe und Saalschlachten gegen die verhassten Kommunisten brachten den Beteiligten die endorphine Lebendigkeit und Kameradschaftserlebnisse aus Kriegszeiten zurück.

Die Alternative bestand darin, auf andere Suchtmittel umzusteigen – wie etwa Tabak, Alkohol, aber auch Morphin, Heroin und Kokain, deren Gebrauch sich nach dem Ende des Ersten Weltkriegs stark ausbreitete. Insbesondere der Konsum der Modedroge Kokain nahm explosionsartig zu. Ihr Konsum war nicht kriminalisiert, und die Polizei griff kaum ein. Daher wurde öffentlich und in Gesellschaft geschnupft: von Nachtarbeitern (zur Bekämpfung der Müdigkeit), aber auch in Oberschicht, Halbweltkreisen, unter Sportlern, Künstlern, Intellektuellen. Auffällig an dieser Drogenwelle waren das Eindringen der Sucht in alle, vor allem in untere Bevölkerungsschichten und der große Anteil der 20- bis 40-jährigen Männer, d. h. der Altersgruppe der Kriegsveteranen.

Kokain war erschwinglich und leicht zugänglich. Es wurde von Kleinhändlern, Kellnern, Toilettenfrauen, Portieren usw. verkauft; in vielen

Lokalen stand die Kokaindose auf dem Tisch. Diese Drogenwelle trug wesentlich dazu bei, dass – trotz Kriegsniederlage, Versailler Vertrag, Inflation und Wirtschaftskrise – die 20er Jahre als »goldene« Jahre bezeichnet werden. Morphinismus und Kokainismus nahmen in der Nachkriegszeit so stark zu, dass sie nach Ansicht damaliger Ärzte »ein großes gesundheitspolitisches Problem«[227] darstellten.

Die Versorgung mit »Stoff« war schon dadurch gewährleistet, dass Deutschland mit Firmen wie Boehringer, Merck, Bayer, Riedel, Schering und anderen der weltweit führende Drogenproduzent war. Produktionszahlen sind nur lückenhaft zu ermitteln; vorsichtig geschätzt wurden zwischen 1925 und 1930 weltweit etwa 228 Tonnen Morphin hergestellt, davon 91 Tonnen in Deutschland, d. h. ca. 40 % der Weltproduktion. Die deutsche Morphin-Produktion verzehnfachte sich von den Kriegsjahren bis zum Jahr 1929. Auch die deutsche Kokain-Produktion stieg von den Kriegsjahren bis 1925 um mehr als das Zehnfache. In den Jahren 1925 bis 1931 wurde in Deutschland mehr Kokain produziert als in allen anderen Staaten der Welt zusammen. Die Heroin-Produktion stieg von 378 kg im Jahr 1914 auf den Höchststand von 5084 kg im Jahr 1923. Zur Veranschaulichung: Die deutsche Jahresproduktion von 1923 entspricht umgerechnet über einer Milliarde Einzeldosen.[228]

Auch wenn große Teile dieser Produktion exportiert wurden, blieb genügend »Stoff« innerhalb Deutschlands und schuf eine Drogenwelle, die ihren Höhepunkt Mitte bis Ende der 20er Jahre erreichte und dann abfiel. Als Erklärung für diesen Rückgang können folgende drei Entwicklungen angeführt werden:

- die relative Stabilisierung der politischen und wirtschaftlichen Verhältnisse der Weimarer Republik,
- die verschärfte juristische und polizeiliche Bekämpfung (Deutsches Opiumgesetz 1929, Verordnung über das Verschreiben von Betäubungsmitteln 1930),
- die Dogenpolitik des Nationalsozialismus. Dieser betrachtete die »Giftsucht« als Zeichen von »völkischer Dekadenz« und »jüdischer Zersetzung«, als eine »im Interesse des Volksganzen auszumerzende Minderwertigkeit«.[229] Mit den NS-Gesetzen zur Verhütung erbkranken Nachwuchses wurden schon 1933 Zwangssterilisationen bei Diagnosen wie Alkoholismus und Rauschgiftsucht eingeführt. Alkohol- oder Opiatabhängige wurden damit in gefährliche Nähe zur Nazi-Kategorie des »unwerten Lebens« und zur Vernichtung gerückt.[230] Es wird

geschätzt, dass im Nationalsozialismus etwa 50000 Alkoholiker und »Rauschgiftsüchtige« ermordet wurden.

Die genannten Entwicklungen erklären wohl den Rückgang des *Konsums* der Suchtmittel Morphin, Kokain und Heroin – dies darf aber nicht verwechselt werden mit einem Rückgang von *Abhängigkeit*. Denn durch obrigkeitsstaatliche Sanktionen und Verfolgung dürfte noch kein Suchtkranker geheilt worden sein. Daher ist das Thema Abhängigkeit mit dem Nationalsozialismus keineswegs zu Ende; aus folgenden drei Gründen:

1. *Die Suchtstruktur von Nationalsozialisten*

   Führende Nazis wie Hermann Göring oder Adolf Hitler selbst hatten eine Suchtstruktur; in seinen Wiener Jahren war Hitler stark nikotinabhängig. Bis 1934 verdiente die SA viel Geld mit Zigarettenmarken wie *Trommler*, *Alarm* oder *Sturm;* dann aber wurde Rauchen zum Laster »minderwertiger Rassen« erklärt. Die Nazi-Propaganda erzeugte das Bild vom – auch sexuell – asketischen Hitler: »Unser Führer trinkt keinen Alkohol und raucht nicht.« Mit der Inbrunst des Bekehrten (wie sie bei trockenen Alkoholikern oft zu beobachten ist) rief Hitler schon vor dem Krieg dazu auf, die Menschheit von einem ihrer gefährlichsten Gifte zu befreien.[231] Den Alkohol verurteilte Hitler als »Völkerfeind«.[232]

   Es wird jedoch vermutet, dass Hitler selbst von den Medikamenten abhängig war, die ihm sein – wohl drogenabhängiger – Arzt Dr. Morell in großen Mengen gespritzt bzw. verabreicht haben soll: pervitin- und kokainhaltige Mittel, Kügelchen mit Extrakten der Tollkirsche und anderes.

   Dass auch andere Nazis ein Suchtproblem hatten, zeigte sich z. B. auf dem Parteitag 1933, der in einer »alkoholdurchtränkten Orgie«[233] endete. Daraufhin stand der folgende Parteitag unter dem Motto: »Ein Nationalsozialist betrinkt sich nicht.« Alkohol spielte auch eine große Rolle bei Nazi-Verbrechen. So wurden nach Mordaktionen die Täter häufig mit Alkohol zufriedengestellt. Nach Christopher Browning war es nicht ungewöhnlich, dass z. B. beim Reservebataillon 101 die Alkoholabhängigkeit zunahm. So sagte etwa ein beteiligter Polizist später aus, dass »die meisten der anderen Kameraden lediglich auf Grund der vielen Judenerschießungen so viel getrunken haben, da ein derartiges Leben nüchtern gar nicht zu ertragen war«[234].

2. *Die Nazi-Droge*
   Das Thema Sucht ist mit dem Nationalsozialismus aus einem weiteren Grund nicht beendet: Zwar wurde 1933 das Opiumgesetz verschärft. Zugleich wurden jedoch im Nationalsozialismus neue Drogen erforscht und an KZ-Häftlingen erprobt. Darunter 1938 Pervitin, ein Amphetamin, Wachmacher, heute bekannt als Speed.[235] Pervitin wurde zur neuen »Super-Droge«[236] des Dritten Reiches und im Zweiten Weltkrieg. Es war frei verkäuflich und erhältlich. Entgegen allen Beschwörungen der Volksgesundheit wurde dem Volk der Konsum von Pervitin geradezu aufgedrängt. So erteilte das Oberkommando der Wehrmacht die Weisung: *»Die Lage zwingt dazu, jeden waffenfähigen Mann zum Kampfeinsatz zu bringen. [...] Die wachhaltende Wirkung entsprechender Mittel [ist] nicht nur für die Durchführung des Kampfauftrages notwendig, sondern auch für die glückliche Rückkehr des Soldaten dringend notwendig.«*[237]
   Der rücksichtslose Einsatz von Pervitin wurde vereinzelt sogar von deutschen Wehrmedizinern kritisiert. Wie der Soziologe Wolf-Reinhard Kemper berichtet, kam Pervitin 1944, trotz aller Warnungen, immer noch zum Einsatz – an allen Fronten sowie in der Rüstungsindustrie, die in diesem Jahr den Höchststand ihrer Produktion erreichte. Die Folgen des Konsums waren unübersehbar: »Die Soldaten und Arbeiter brauchen immer längere Regenerationszeiten, um die Leistungsphasen unter Metamphetamin zu verkraften.«[238]
3. *Die Droge Nationalsozialismus*
   Der zentrale Grund, weshalb das Thema Sucht mit dem Nationalsozialismus nicht erledigt ist, ist nach meiner These: Das Dritte Reich selbst war ein Suchtmittel. Wie die Auswertung der Interviews zeigt, vermochte der Nationalsozialismus die verbreitete Suchtdynamik der Weimarer Zeit auf sich zu lenken und mit dem stoffungebundenen Suchtmittel »Drittes Reich« und Adolf Hitler zu beantworten. Die Bindung zwischen dem Nationalsozialismus und seinen Anhängern hatte demnach den Charakter einer Abhängigkeit.
   So hatte der eingangs zitierte Dr. Kurt Friedrich das »Dritte Reich« als begeisternde, rauschhafte Zeit geschildert. Wiederholte Rauschzustände können jedoch Abhängigkeit bewirken – und Abhängigkeit erzeugt wiederum das Begehren nach erneuten Rauscherfahrungen und damit eine abhängige Loyalität zum Suchtmittel, hier: zu Adolf Hitler und dem »Dritten Reich«. Diese Suchtdynamik ermöglichte es

dem NS-Regime, seine Anhänger auch in kritischen Phasen des Krieges »bei der Stange zu halten« (so die Worte des Interviewten) – wider besseres Wissen und Gewissen, in destruktiver und selbstdestruktiver Weise, auf Kosten der eigenen Werte, Gesundheit oder des eigenen Lebens. Der ganze Lebensstil war auf den Konsum des Suchtmittels hin ausgerichtet. Wobei es im Falle des interviewten Herrn Dr. Friedrich gar nicht notwendig war, seine berufliche Interessen dafür zu vernachlässigen: Die Abhängigkeit vom »Dritten Reich« ging ja mit einer steilen Karriere im NS-Staat einher.

Die starke Fokussierung der NS-Anhänger auf das Suchtmittel Hitler und »Drittes Reich« zeigte sich auch in der Formulierung des interviewten Wilhelm Plessner: »Es gab nichts anderes und deshalb war das der große Eindruck.«

Entzugssyndrom

Gemäß der Psycho-Logik von Sucht schildern viele Interviewte ihre Erfahrung der Zeit nach Kriegsende mit denselben Begriffen, mit denen Abhängige ihren Entzug beschreiben. So schildert etwa Dr. Kurt Friedrich sein Lebensgefühl nach Kriegsende durch Worte wie »völlig ohne Drive, ohne Schwung, völlig niedergeschlagen, Brett vor'm Kopf, absolut hoffnungslos«. Im Interview gab es keinen erkennbaren Hinweis darauf, dass sich dieses Gefühl auf den Verlust nahestehender Menschen beziehen könnte. Auch nicht auf seine Einsicht, durch seine Beteiligung an Nationalsozialismus und Krieg Schuld auf sich geladen zu haben; im Gegenteil: Der Interviewte gibt vehement zu verstehen, dass er »nichts zu bereuen« habe, »völlig ausgeschlossen, nein«.

Andere Interviewte sprechen von einem »schwarzen Loch«, das sie nach der militärischen Niederlage des »Dritten Reiches« erlebten: »Wir waren auf dem totalen Nullpunkt. Man fiel in eine Art Loch.« »1945 fiel ich in ein schwarzes Loch.« »Ich habe erst nach dem Krieg wirklich ein schlimmes Leben gehabt. Da bin ich in so ein tiefes Loch gefallen.« Wie ein Entzug hört sich auch folgende Äußerung von Hitlers Sekretärin, Traudl Junge, an: Auf die Nachricht von Hitlers Tod saßen im Bunker »alle rum, trinkend und rauchend [...]. Die Menschen, die da rumhingen, waren plötzlich wie schlaffe Marionetten, die der Spieler losgelassen hat. Wir hatten alle kein Eigenleben. Wir hatten alle das Gift in der Tasche, aber sonst gar nichts. Ich wusste wirklich nicht, was der nächste Schritt sein sollte.«[239] Das Suchtmittel – Adolf Hitler und das »Dritte Reich« – war plötzlich weg; vergleichbar mit einer Flasche, die plötzlich leer ist (»Stunde Null«). Es droht der Entzug.

Magda Goebbels gab kurz vor ihrem Mord an ihren Kindern und dem gemeinsamen Selbstmord mit ihrem Mann folgende Begründung:

»Unsere herrliche Idee geht zugrunde, mit ihr alles, was ich Schönes, Bewundernswertes, Edles und Gutes in meinem Leben gekannt habe. Die Welt, die nach dem Führer und dem Nationalsozialismus kommt, ist nicht wert, darin zu leben, und deshalb habe ich die Kinder hierher mitgenommen. Sie sind zu schade für das nach uns kommende Leben, und ein gnädiger Gott wird mich verstehen, wenn ich selbst ihnen die Erlösung geben werde.«[240]

Emotionale Abhängigkeit

Wie im Zusammenhang mit den stoffungebundenen Suchtmitteln aufgezeigt wurde (vgl. S. 151), kann Abhängigkeit auch ohne Rausch-Erfahrungen entstehen und ohne dass bestimmte Suchtmittel eingenommen werden. Letztendlich kann (muss aber nicht) jede Form menschlichen Verhaltens süchtig machen, wie beispielsweise Arbeit, Macht, Erfolg, Prestige, Geschwindigkeit oder Gewalt. Emotionale Abhängigkeit kann dadurch geschaffen werden, dass die narzisstischen Defizite von Menschen (vgl. Kapitel 4) instrumentalisiert werden. Nach diesem Prinzip funktionieren beispielsweise Sekten;[241] die narzisstische Bedürftigkeit der Sektenmitglieder wird durch einen idealisierten »Guru« kompensiert, zu dem ein Abhängigkeitsverhältnis entsteht. Emotionale Abhängigkeit kann auch durch die psychosoziale Dynamik von Gruppen erzeugt werden.

Kleingruppendynamik

Aus der Erforschung der Dynamik von Kleingruppen sind die Phänomene der Gruppeneuphorie, des Hochgefühls und der Bezauberung bekannt. Letztere hängt auch, so Wolfgang Schmidbauer, »damit zusammen, dass die vielen, zunächst als kritisch, abweisend, ja böse erlebten Blicke, denen der einzelne in der Gruppe ausgesetzt ist [insbesondere in der Anfangsphase, S. M.], nun auch als bestätigend, als nährend erlebt werden – als eine intensive Wiederholung jenes ›Funkens im Auge der Mutter‹, welcher das Kind in seinem Selbstgefühl bestätigen oder dessen Fehlen es narzisstisch entleeren kann.«[242] Gruppen können Gefühle der Ekstase hervorrufen, etwa wenn Gruppenmitglieder regredieren und dabei eine ähnliche Verschmelzung erleben wie in der Kindheit, was mit einer Verengung des Bewusstseins einhergeht.

Wie Wilfried Bion zeigte, verfallen Erwachsene in Gruppen oft Mechanismen, die typisch sind für die frühesten Phasen der psychischen Entwicklung (Regression).[243] Das Ich verschmilzt mit dem Wir der Gruppe, das als ein einziges, vielgesichtiges Wesen erlebt wird, an dem der Einzelne Anteil hat.

Mit der Regression werden Hoffnungen auf ein Paradies oder Utopia, eine »neue Zeit« oder ein »neues Leben«[244] lebendig. Die Regression in Gruppen geht einher mit einer grundlegenden *Abhängigkeit* gegenüber der Leiterin oder dem Leiter, in die sich die Gruppenmitglieder nach dem Muster der Eltern-Kind-Beziehung begeben. Der Leiter wird projektiv mit übermächtigen, magisch-charismatischen Fähigkeiten ausgestattet; von ihm erwartet die Gruppe Schutz, Sicherheit und eine mühelose Lösung aller Schwierigkeiten. Die Abhängigkeit zeigt sich auch im Nicht-aufhören-Können: im Widerstand gegen den Entzug, d. h. die ent-täuschende Einsicht in die Tatsache, dass die Euphorie nur ein Rausch war und der Leiter mit übertriebenen Erwartungen idealisiert worden war.[245]

Bei der Gruppendynamik ist zu beachten, dass es durchaus auch möglich ist, Kleingruppen in einer Weise zu leiten, welche die Mitglieder nicht in Regression und Abhängigkeit drängt. Solche Methoden, die es den Mitgliedern erlauben, in der Gruppe und zugleich »Ich« zu sein, wurden bezeichnenderweise außerhalb Nazi-Deutschlands im Exil entwickelt – insbesondere ist hier Ruth Cohen, Begründerin der Themenzentrierten Interaktion (TZI), zu nennen. Im Unterschied dazu wurden offenbar die zahllosen Gruppen im »Dritten Reich« in regressions- und abhängigkeitsfördernder Weise geleitet. Eine systematische Anwendung der gruppendynamischen Erkenntnisse der vergangenen Jahrzehnte auf die Gruppen des Nationalsozialismus steht meines Wissens noch aus; dies betrifft auch die Dynamik von Großgruppen.

Großgruppen-Dynamik[246]

Wie die (erst in den Anfängen stehende) Erforschung der Dynamik von Großgruppen zeigt, ereignen sich in diesen Gruppen noch intensivere Prozesse als in Kleingruppen. Die Affekte sind stärker. Großgruppen sind emotional besonders ansteckend und überwältigend; der Einzelne kann »innerlich völlig überdreht« werden und in eine »gedankenlose Euphorie«[247] kommen. Robin Skynner vermutet: »Obwohl wir bisher noch nicht einmal über die Rudimente einer wirklich wissenschaftlichen Erklärung verfügen, ist es, wenn eine Anzahl von Personen interagiert, so, *als ob* eine Art Energie erzeugt wird, die sich in gewisser Weise zu der Anzahl der Beteiligten proportional verhält und die, wie jede Form von Energie, für konstruktive und destruktive Zwecke benutzt werden kann.«[248]

In Großgruppen entstehen oft Gefühle von Bewusstseinserweiterung, ozeanischer Verbundenheit, Ekstase und des Fließens, zusammen mit dem Verlust moralischen Empfindens und Entpersönlichung. »Es gibt keine Individuen, nur ›Leute‹, und es bleiben nur moralische Plattheiten oder intellektuelle Verallgemeinerungen«,[249] so Tom Main. Denn die Großgruppe verwirrt und blockiert das kognitive Denken: »Nicht einmal diejenigen, die sonst geistig lebendig und beweglich sind, sind fähig, einen sinnvollen Beitrag zu leisten.«[250] Viele Menschen verfügen in solchen Situationen offensichtlich nicht über ihr volles Denkvermögen.

Regressionen geschehen in Großgruppen schneller und tiefer als in Kleingruppen, Christian Schwarz spricht vom »regressiven Sog«[251], der von ihnen ausgeht. In der Großgruppe wird, so Siegmund Foulkes, Begründer der Großgruppenanalyse, »eine sehr frühe Phase der Ich-Entwicklung wiederholt«[252]. Daher auch ihre magischen Bewusstseinsprozesse, der hypnotisch anmutende Einfluss des Leiters bzw. der Leiterin auf die Gruppe und die archaische, abgrundtiefe Furcht vor Chaos, Kontrollverlust und Vernichtung.

Die Regression ist verbunden mit kollektiv-narzisstischen Wünschen nach Verschmelzung und nach »Vollkommenheit, Allmacht, Großartigkeit, Unverletzlichkeit [... und] universeller Gleichmacherei«[253]. Es entstehen Bedürfnisse danach, zu einem paradiesischen »Zustand segensreicher Unwissenheit zurückzukehren«[254].

Die regressive Dynamik der Großgruppe erzeugt *Abhängigkeit*. Benjamin Bardé beschreibt den Zustand in der Großgruppe als traumatisch hilflose Abhängigkeit und spricht von der »Abhängigkeitsgruppe«[255], die sich »mit ihren Schutz- und Versorgungsbedürfnissen« von einem als Gottheit oder charismatischer Führer phantasierten Gruppenleiter »abhängig macht«[256]. Christian Schwarz charakterisiert die psychosoziale Dynamik von Großgruppen als »kollektiven Narzissmus« und dessen »Rückseite« als »Entzugssyndrom«[257].

Mit diesen Beobachtungen über die psychosoziale Dynamik von Großgruppen tauchen (keineswegs zufällig) die Themen der vorangegangenen Kapitel wieder auf: magische Bewusstseinsstruktur, Charisma, Regression, hypnotische Trance, Narzissmus, Paradies-Phantasien, Idealisierung, Verlust von Moral, Euphorie bzw. Rausch und Abhängigkeit.

Wie durch Gruppenerlebnisse Abhängigkeit geschaffen wurde

Meine These ist, dass die Bindung der NS-Anhänger an Hitler und das »Dritte Reich« wesentlich in emotionaler Abhängigkeit bestand, die u. a. durch die psychosoziale Dynamik von Klein- und Großgruppen erzeugt wurde. Tatsächlich funktionierte der Nationalsozialismus wesentlich in Gruppen:

- in anonymen Großgruppen-Veranstaltungen wie Massenversammlungen,[258] Ritualen, Aufmärschen, Parteitagen usw.
- sowie in Klein- und Großgruppen, in denen die NS-Anhänger von klein auf organisiert waren: von DJ (Deutsches Jungvolk) und JM (Jungmädelbund) für die 10- bis 14-Jährigen, über HJ und BDM für die 14- bis 18-Jährigen – bis hin zu Arbeitsdienst, Wehrmacht, SA, SS und den vielen anderen NS-Organisationen.

In seiner Rede am 4. 12. 1938 benannte Hitler, wie die deutsche Jugend durch Gruppenerfahrungen in Abhängigkeit gebracht werden solle:

»Diese Jugend, die lernt ja nichts anderes als deutsch denken, deutsch handeln! Und wenn hier dieser Knabe, dieses Mädchen mit ihren 10 Jahren in unsere Organisationen hineinkommen und dort nun so oft zum erstenmal überhaupt eine frische Luft bekommen und fühlen, dann kommen sie vier Jahre später vom Jungvolk in die Hitlerjugend. Und dort behalten wir sie wieder vier Jahre, und dann geben wir sie erst recht nicht zurück in die Hände unserer alten Klassen- und Standeserzeuger, sondern dann nehmen wir sie sofort in die Partei, oder in die Arbeitsfront, in die SA, oder in die SS, in das NSKK[259] *und so weiter. Und*

Abb. 5: Marschierende Hitler-Jugend

wenn sie dort zwei Jahre oder anderthalb Jahre sind und noch nicht ganze Nationalsozialisten geworden sein sollten, dann kommen sie in den Arbeitsdienst und werden dort wieder sechs und sieben Monate geschliffen, alles mit einem Symbol, dem deutschen Spaten. Und was dann nach sechs oder sieben Monaten noch an Klassenbewusstsein oder Standesdünkel da oder da noch vorhanden sein sollte, das übernimmt dann die Wehrmacht zur weiteren Behandlung auf zwei Jahre. Und wenn sie dann nach zwei oder drei oder vier Jahren zurückkehren, dann nehmen wir sie, damit sie auf keinen Fall rückfällig werden, sofort wieder in SA, SS und so weiter. Und sie werden nicht mehr frei ihr ganzes Leben!«[260]

Das Erstaunlichste an dieser Rede ist der donnernde Applaus der Zuhörer und Zuhörerinnen am Ende der hier zitierten Passage, in der Hitler die langfristigen Folgen der Sozialisation durch Nazi-Gruppenerlebnisse quasi vorhersagt: lebenslange Abhängigkeit. Wie erfolgreich war dieses Programm der »Seelenwäsche«?

Hinweise finden sich in unseren Gesprächen mit den jüngeren Interviewpartnern, deren psychische Entwicklung – Kindheit und Jugendalter – ja wesentlich durch den Nationalsozialismus geprägt war. Schon ihre auffällig häufige Verwendung des Wortes »wir« weist auf die große Bedeutung von Gruppen im Nationalsozialismus hin. Vor allem die Gemeinschaftserlebnisse in den NS-Jugendorganisationen werden von den Interviewten fast durchweg positiv, oft begeistert, geschildert. So etwa von Maria Federn, geboren im Jahr 1921:

Frau Federn hatte beim BDM »viele Kameraden und Schulfreundinnen. Es war einfach eine schöne Zeit damals. Und das war auch eine ganz tolle Organisation. Was nachher kommt, das kann ich natürlich in keiner Weise gutheißen und akzeptieren. Die Kameradschaft und das Zusammensein, das Lustige, das hat einem als junges Mädchen gefallen. Bei den Jungmädchen, da hat man seine Heimabende gehabt mit basteln, mit singen, mit tanzen. Und wenn's Sommer war, haben wir unsere Wanderungen gemacht mit Rad oder sind in Schwimmbäder gegangen. Wir waren mit Begeisterung dabei, weil wir schöne Sachen gemacht haben. Ich war auch auf dem Reichsparteifeld in Nürnberg. Wo 5000 Mädchen getanzt haben. Da kann man doch niemals sagen, dass das schlecht war. [...]
Es war einfach eine wunderschöne Zeit. Damals gab's keine Drogen, da gab's keinen Alkohol, von wegen Sex usw. Das war bei uns alles tabu. An Ostern und an Pfingsten haben wir den Tornister genommen und sind gewandert, zwei, drei Tage. Haben dann in einer Jugendherberge übernachtet, und da sind auch Jungs gewesen. Und da gab's nichts. Wir waren getrennt. Also, da muss ich sagen, das ist heut ein Sodom und Gomorra.[261] So wie diese Rechtsextremisten heute haben sich die Jungs nicht aufgeführt. [...]
Es war nichts Böses dabei oder wir haben nichts Böses erfahren, wir haben uns von einem Heimabend auf den anderen gefreut, dass wir wieder beisammen sein konnten usw. Und dann vor allen Dingen, als wir mit den 5000 Mädchen ..., da waren wir in Bamberg in einer Schule untergebracht, es war alles hochinteressant. Und da haben wir jeden Tag in den Anlagen geübt. Gruppenweise. Und dann gab's eine Generalprobe. Und dann sind wir zweimal nach Nürnberg gefahren worden und haben da geübt. Also, ich muss Ihnen sagen, ein erhebendes Erlebnis. Ein erhebendes. 5000 Mädchen im Kreise. Alle haben so beige Kleider angehabt. Ein kleines Rollkrägelchen, kurze Ärmelchen, tailliert und dann schöne weite Röcke, dass sie geschwungen sind. Ich mein, das muss doch auch organisiert werden! Das kommt ja nicht irgendwie vom Himmel runter! Und dann hat jedes Land eine Farbe gehabt als Bolero. Ich glaub, Baden-Württemberg, wir haben blau gehabt. Und und und. Dann waren die Kreise, das waren vielleicht tausend Mädchen, ein kleinerer Kreis,

ein größerer Kreis und, und, und. Und die waren einfarbig. Und der andere Kreis war bunt usw., und das waren auf jeden Fall neun Kreise. Und dann die schöne Musik. Die schöne Musik, wissen Sie, das hat ausgesehen, als ob ein Ährenfeld so hin und her ... Also, wir waren alle begeistert. [...]
Und die Gemeinschaft! Da gab's keinen Streit und wir sind alle gleich angezogen gewesen. Das war auch vorausgedacht, dass der Arbeitersohn genauso angezogen war wie der Professorensohn. Da gab es keine Unterschiede. Man kann aber nicht sagen, es ist alles gleichgeschaltet worden. Wir waren gleich angezogen, Mädchen und die Jungs auch, und keiner hat da mit Designer-Klamotten geglänzt, es war einfach eine Gemeinschaft. Eine richtige Kameradschaft, da gab's keinen Neid, keine Missgunst.
Wir waren stolz. Wir waren stolz, dass wir vor dem Führer haben tanzen dürfen. Und das schöne Zusammensein, das war einfach eine wunderschöne Zeit. Ich kann nichts machen.«
Später, während des Kriegs, erlebt die Interviewte die pompös gestaltete Feier zum Tod ihres Verlobten (vgl. S. 118 f.) – wiederum in einer Großgruppe –, wodurch ihre Loyalität zum NS-System nochmals bekräftigt wurde. Die von ihr positiv hervorgehobenen Gruppenerlebnisse dürften wesentlich dazu beigetragen haben, dass Frau Federn eine so intensive emotionale Bindung an das »Dritte Reich« erfährt, die nicht einmal durch den Tod ihres Verlobten, ihrer Schwester, ihres Bruders und ihres Vaters erschüttert werden konnte.
Nach Kriegsende hatte Frau Federn zunächst »ein Brett vor dem Kopf«. Sie fühlt sich heute nicht durch den Nationalsozialismus um ihre Jugend betrogen. »Sie sehen ja, dass ich so begeistert bin. Ich will nicht mit der heutigen Jugend tauschen, die ist vielleicht mehr betrogen als ich damals.« Sie findet den heutigen deutschen Staat »zu lasch. Der Schmölke da, dieser Verbrecher, der so viele Leute auf dem Gewissen hat, dem gehört die Rübe ab. Der ist nicht mehr wert, dass er in der Gesellschaft sein kann. Wenn jemand so viel mordet und sexuell Dings – mit dem hab ich kein Bedauern, das ist für mich kein Mensch mehr. Wenn ich da an unsere Jungs denke, was das für anständige Kerle waren. Unbedingt. Und diese Rabauken [gemeint sind Neonazis, S. M.], die gehören mit Stumpf und Stiel ausgerottet [lacht]. Natürlich nicht geköpft.«
Interviewer: »Was heißt für Sie ›Stumpf und Stiel‹?«
Frau Federn [lacht]: »Haja, das ist so ein Wortgebrauch.«
I: »Aber das bedeutet ja ›ausrotten, töten‹.«
F: »Also, so krass wollte ich es auch wieder nicht sagen. Also, dass sie auf jeden Fall nicht mehr die Möglichkeit haben, solche Untaten und solche Demonstrationen zu verfolgen. Und andere noch reinziehen.«

Wichtig ist der Interviewten »das Deutsche. Das Urdeutsche würde ich sagen. Ordentlich, arbeitsam und dass man schön frisiert ist. Und was nachher alles gekommen ist, verurteile ich wie jeder andere selbstverständlich auch. Bei uns war alles so schön ruhig und gediegen.« Frau Federn betont: »Ich bin für Gerechtigkeit, ich bin für Ordnung, ich bin für Fleiß. Wenn ich die vielen Neger im Straßenbild sehe – da bin ich vielleicht zu sehr konservativ, vielleicht zu sehr deutschtümelig.« Adolf Hitler war für sie, wie sie »überspitzt« sagt, »eine Lichtgestalt, der es in den ersten paar Jahren fertig gekriegt hat, ein Volk rumzudrehen. Er hat dem Volk wieder ein bisschen Hoffnung gegeben. Und wenn mir jemand Gutes tut, dann tu ich ihn nicht verdammen, sondern bin ich ihm dankbar. Also, ich hab nur die schönen Seiten mitgekriegt, nicht das, was hinten dran war.«

In einer – für uns zunächst verwirrenden – Weise werden von der Interviewten Begeisterung für und Kritik am Nationalsozialismus ineinander verschachtelt. Der Holocaust und die deutschen Kriegsverbrechen werden von ihr nicht benannt, lassen sich aber hinter der vagen Umschreibung »was nachher alles gekommen ist« erahnen. Dies kann Frau Federn »natürlich in keiner Weise gutheißen und akzeptieren«, das »verurteile ich wie jeder andere selbstverständlich auch«. Diese Gleichzeitigkeit von Pro und Contra wird vielleicht verständlich, wenn wir uns einige Erkenntnisse der modernen Gedächtnisforschung vergegenwärtigen. Demnach hinterlassen qualitativ unterschiedliche Erfahrungen auch unterschiedliche Spuren im menschlichen Gedächtnis und werden daher auch in unterschiedlicher Weise erinnert (vgl. Anhang): *Kognitive* Informationen werden in anderer Weise im Körper »gespeichert« als *emotionale* Erlebnisse. Dies gilt umso mehr, wenn die emotionalen Erlebnisse als *positiv* erlebt wurden, wenn sie *wiederholt* und wenn sie besonders *intensiv* erlebt waren. Und vor allem, wenn die Erlebnisse mit einer *Suchtdynamik* verbunden sind (Suchtforscher sprechen von einem »Suchtgedächtnis«[262]).

Auf der einen Seite besitzt die Interviewte Informationen über Holocaust und Kriegsverbrechen, die für sie jedoch – mangels eigener Erfahrung – eher kognitiv bleiben. Auf der anderen Seite hat sie Erinnerungen an das »Dritte Reich«, die von ihr als emotional, positiv, wiederholt und intensiv erlebten wurden: Erlebnisse beim BDM, deren Suchtcharakter von Seiten des NS ja durchaus gewollt war, wie Adolf Hitler in der zitierten Rede ausführte: »Und sie werden nicht mehr frei ihr ganzes Leben!«

So stehen sich in der Interviewten quasi zwei Seelen gegenüber: Hier die erwachsene Frau Federn, die kognitiv über den Nationalsozialismus und seine Verbrechen informiert ist – und da das BDM-Mädchen, dessen Gruppenerlebnisse so intensiv in ihr »gespeichert« sind, dass ihr Suchtgedächtnis sozusagen ihren Verstand überrennt und ihre Zunge mit ihr durchgeht. Dies führt z. B. dazu, dass die Interviewte für die Ausrottung von Neonazis plädiert: »Diese Rabauken, die gehören mit Stumpf und Stiel ausgerottet.« Dabei lacht sie – vielleicht weil sie in diesem Moment merkt, dass sie hier etwas sagt, das mit ihrer bewussten Einstellung nicht vereinbar ist? Sie korrigiert sich selbst: »Natürlich nicht geköpft.« »Haja, das ist so ein Wortgebrauch. Also, so krass wollte ich es auch wieder nicht sagen.« Oder korrigiert sich die Interviewte nur aus *political correctness* gegenüber dem Interviewer?

Frau Federn beschreibt sich als hilflos angesichts ihrer schönen Erinnerungen an den BDM: »Das war einfach eine wunderschöne Zeit. Ich kann nichts machen.« Gleich mehrfach entschuldigt sie sich, dass sie »nur gute Erinnerungen« habe (»beim besten Willen«, »wirklich«, es tue ihr »leid«). Die Interviewte mutet an wie ein Mensch, der über die Gefährlichkeit des Alkohols informiert ist und gleichzeitig das unwiderstehliche Verlangen danach verspürt.

Schlussfolgerungen

In den vergangenen Kapiteln wurden Thesen zur Psychologie des Nationalsozialismus vorgestellt, die auf dem Hintergrund der Ergebnisse des Forschungsprojekts *Geschichte und Erinnerung* erarbeitet wurden. Ausgangspunkt war die Frage: Was motivierte die befragten Männer und Frauen, sich aktiv für Hitler und den Nationalsozialismus zu engagieren? Welches war, in den Worten Theodor Adornos, der »spezifische Bewusstseinszustand«, der »sie solcher Taten fähig« machte? Die wichtigsten Befunde seien hier nochmals zusammengefasst:

1. Der spezifisch nationalsozialistische Bewusstseinszustand lässt sich als regressiv und magisch beschreiben. Dieses Bewusstsein funktionierte mit Tabus und war beherrscht von Vorstellungen wie: außergewöhnlich, heilig, unheimlich; Zauberkräfte (Mana); besondere Persönlichkeit (Charisma); gottähnlicher Führer; Faszinosum und Ansteckung.
2. Der nationalsozialistische Bewusstseinszustand lässt sich auch als hypnotische Trance verstehen. Demzufolge war der Fokus der Aufmerksamkeit eingeengt und gefesselt (fasziniert) von einer Person (Adolf Hitler) bzw. von einer Sache (»Drittes Reich«), unter Ausblendung großer Teile der Wirklichkeit. Die Kraft der bewussten Kritik war reduziert und die Realitätswahrnehmung verzerrt; »glauben« war wichtiger als »wissen«. Dieser Zustand ging mit Passivität und Regression einher. Wesentliche Medien zur Herstellung dieses Bewusstseinszustandes waren u. a. Rhetorik, Rituale und Musik.
3. Der Nationalsozialismus bezog seine psychosoziale Dynamik u. a. aus Schamgefühlen, deren Abwehr er anbot und legitimierte, etwa durch Idealisierungen und Größenphantasien; durch Versprechungen, die Ehre Deutschlands wiederherzustellen; durch ein zynisches Weltbild der Härte, Arroganz und Verachtung gegenüber Bevölkerungsgruppen, die per Projektion als »schwach« gebrandmarkt und beschämt, gedemütigt, ausgeschlossen, zu Objekten gemacht und vernichtet wurden.
4. Der Nationalsozialismus speiste sich auch aus den narzisstischen Defiziten seiner Anhänger, die er auszufüllen versprach. Dies erfolgte u. a. durch Vorstellungen von Auserwähltsein und Elite; durch narzisstische Gratifikationen (mittels diverser Ehrungen, Beförderungen usw.), eingebettet in ein heroisches Weltbild. Narzisstische Begehrungen wurden

für das NS-System genutzt, indem Ideale und Moral in kollektiv-narzisstischer Weise auf Hitler und das »Dritte Reich« umgebogen wurden. Das nationalsozialistische Weltbild nährte darüber hinaus fetal-narzisstische Phantasien von Reinheit, paradiesischer Idylle, Unendlichkeit und Abwesenheit von Enttäuschungen.

5. Der Nationalsozialismus erwuchs aus der Abwehr der Traumata des Ersten Weltkrieges; die Abwehrmechanismen Derealisierung, Gefühlskälte, Heroismus und Idealisierung wurden zum politischen Programm gemacht. Weil diese Abwehr von den traumatisierten Veteranen des Ersten Weltkriegs transgenerational an ihre Kinder weitergegeben wurde, war das NS-Programm auch attraktiv für die folgende Generation, die während oder nach dem Ersten Weltkrieg geboren wurde. Den an sie delegierten Auftrag, die Ehre des geschlagenen Vaters bzw. Vaterlandes wiederherzustellen, versprach der Nationalsozialismus zu erfüllen.
6. Der Nationalsozialismus nutzte die Suchtdynamik der deutschen Gesellschaft nach dem Ersten Weltkrieg. Die Beziehung zwischen dem Nationalsozialismus und seinen Anhängern hatte den Charakter von Abhängigkeit (Sucht), wobei Adolf Hitler und das »Dritte Reich« das stoffungebundene Suchtmittel waren. Diese Abhängigkeit bedeutete ein unabweisbares Verlangen nach einem bestimmten Gefühls-, Erlebens- und Bewusstseinszustand, den das NS-Programm beschaffte, u. a. durch Instrumentalisierung der Klein- und Großgruppendynamik (Abhängigkeitsgruppen). Der ganze Lebensstil der NS-Anhänger war auf das »Dritte Reich« und den »Führer« ausgerichtet, unter Vernachlässigung von familiären Interessen und moralischen Werten. Diese Ausrichtung wurde wider besseres Wissen und Gewissen fortgesetzt, in destruktiver Weise, auch auf Kosten der eigenen Gesundheit oder des eigenen Lebens. Gemäß der Suchtdynamik wurde die sogenannte »Stunde Null« wie ein Entzug erlebt.

Der gemeinsame Nenner diese sechs Themen ist folgende These: Der Nationalsozialismus zielte nicht darauf, die Menschen kognitiv zu überzeugen, sondern sie emotional einzubinden: Er lebte von der narzisstischen Bedürftigkeit und Abhängigkeit seiner Anhänger, von ihren Schamgefühlen, Kriegstraumata und frühkindlichen Erlösungsphantasien.

Diese Ergebnisse haben Auswirkungen auf das, was unter der – häufig geforderten – »Aufarbeitung des Nationalsozialismus« zu verstehen ist, nämlich:

1. Für die Aufarbeitung des NS ist es notwendig, die Daten, Zahlen, Fakten, Namen, Strukturen und Zusammenhänge des Geschehenen zu erforschen, anzunehmen und zu vermitteln; dies soll hier unter dem Begriff *Aufklärung* zusammengefasst werden.
2. Es ist auch notwendig, die Opfer des Nationalsozialismus zu würdigen: ihr Leiden anzuerkennen, ihnen Respekt zu erweisen, die Erinnerung an sie wachzuhalten, sie in unserer Gesellschaft willkommen zu heißen und, soweit sie noch leben, ihnen bei der Bewältigung ihrer Leidensgeschichte zu helfen. Dies soll hier unter *Gedenken* (das ja häufig mit Erinnern verwechselt wird) verstanden werden.
3. Darüber hinaus ist es notwendig, dass wir uns mit der psychosozialen Dynamik auseinandersetzen, die den Nationalsozialismus erst ermöglicht hat und die in den vorangegangenen sechs Kapiteln dargestellt wurde; dies soll hier als *Erinnern* und *Durcharbeiten* bezeichnet werden.

In Bezug auf die beiden erstgenannten Aufgaben, Aufklärung und Gedenken, ist in der Bundesrepublik anerkennenswert viel geleistet worden. Diese Anstrengungen werden jedoch teilweise blockiert, verzerrt oder sie werden kontraproduktiv, solange die drittgenannte Aufgabe, das Erinnern und Durcharbeiten, ausgeklammert bleibt. Diese These soll in den nachfolgenden Abschnitten exemplarisch an zwei herausgegriffenen Themen aufgezeigt werden.

Wenn Aufklärung über den Nationalsozialismus antiaufklärerisch wird[263]

Der Unterricht zu den Themen Nationalsozialismus und Holocaust ist im deutschen Schulsystem von großer Bedeutung. Nach übereinstimmender Auffassung der Kultusminister der Länder zählt »eine intensive und gründliche Auseinandersetzung mit der nationalsozialistischen Gewaltherrschaft zu den verpflichtenden Aufgaben der Schule. Dabei steht die Erinnerung an den Holocaust an zentraler Stelle. [...] Diese Auseinandersetzung ist für die Bildung und Erziehung in der Bundesrepublik Deutschland als demokratischem Rechtsstaat von wesentlicher Bedeutung.«[264] Auch die Erwartungen seitens der Öffentlichkeit an diesen Unterricht sind hoch, zumal angesichts des zunehmenden Rechtsextremismus seit den

1990er Jahren. Groß ist auch das Engagement vieler Lehrerinnen und Lehrer sowie die Zahl fachwissenschaftlicher und -didaktischer Veröffentlichungen und Unterrichtsmedien. Die genannten Themen werden in mehreren Fächern und – je nach Bundesland, Schultypus und Jahrgang – mit einer beträchtlichen Zahl von Unterrichtseinheiten unterrichtet.

Umso enttäuschender ist es, wenn sich, wie verschiedene Untersuchungen belegen, die Lernerfolge der Schüler zu den genannten Themen als bescheiden erweisen oder der Unterricht, wie sich zeigt, gar kontraproduktiv war.[265] Das Ungenügen des bisherigen Schulunterrichts zu den Themen Nationalsozialismus und Holocaust kann an dieser Stelle nicht umfassend analysiert werden. Stattdessen möchte ich an einem Beispiel die Frage nach den emotional ansteckenden Wirkungen aufwerfen, die vom Unterrichtsthema Nationalsozialismus und den eingesetzten Unterrichtsmedien möglicherweise ausgehen. Als Beispiel wähle ich Filme über den Nationalsozialismus und deren musikalische Untermalung.

In Kapitel 2 (vgl. S. 70 ff.) wurde auf die große Bedeutung von Musik für die Gewinnung und Erhaltung der Macht durch die Nationalsozialisten hingewiesen.[266] Dabei nutzte die NS-Propaganda die spezifischen Eigenschaften des Hörsinns: Töne sprechen die Gehirnregionen an, die für Gefühle zuständig sind; sie beeinflussen unmittelbar, quasi am Bewusstsein vorbei, die Emotionen. Diese Fähigkeit des akustischen Mediums, in das Innere der Menschen einzudringen und Veränderungen des emotionalen, körperlichen und kognitiven Zustands zu erzwingen, wurde im Nationalsozialismus erforscht und gezielt eingesetzt, sie wird bis heute in der Werbung, funktionellen Musik und Filmmusik genutzt.

Die psychologischen, körperlichen und bewusstseinsverändernden Wirkungen von Musik wurden in den vergangenen Jahrzehnten – noch weitergehend als im Nationalsozialismus – erforscht. Diese Erkenntnisse werden jedoch allgemein in der Medienpädagogik und speziell im Geschichts- und Sozialkundeunterricht kaum berücksichtigt: Die auditiven Medien sind »Stiefkind der Pädagogik und der Didaktiken«[267]; Medienerziehung ist – Erbe der Aufklärung – weitgehend auf Bildmedien fixiert, obwohl auditive Medien die eigentlichen Jugendmedien sind.[268]

Dies wirkt sich besonders fatal beim Unterrichtsthema Nationalsozialismus aus: Gerade hier wäre der Ort, über die Besonderheiten des Hörens aufzuklären und Einsichten in die Genese des Nationalsozialismus und die Manipulierbarkeit des Menschen durch das auditive Medium zu vermitteln.[269] Aber auch hier dominieren die visuellen Medien; die Verwendung auditiver Medien reduziert sich eher auf Lied-Texte oder Tondokumente politischer Reden, d. h. auf die eher kognitiven Aspekte des auditiven Mediums.

Wenn Filme im Unterricht über den Nationalsozialismus eingesetzt werden, besteht zum einen die Gefahr, dass diese auf Original-Filmmaterial aus der NS-Zeit zurückgreifen – deren musikalische Untermalung dann im Schulunterricht heute unreflektiert wieder ihre suggestiven Wirkungen entfalten kann,[270] wie sie von der NS-Propaganda damals intendiert waren. Zum anderen ist häufig auch die musikalische Untermalung neu produzierter Filme über den Nationalsozialismus problematisch, da diese häufig dieselben akustischen Mittel einsetzen wie die NS-Propaganda: In der Regel sind es magische [!], langgezogene, tiefe, bedrohlich wirkende Töne. Damit werden Stimmungen erzeugt, welche die aufklärerischen Intentionen und Kommentare von Filmemachern und Lehrkräften konterkarieren: Nationalsozialismus und Hitler werden durch diese Mittel wie mit einer »magischen Aura« aufgeladen und in neblig-düster-jenseitige Sphären, außerhalb des rational Aufklärbaren, verlegt.

Die Konsequenzen konnten wir etwa in einer Pilot-Befragung von Hauptschülern über ihren Geschichtsunterricht beobachten: Als Ergebnis einer Projektwoche, Filme inklusive, über Nationalsozialismus und Holocaust zeigte sich ein Verstummen der Schülerinnen und Schüler. Unbestimmte Vorstellungen über Hitler verbanden sich im Bewusstein der Schüler mit Faszination; die Chronologie der Ereignisse, gerade im Unterricht behandelt, wurde in ein mythisches Licht getaucht, »so als hätte sich der Nationalsozialismus in weiter zeitlicher Ferne ereignet«[271].

So wirkt die mangelhafte Auseinandersetzung über die Bedeutung von Musik für den Nationalsozialismus antiaufklärerisch in den heutigen Schulunterricht über dieses Thema hinein. Dabei käme es, gerade bei diesem Unterrichtsthema, nicht darauf an, durch akustische Untermalung Stimmungen zu erzeugen, sondern darauf, über die Erzeugbarkeit von Stimmungen (d. h. Veränderungen von Emotionen und Bewusstsein) durch das auditive Medium aufzuklären. Es käme darauf an, die Manipulierung des Menschen nicht zu wiederholen, sondern zum Thema von Aufklärung zu machen.

Wenn Scham das Annehmen von Schuld blockiert

Wie sich in den Interviews eindrücklich zeigte, verhindert das Scham-Paradigma, dass die aktiv am Nationalsozialismus beteiligten Personen ihre eigene schuldhafte Beteiligung anerkennen, durcharbeiten und die Verantwortung dafür übernehmen. Zwar akzeptieren die meisten Interviewten durchaus eine Schuld Deutschlands oder »der Deutschen« – in einem allgemeinen, abstrakten Sinne. Erstaunlicherweise aber scheint wenig Bewusstsein für persönliche Schuld vorzuliegen; einige Gesprächspartner schienen mit dieser Kategorie zunächst gar nichts anfangen zu können.

So etwa Herr Ebner auf die Frage des Interviewers: »Gibt es etwas, für das Sie sich schuldig fühlen?«
Daraufhin stammelt er: »Wa, da, was ist das, das ich?«
I: »Gibt es etwas, für das Sie sich schuldig fühlen?«
E: »Schuldig? Nein. Nein. Nein [energisch]!«
Ähnlich die Reaktion des interviewten Herrn Gebhard auf die Frage: »Im Nachhinein: Was denken Sie, was hätten Sie anders machen können? Wo denken Sie, war Ihre Beteiligung zu viel oder zu kritiklos?«
Herr Gebhard: »Meine persönliche, meinen Sie jetzt?«
I: »Ihre persönliche Beteiligung, nicht die allgemeine.«
G: »Nicht die Hitlers?«
I: »Nicht die allgemeine der Waffen-SS, sondern Ihre – wo Sie im Nachhinein sagen: ›Das würde ich anders machen, da denke ich jetzt anders drüber.‹«
G: »Eigentlich, äh, habe ich keine, äh, Gewissensbisse, ich habe keine Veranlassung, wir haben – ich habe ein reines Gewissen.«

Auf den Umgang mit der NS-Vergangenheit wirkt das Scham-Paradigma wie die Anziehungskraft einer großen Masse, die eine kleine Masse auf eine sich wiederholende Umlaufbahn zwingt – wie die Anziehungskraft der Erde den Mond bestimmt. Schon das Benennen der Schuld, der NS-Verbrechen, wird offenbar als Beschämung erlebt. So ist es Herrn Gebhard ein Anliegen, dass man »uns«, die Waffen-SS, »nicht in eine Ecke stellt wie Verbrecher«[272]. Mit diesem Bild beschreibt der Interviewte eine charakteristische schamkulturelle Erziehungsmethode, die mindestens bis in die 50er und 60er Jahre auch gängige Praxis an deutschen Schulen war.

Scham, so wurde in Kapitel 3 gesagt, ist eine so peinigende Emotion, dass sie oft nur schwer zu ertragen ist und deswegen häufig abgewehrt wird. Daher sind die Informationen über die Nazi-Verbrechen, wenn sie denn als Beschämung erlebt werden, von vielen der damals Beteiligten vermutlich kaum auszuhalten, sondern müssen abgewehrt werden. Auch Günter Grass schämte sich seiner Mitgliedschaft in der SS so sehr, dass er sie jahrzehntelang verschwieg. In den Interviews bewirkt die Scham, dass die NS-Verbrechen bagatellisiert oder aufgerechnet werden bzw. dass sie jeweils anderen Personen oder Waffengattungen zugeschoben werden.

Ein Unterscheidungskriterium zwischen Scham und Schuld besteht in der Verortung der moralischen Instanz, die bei Schuld *intern* (Gewissen), bei Scham aber *extern* ist. Auffälligerweise werden die Nazi-Verbrechen von fast allen Interviewten nach dem letztgenannten Muster verarbeitet:[273] als etwas, was von außen »uns angelastet«, »immer unter den Hut gestrichen«, »immer wieder neu vorgekaut wird«. Ein »Schuh, den sie uns Deutschen heute anziehen wollen«. Eine »große Anklage, die heute zu stark erhoben wird«.

Wer aber ist diese externe, anklagende Instanz?

Suggestiv wird dies von Herrn Ebner angedeutet: »Die Schuld wurde uns jetzt durch die Leute, die uns zur Kasse bitten, immer wieder aufdoktriniert und eingeblasen. Die die Hände aufhaben – alle verlangen sie von uns jetzt Entschädigung, jahrzehntelang, damit sie Kriege führen können, damit sie ihr Land aufbauen können.«
Noch deutlicher werden andere Interviewte: Eine alte Dame etwa räumt durchaus eine Schuld ein »mit den Juden, mit diesem Auschwitz usw.«. Aber sie schränkt sogleich ein (und hier bezieht sie sich auf Martin Walser): »Wir müssen das jetzt nicht dauernd und dauernd und dauernd wieder bringen. Wir müssen ein Denkmal machen, ist auch richtig, so groß braucht's vielleicht nicht sein. Es wird ein bisschen zu oft gebracht. Dieser Bubis, dieser Kerl, ist nämlich kein kultivierter Mann, der hat fürchterliche Geschäfte gemacht. Und der ist jetzt persona non grata in Deutschland. Der nutzt seine Stellung reichlich aus.« Eine andere Interviewte beschuldigt die Juden explizit, durch ihre Vorwürfe Hass zu schüren: »Warum züchtet der Jude sich wieder [!] einen neuen Hass! Das kann ja nicht gut ausgehen.«[274]

Somit sind es, nach Ansicht vieler Interviewter, »die Juden«, welche den Deutschen angeblich ihre »Schande« anlasten, sie angeblich beschämen. Damit werden die Juden – einmal mehr – zu Tätern gemacht.[275] Hier zeigt sich ein Antisemitismus, der durch das Faktum des Holocaust nicht etwa leise geworden ist, sondern der dieses Faktum in sein System mit aufnimmt und für seine Pseudolegitimierung nutzt: als einen weiteren Beleg für die angeblich »typisch jüdische« Raffgier und Bösartigkeit. Treffend spricht der Antisemitismusforscher Rainer Erb von einem sekundären Antisemitismus, der nicht trotz, sondern *wegen* Auschwitz auftritt.[276]

Ich bezweifle, dass dieser Antisemitismus allein durch die kognitive Beschäftigung mit den Zahlen und Daten über Nationalsozialismus und Holocaust bekämpft werden kann. Für notwendig halte ich eine Auseinandersetzung mit den *emotionalen* Voraussetzungen, die den Nationalsozialismus erst ermöglicht und getragen haben. Dazu zählt auch die Auseinandersetzung mit Scham. Wie notwendig dies ist, zeigte sich etwa an den Missverständnissen der Walser-Bubis-Debatte:

Martin Walser sprach in seiner kritisierten »Sonntagsrede« wiederholt von der »Schande«, die er, ganz im Sinne der Scham-Kultur, als externes Phänomen versteht. Etwa wenn er sagt: »Jeder kennt unsere geschichtliche Last, die unvergängliche Schande [!], kein Tag, an dem sie uns nicht vorgehalten [!] wird.« Wie die Kulturwissenschaftlerin Aleida Assmann anmerkt, redete Walser hier, gemäß dem Paradigma der Scham-Kultur, von »Schande«, während Bubis im Paradigma der Schuld-Kultur von »Verbrechen« sprach.[277] In der Folge redeten Martin Walser und Ignaz Bubis in den anschließenden Debatten auch aneinander vorbei. Aleida Assmann kommt zur Schlussfolgerung, dass die am Nationalsozialismus Beteiligten auf den Wechsel von der Scham-Kultur des »Dritten Reiches« zur Schuld-Kultur der Bundesrepublik schlecht vorbereitet waren. »So dachten viele auch noch nach dem Zweiten Weltkrieg ungebrochen in den Kategorien von Ehre und Schmach. Das machte eine echte Auseinandersetzung mit dem Problem der Schuld unmöglich.«[278] Diesen Befund können wir aufgrund der Interviews bestätigen.

Betrachtet aus der Psycho-Logik des Scham-Paradigmas, ist es zwar anzuerkennen, wenn Personen, die aktiv am Nationalsozialismus beteiligt waren, angesichts der NS-Verbrechen Scham empfinden. So sagt etwa der interviewte Herr Plessner mit großer Entschiedenheit: »Ich sage aus vollem Herzen, dass wir uns schämen müssen dafür. Ich schäme mich als damals aufrechter Soldat, Marinesoldat, für das, was heute zur Kenntnis gelangt.« Das Problematische daran ist, dass sich mit der Scham über die NS-Verbrechen wieder der Kreis schließt zur Zeit vor dem 30. Januar 1933, als ein großer Teil der deutschen Bevölkerung von Scham (durch Kriegsniederlage, Versailler Vertrag und vieles andere) erfüllt war – und auf einen (wiederum externen) »Erlöser« hoffte.

Und heute? Nach einer Untersuchung von Konrad Brendler empfanden Mitte der 1990er Jahre etwa 65 % der deutschen Jugendlichen Scham über die Verbrechen der Vorfahren[279] – nachdem sie eine beträchtliche Zahl von Unterrichtseinheiten über Nationalsozialismus und Holocaust hinter sich haben. Wenn dieser Befund auch heute noch annähernd aktuell ist – er wurde von Vaulont & Marks (2009) bestätigt (vgl. Marks 2010) – dann hat die Bundesrepublik meines Erachtens ein großes Problem: *weil* Schamgefühle so peinigend sind und daher ein Potenzial darstellen, das leicht politisch instrumentalisierbar ist – wie dies mit Erfolg durch neonazistische Parolen, Aktionen und Organisationen praktiziert wird. Sie versprechen, der »nationalen Schande« (jetzt bezogen auf die Erinnerung an Holocaust und Kriegsverbrechen) entgegenzutreten und die »nationale Ehre« wiederherzustellen; sie propagieren Stolz, Deutsche zu sein.[280]

Solche Parolen sind besonders attraktiv für die Menschen, die neben der verbreiteten Scham in Bezug auf die deutsche Vergangenheit zusätzlich noch narzisstische Defizite und traumatische Schamerfahrungen mitbringen. So berichtet Hajo Funke (2001) in einer Studie über Rechtsextremismus in der Berliner Republik von traumatischen Entwertungserfahrungen in den Biographien rechtsextremistischer Gewalttäter. Die jungen Männer erzählten von jahrelangen, systematischen Kränkungen und schweren Misshandlungen durch ihre Eltern. Wenn dieses familiär bedingte Grundgefühl, ein »Nichts« zu sein, noch verstärkt wird durch Entwertungen in Schule, Ausbildung oder Gesellschaft (z. B. wenn Arbeitslose als Schmarotzer abgewertet oder Ostdeutsche als »Ossis« verhöhnt werden), kann ein enormer Leidensdruck entstehen, der nach Entlastung – Schamabwehr – geradezu »schreit«.

Damit ist die folgende Frage berührt: Wiederholt sich die Geschichte?

Wiederholt sich die Geschichte?

Häufig wird vor einer »Wiederholung« des Nationalsozialismus gewarnt. Dieser Begriff stammt aus der Psychoanalyse. Sigmund Freud hatte erkannt, dass unbewusste Regungen nicht verloren sind, sondern wiederholt werden.[281] Dieses tiefenpsychologische Konzept wird wiederholt auf die deutsche NS-Vergangenheit bezogen – allerdings verbunden mit einer gewissen Trivialisierung. Etwa wenn gefordert wird, Auschwitz dürfe sich nie wiederholen. Das wird es auch nicht: Es wird nie wieder einen Menschen mit der Lebensgeschichte, dem Charakter und Namen Adolf Hitlers geben. Nie wieder einen 30. Januar 1933, schon weil die lineare Zeit unumkehrbar fortschreitet. Nie wieder ein Vernichtungslager Auschwitz, schon weil die Entwicklung von Technologien des Massenmords inzwischen so viel weiter »fortgeschritten« ist, dass ihre heutigen Betreiber über Rudolf Höß und seine »Kameraden« nur mitleidig lächeln würden.

Denn der Zwang zur Wiederholung bezieht sich nicht auf *manifeste* Phänomene, sondern auf *unbewusste* Regungen. An diese hatte schon der Nationalsozialismus mit großem Erfolg zu appellieren und sie zu instrumentalisieren vermocht, wie in den vorangegangenen Kapiteln ausgeführt wurde: an Regressionsbereitschaft und magische Bewusstseinsschichten, an Scham, an narzisstische Defizite, an transgenerational weitergereichte Traumata und deren Abwehr sowie an eine Abhängigkeitsdynamik. Diese emotionalen und psychischen Phänomene wurden von der bisherigen Beschäftigung mit dem Nationalsozialismus noch wenig berücksichtigt. Sie stellen daher bis heute ein gewaltiges, unbewusstes Potenzial dar, das bereitsteht, von Populisten aufgegriffen und genutzt zu werden: *Darin* besteht die Gefahr von Wiederholung.

Diese Wiederholungsgefahr wurde im vorangegangenen Abschnitt am Beispiel Scham und Neonazismus skizziert; weitere Beispiele ließen sich anführen: So haben die heute verfügbaren, weitreichenden Erkenntnisse der modernen Hypnoseforschung bisher kaum Eingang gefunden in die Erforschung, Aufklärung und Prävention von Nationalsozialismus und Rechtsextremismus. Ähnliches lässt sich über die Erkenntnisse über Narzissmus, Klein- und Großgruppendynamik und Abhängigkeit sagen. Dies ist nicht nur bedauerlich, sondern auch gefährlich, insofern dieses Wissen, in nicht-aufklärerischen Händen, jederzeit durch populistische Politik missbraucht werden könnte.

Tatsächlich geschieht der Missbrauch unbewusster Regungen tagtäglich: Die Manipulierbarkeit des menschlichen Bewusstseins durch Musik wurde bereits erwähnt. Ein weiteres Beispiel ist die Instrumentalisierung von Suchtdynamik und von narzisstischen Defiziten durch den neuen Rechtsextremismus. So beschreibt der Neonazi-Aussteiger Ingo Hasselbach die Wirkung der Neonazi-Szene als Droge im Kampf um Anerkennung und Selbstbewusstsein.[282] Der *Spiegel* charakterisiert den aktuellen Rechtsextremismus mit der These: »NPD statt LSD.«[283] Auf den Suchtcharakter von Gewalt macht eine Studie des Sozialpädagogen Bill Buford aufmerksam. Seine Beobachtungen über Hooligans dürften auch auf neonazistische Gewalt übertragbar sein:

In einem bemerkenswerten Selbstversuch mischte sich Buford unter Fußball-Hooligans, prügelte und blutete mit. In seinem Buch *Geil auf Gewalt. Unter Hooligans*[284] schildert er die Wirkung von Gewalt: ihre drogenartige und bewusstseinsverändernde Wirkung; die Euphorie, die vom Adrenalin ausgelöst wird, »nicht unähnlich der Gewöhnung an Alkohol oder Tabak: zuerst widerwärtig; dann, mit einiger Anstrengung, genussvoll; mit der Zeit wird es zur Sucht. Und am Ende bekommt es vielleicht sogar etwas Selbstzerstörerisches.« Buford schildert die »Erregung, die an etwas Größeres, an ein transzendentes Gefühl grenzte – zumindest Freude, aber eher wohl etwas wie Ekstase. Eine durchdringende Energie ging davon aus; unmöglich, nicht ein wenig davon gepackt zu werden.« Der Autor schreibt weiter: »Ich hatte die Schwerkraft hinter mir gelassen. [...] Es war für mich die Erfahrung absoluten Erfülltseins.«[285] Er schildert des Weiteren die Faszination und Einengung des Bewusstseins sowie die Entzugserscheinungen: die Fadheit der Wochentage ohne Fußball und die entsetzliche Depression der Wochen in der Sommerpause.

Vom Nutzen des Durcharbeitens

Viele der Interviewten sind der Meinung, man müsse sich mit dem Nationalsozialismus beschäftigen, weil man dies quasi den Juden schuldig sei. Ich möchte nachfolgend an einigen Beispielen zeigen, dass es auch für uns, die bundesrepublikanische Gesellschaft, fruchtbar wäre, uns mit den emotionalen Wurzeln des Nationalsozialismus auseinanderzusetzen.

Offenkundig ist dies beim Thema Sucht bzw. Abhängigkeit, die, wie eben gezeigt wurde, eine Wurzel des neuen Rechtsextremismus darstellt. Sucht ist nach Meinung von Wolf-Detlef Rost »in gewisser Hinsicht sogar zum ›Wesenszug‹ unserer Gesellschaft geworden«[286]. So wird die Zahl der alkoholabhängigen Menschen in Deutschland auf 4,3 Millionen geschätzt, weitere ca. 5 Millionen konsumieren Alkohol in suchtgefährdeter Weise. Der Drogenbeauftragte der Bundesregierung schätzt die Zahl der alkoholbedingten Todesfälle pro Jahr auf 40 000; hinzu kommen ca. 1500 Tote durch illegale Drogen und 110 000 Tote in Folge von Tabakabhängigkeit. Die gesellschaftlichen Kosten von Abhängigkeit (Kosten für das Gesundheitswesen, durch alkoholbedingte Unfälle, Straftaten und vieles mehr) werden auf 15 bis 40 Milliarden Euro geschätzt – hinzu kommt seelisches Leid, das in Zahlen gar nicht zu erfassen ist. Zu bedenken sind auch die Folgen anderer Suchtarten, etwa von Arbeitssucht. Der Medizin-Soziologe Johannes Siegrist hält diese Form von Abhängigkeit, die bis zum Tod durch Überarbeitung führen kann, für ein häufiges, besorgniserregendes Problem, für das noch nicht gebührend öffentliches Bewusstsein besteht.

Ein zweites Beispiel: Fruchtbar für unsere Gegenwart und Zukunft wäre es auch, uns mit dem menschlichen Bewusstsein, seinen verschiedenen Aggregatzuständen und Phänomenen wie Regression, Faszination und Abhängigkeit auseinanderzusetzen. Offensichtliche Formen von Bewusstseins-Fesselung (Faszination) sind etwa bei Bildschirmarbeiten, beim Fernsehen oder bei Computerspielen zu beobachten. Dies kann süchtig machen und geschieht auf Kosten der Mit-Welt, die mehr oder weniger aus dem Bewusstsein ausgeblendet wird.

Ausblendungsphänomene geschehen alltäglich, etwa wenn wir Bilder von hungernden Menschen in Afrika sehen und zugleich nicht sehen, indem wir sofort die Zeitung umblättern. In gewissem Maße benötigt der Mensch diese Fähigkeit, die Breite seines Aufmerksamkeitskegels zu verengen, etwa um allzu schmerzhafte Informationen auszublenden und sich auf eine Aufgabe zu konzentrieren. Es macht aber einen Unterschied, ob wir vorübergehend oder chronisch bestimmte unliebsame »Themen« ausblenden (beispielsweise Informationen über die Not der Menschen in Ländern der sogenannten »Dritten Welt« oder die Zerstörung des Erdklimas). Das Ausblenden unbequemer Informationen entlässt uns nicht aus unserer Verantwortung (»Was ich nicht weiß, macht mich nicht heiß ...«).

Ein drittes Beispiel: Für fruchtbar halte ich eine Auseinandersetzung mit dem Thema Scham. Ich beginne mit der Frage, was mit der »deutschen Scham« der Zwischenkriegszeit (die, wie in Kapitel 3 gezeigt, vom Nationalsozialismus instrumentalisiert werden konnte) nach der militärischen Niederlage 1945 eigentlich geschehen ist. Meine These ist, dass sich diese Scham nicht etwa in Luft aufgelöst hat, sondern dass sie in die bundesrepublikanische Gesellschaft »eingesickert« ist und unsere Beziehungen bis heute latent »durchtränkt« – obwohl sich die Bundesrepublik bewusst als moderne Schuld-Kultur versteht und verglichen mit dem Nationalsozialismus in vielerlei Hinsicht humaner und freundlicher geworden ist.

Beschämend ist beispielsweise häufig unser Umgang mit sozial Schwachen, etwa wenn Arbeitslose als Versager und Schmarotzer bezeichnet oder alte Menschen mit Schrott verglichen werden.[287] Die Entwürdigung, Ausgrenzung oder Beschämung von Mitarbeiterinnen und Mitarbeitern (»Mobbing«) ist ein verbreitetes Problem, das nicht nur die Produktivität unserer Wirtschaft nachhaltig beschädigt, sondern auch mit erheblichen psychischen und körperlichen Konsequenzen für die Betroffenen verbunden ist: Kränkungen machen krank.

Eine Berufsgruppe, die heute besonders heftig öffentlich demontiert wird, sind die Lehrerinnen und Lehrer, etwa durch Politiker (»faule Säcke«) oder Medien. Ganz anders als beispielsweise in Kanada oder Finnland, wo Lehrer gesellschaftlich wertgeschätzt werden und deren Schüler in der PISA-Studie Spitzenplätze einnehmen. Dies ist kein Zufall. Die Bildungsmisere hierzulande ist meines Erachtens in erster Linie kein finanzielles Problem – die Bildungsausgaben Finnlands sind nur wenig höher als die Deutschlands.

Entwürdigungen geschehen auch in unseren Klassenzimmern: Nach einer Untersuchung von Wolfgang Melzer empfindet etwa nur ein Drittel der befragten Schüler das Verhalten ihrer Lehrer als nicht-abwertend.[288] Annedore Prengel schätzt, dass in einem Viertel der Klassen die Schüler missachtet werden.[289] Wie viel an menschlichen Fähigkeiten, Kreativität, Lebensfreude, Motivation und letztlich Gesundheit durch Beschämungen kaputtgemacht wird, lässt sich kaum ermessen.

Positiv formuliert: Es wäre für unsere Gesellschaft äußerst fruchtbar, sich bewusst mit Scham und ihren Abwehrmechanismen auseinanderzusetzen und wertschätzende Formen des Umgangs miteinander zu entwickeln: als Prophylaxe gegen den Rechtsextremismus, der sich ja aus den unverarbeiteten Schamerfahrungen seiner Anhänger speist. Für eine freundlichere Gestaltung unserer zwischenmenschlichen Beziehungen. Und für eine gelingende Pädagogik, denn Lehren und Lernen können nur in menschenwürdigen Beziehungen gelingen.[290] Aus dem Durcharbeiten von Scham wäre Humus gewonnen, Potenzial für neues Leben (vgl. Marks 2010).

Anhang

Das Forschungsprojekt

Die Interviews

Die Darstellungen der vorangegangenen Kapitel beruhen auf den Ergebnissen und Schlussfolgerungen des Forschungsprojekts *Geschichte und Erinnerung*. Grundlage dieses Projekts waren Interviews[291] mit Männern und Frauen, die damals Hitler und den Nationalsozialismus bejaht und aktiv mitgetragen haben. Der Akzent lag nicht darauf, »prominente« oder besonders spektakuläre Nazi-Mitläufer oder -Täter[292] zu befragen. Vielmehr suchten wir »ganz normale« NS-Anhänger: ehemalige Mitglieder oder Funktionäre von HJ, BDM, SA, SS, NSDAP, Wehrmacht oder anderen NS-Organisationen. Die Interviewpartner (19 Frauen und 24 Männer) waren zwischen 1906 und 1926 geboren. Jedes Interview bestand aus ein bis drei Gesprächsterminen von insgesamt ca. einer bis sieben Stunden Dauer. Die Gespräche wurden zwischen 1998 und 2001 geführt; sie fanden in der Regel in den Wohnungen der Interviewten statt. Sie wurden per Mikrophon und Tonband aufgezeichnet, auf CDs gebrannt, verschriftlicht und ausgewertet.

Zusätzlich wurden zu Vergleichszwecken elf Gruppengespräche à zwei Stunden durchgeführt, an denen insgesamt 25 Personen aus verschiedenen Generationen teilnahmen. Diese Gespräche dienten dazu, die Erfahrungen von *Einzel*-Interviews mit *Gruppen*-Gesprächen zu vergleichen.

Unser Forschungsteam bestand aus zehn Personen aus den Berufsbereichen Sozialwissenschaft, Psychoanalyse, Psychotherapie, Psychologie, Geschichte, Erziehungswissenschaft, Sozialarbeit und Sozialpädagogik – alle Angehörige der ersten Nachkriegsgeneration. Zusätzlich zu den oben genannten Interviews wurden weitere elf Interviews von jüngeren Interviewern – Studierenden – durchgeführt. Diese Interviews dienten dem Vergleich bezüglich des *Alter*s der Interviewer: Was geschieht, wenn ehemalige NS-Anhänger mit Studierenden (d. h. Angehörigen der zweiten oder dritten Nachkriegsgeneration) sprechen – verglichen mit dem, was passiert, wenn sie mit Angehörigen der ersten Nachkriegsgeneration sprechen?

Durch die tiefenhermeneutische Auswertung der Interviews untersuchten wir die Fragen: Was bewegte die Interviewten damals, Hitler und den

Nationalsozialismus zu bejahen und aktiv mitzutragen? Wie ist diese Erfahrung heute in ihnen kognitiv und emotional gegenwärtig? Was geschieht, wenn Angehörige verschiedener »Generationen«[293] über die NS-Zeit kommunizieren? Zentraler Bestandteil unserer Arbeit waren Peer-Supervision sowie Einzel- und Team-Supervision durch externe Fachkräfte. Die Ergebnisse werden durch Nachfolgeprojekte in die relevanten Praxisfelder transferiert: in Psychotherapie, Beratung, Altenarbeit und Pädagogik (vgl. Marks 2010).

Gegenübertragungen

Eine eindrückliche Erfahrung bestand darin, dass viele der Interview-Transkripte zunächst wenig informativ zu sein schienen – verglichen mit den emotionalen Botschaften zwischen den Zeilen und den Gefühlen, die wir während und nach den Interviews erlebten. Diese Reaktionen, die wir in dieser Wucht nicht erwartet hatten, werden in der Psychoanalyse als Gegenübertragungen bezeichnet (dieser Begriff wird auf S. 183 f. noch erläutert). Oft fühlten wir, die Interviewer, uns im Laufe eines Gespräches wie totgeredet, überrollt oder mundtot gemacht. Verwirrt, müde, passiv, dumm, unklar, wie hypnotisiert oder »besoffen geredet«. Oder wir spürten nach einem Interview ein merkwürdiges, starkes Verlangen nach Zucker. Oft konnten wir mit »dem Thema« nicht aufhören. Oder wir empfanden Scham, etwa darüber, von dem jeweiligen Interviewten manipuliert, »über den Tisch gezogen«, »eingewickelt«, benutzt, überrannt, plattgemacht oder emotional missbraucht worden zu sein (und die Scham darüber, dies zugelassen zu haben). Auch Scham darüber, es nicht geschafft zu haben, dem Interviewten gegenüber authentisch, »männlich«, »stark«, »standhaft« geblieben zu sein; oder zu leichtgläubig, naiv, unaufmerksam, »feige«, unterlegen, »minderwertig«, »zu intellektuell«, ungenügend »gewappnet« oder »zu schwach« gewesen zu sein. Wir fühlten uns häufig, wie wenn etwas Fremdes, Bösartiges in uns hineingestopft worden wäre, etwas, das mit unserem Anliegen als Interviewer nichts zu tun hatte. In der Nacht nach einem Interview tauchten nicht selten Alpträume auf, z. B. dass jemand in die eigene Wohnung eindringt und sie mit Blut besudelt. Ich träumte einmal nach einem Interview, dass ich Massengräber zu öffnen und die halbverwesten Leichen umzubetten hatte.

Diese Erfahrungen zeigten, dass neben den manifesten Texten der Interviews, die per Transkription erfasst werden können, noch weitere, wuchtige, unbewusste Prozesse »zwischen den Zeilen« wirksam waren. Es wurde unvermeidbar, dass wir, die Forschenden, uns mit diesen unbewussten Prozessen auseinandersetzten: zum einen aus Gründen der Psychohygiene, um uns zu schützen. In einem anderen Forschungsprojekt (Interviews mit ehemaligen Napola-Schülern) wurde das Team durch diese unbewusste Psychodynamik gesprengt.[294] Zum anderen war es notwendig, diese Prozesse wahrzunehmen und zu verstehen, da in ihnen wesentliche Informationen über den Forschungsgegenstand verborgen sind:

Die Reaktionen des Forschers auf den Forschungsprozess und -gegenstand werden, ausgehend von der Psychoanalyse, als Gegenübertragungen bezeichnet.[295] Das Konzept der Gegenübertragungsanalyse wurde 1967 von dem Anthropologen, Psychoanalytiker und Ethnopsychoanalytiker Georges Devereux mit seinem Klassiker *From Anxiety to Method in the Behavioral Sciences*[296] für die Sozialwissenschaften fruchtbar gemacht. Wie Devereux aufzeigte, führt die Begegnung des Forschers mit Bewohnern anderer Kulturen unvermeidbar zu Irritationen, Verzerrungen und anderen Störungen. Diese Reaktionen lassen sich durch keine »Technik« ausschließen. Sie ereignen sich – unvermeidbar – und müssen aufmerksam beobachtet und analysiert werden, da sie wichtige Informationen über den Forschungsgegenstand liefern können.[297] Die Analyse der Gegenübertragung wurde von Alfred Lorenzer, Hans-Dieter König, Thomas Leithäuser und Birgit Volmerg, Hans Bosse, Ulrike Jureit und anderen zur Forschungsmethode der Tiefenhermeneutik weiterentwickelt.[298]

Der Forscher selbst wird zum Instrument der Wahrnehmung.[299] Seine Gefühle, Beobachtungen, Reflexionen, Irritationen und Eindrücke sind wichtige Daten, die mit in die Interpretation einfließen.[300] Mit der tiefenhermeneutischen Methode lassen sich auch Gefühle erkennen, die den Interviewten nicht bewusst sind, die sie abwehren und auf den Interviewer projizieren. Dies möchte ich am Beispiel einer charakteristischen Gegenübertragungsreaktion aufzeigen, die im Verlauf unseres Forschungsprojekts auftauchte. Uns, den Interviewern und Interviewerinnen, wurde während einer Team-Supervisionssitzung plötzlich bewusst, dass wir uns schämten; dies kam sehr überraschend für uns, denn wir hatten dieses Thema bis dahin nicht auf unserer Agenda. Im nächsten Schritt untersuchten wir das Interviewgeschehen darauf, wie dieses Gefühl jeweils produziert wurde:

So wurden wir zum einen aufmerksam auf diverse, oft subtile Interaktionen während der Interviews, bei denen wir (als Interviewer oder als

Angehörige der Nachkriegsgeneration) durch unsere Gesprächspartner abgewertet worden waren. Dies geschah beispielsweise in einem Gespräch, kurz nachdem die Interviewerin den interviewten alten Herrn mit historischem Wissen konfrontiert hatte (dieser hatte fälschlicherweise behauptet, in seiner damaligen Wohngegend hätten vor 1933 keine Juden gewohnt). Zum anderen tauchte unsere Scham nach den Interviews auf, wenn Interviewte sich etwa verächtlich über die Opfer des Nationalsozialismus geäußert hatten und wenn wir dies unwidersprochen gelassen hatten (um das Interview nicht zu gefährden, um den Erzählfluss der alten Damen oder Herren nicht zu unterbrechen). In diesem Fall hatten wir das Gefühl, die Opfer und unsere moralischen Überzeugungen verraten zu haben.

Aufgrund dieses häufigen Dilemmas war die Gegenübertragungsreaktion der Entwicklung von Scham nicht zufällig, sondern unvermeidlich. Hier deutete sich ein Zusammenhang zwischen Scham, Schamabwehr und Nationalsozialismus an, dem wir durch erneutes Durcharbeiten der Interviews nachforschten. Auf dem Hintergrund der Scham-Thematik konnten wir nun viele Interviewaussagen (etwa über die Armut, Arbeitslosigkeit, Versailler Vertrag und die politische Schwäche der Weimarer Republik) besser einordnen und daraus die These des Kapitels 3 entwickeln.

Das Forschungsprojekt *Geschichte und Erinnerung* wurde durch die Ertomis Stiftung finanziert. Unser Projektbüro lag in der Freiburger Altstadt, abseits des Hochschul-Campus. Die Mehrzahl unserer Mitarbeiterinnen und Mitarbeiter war nicht in Hochschulstrukturen eingebunden, sondern arbeitete freiberuflich auf Honorarbasis mit. Dies ist erwähnenswert, weil einige unserer Ergebnisse kaum möglich gewesen wären, wenn das Forschungsprojekt enger in Hochschulstrukturen eingebunden gewesen wäre, wie z. B. der Zusammenhang zwischen Scham(abwehr) und Nationalsozialismus. So musste innerhalb unseres Teams (insbesondere durch Team-Supervision) zunächst viel an Vertrauen und Offenheit wachsen, ehe die Gegenübertragungsreaktion der Scham benannt werden konnte, durch die wir erst auf den Zusammenhang zwischen Scham und Nationalsozialismus aufmerksam wurden. Die an vielen Hochschulinstituten (jedenfalls in Deutschland) verbreitete depersonalisierende, negativistische, Menschen-zu-Objekten-machende Sprache sowie berufliche und finanzielle Abhängigkeiten innerhalb eines Forschungsteams[301] hätten das Äußern und Durcharbeiten von Scham vermutlich blockiert.

Auswertung

Um die Irritationen, Störungen und anderen Gegenübertragungen systematisch zu erfassen und durchzuarbeiten, integrierten wir in die Hauptphase des Forschungsprojekts ein aufwendiges Verfahren von Einzel-Supervision, Peer-Supervision und Team-Supervision sowie mehrfache Auswertungen der Interviews durch verschieden zusammengesetzte Kleingruppengespräche. Dabei wurden die CDs mit den Stimmen der Interviewten angehört und durchgearbeitet.

Die Vorgehensweise der Kleingruppen lässt sich nach Erhard Tietel als »offene und ungerichtete Aufmerksamkeit für latente Prozesse«[302] definieren. Gegenüber Freuds Begriff der »gleichschwebenden Aufmerksamkeit«[303], den er im Jahr 1912 formulierte, besteht ein wichtiger Unterschied. Der frühe Freud war noch mit dem vor-Heisenberg'schen Ideal naturwissenschaftlicher Forschung identifiziert, wonach der Forscher objektiv, distanziert und ohne subjektive Reaktionen sein sollte. Die spätere psychoanalytische Erforschung und Würdigung der Gegenübertragung als Erkenntnisinstrument war noch nicht geleistet. Entsprechend negativ äußerte sich Freud dagegen, während des aufmerksamen Zuhörens seinen subjektiven »Erwartungen oder seinen Neigungen« zu folgen: »Gerade dies darf man aber nicht.«[304]

Gerade dies sollte man aber in den Auswertungsgesprächen des hier vorgestellten Projekts tun. Die Aufmerksamkeit sollte nicht nur »nach außen«, auf das gehörte Interviewgeschehen, gerichtet sein, sondern zugleich »nach innen«, auf die eigenen kognitiven, emotionalen und körperlichen Reaktionen: Beobachtungen, Irritationen, Phantasien, Störungen, Widersprüche, Auffälligkeiten, Gefühle usw. Durch dieses Verfahren sollten die Gegenübertragungsreaktionen möglichst umfassend wahrgenommen und nachfolgend analysiert werden. Auf diese Weise sollte das Erkenntnispotenzial dieser Reaktionen nicht verschenkt, sondern genutzt werden.

Bei den Interview-Auswertungen griffen wir nicht auf die Transkripte, sondern auf den Originalton zurück. Der Grund dafür ist, dass gesellschaftliche Ereignisse (wie z. B. der Nationalsozialismus oder ein Interview) insofern vierdimensional sind, als die Akteure und Räume dreidimensional sind und sich in der vierten Dimension, der Zeit, entfalten. Ein Transkript hingegen ist flach, Papier, zweidimensional. Beim Heruntertransponieren eines vierdimensionalen Ereignisses auf ein zweidimensionales Medium[305] durch die Verschriftlichung – auch wenn sie noch so aufwendig gemacht wird – gehen wesentliche Informationen verloren.

Im Falle des hier vorgestellten Forschungsprojekts wären dadurch vor allem die Daten verlorengegangen, die gerade erforscht werden sollten, denn mit der Reduzierung auf die zweite Dimension ist eine Reduzierung der Medien und damit der involvierten Sinnesorgane verbunden: Das körperliche, auditive und visuelle Interviewgeschehen wird reduziert auf das visuelle Medium (Text). Augen-Sinn und Hör-Sinn sind jedoch verschieden, daher »führt Hören auch zu andern Resultaten als Lesen. Zunächst einmal vermittelt der Höreindruck das Gesprochene direkter, insbesondere auch jene Gesprächselemente, die über die bloße Semantik der Wörter hinausgehen. Selbst eine Verschriftlichung, die dies einbezieht, reicht in ihrer Aussagekraft nicht an das Geräuschprotokoll heran: Es macht jene Elemente nicht nur gedanklich nachvollziehbar, sondern auch erfahrbar – etwas, das keine noch so ›ideale‹ Verschriftlichung leisten kann.«[306] Darüber hinaus involvieren auditive bzw. visuelle Sinnesorgane verschiedene Gehirnregionen und -prozesse und betreffen unterschiedliche »Arten« von Informationen. Das Gehör ist das Sinnesorgan, das am unmittelbarsten mit den Gefühlen verbunden ist – anders als die Augen. Der Akustik-Mediziner Gerald Fleischer beschreibt den Schall als Träger von Gefühlen: »die Seele hängt am Ohr.«[307] Da wir nicht »Objekte« (im geschichtswissenschaftlichen Sinne) erforschten, sondern die subjektiven Gefühle und Motive der am NS beteiligten Männer und Frauen, waren das auditive Medium und der Hör-Sinn zur Auswertung der Interviews besonders geeignet.

Interviews mit NS-Anhängern – nach so langer Zeit?[308]

Ist es sinnvoll, Interviews mit am Nationalsozialismus Beteiligten nach so langer Zeit zu führen? Seit der militärischen Niederlage des »Dritten Reiches« im Jahr 1945 bis zu den von uns geführten Interviews waren immerhin 53 und mehr Jahre vergangen. Kann es nach so langer Zeit noch verlässliche Erinnerungen an jene Zeit geben? Diese Frage soll in diesem Abschnitt diskutiert werden.

Ein verbreitetes Missverständnis über Gedächtnis und Erinnerung besteht darin, dass mit zunehmender Zeitdauer immer mehr Gedächtnisinhalte verlorengehen. Diese Vorstellungen müssen aufgrund der modernen Gedächtnisforschung differenziert werden: Die aktuelle neurobiologische Forschung hat erkannt, dass Wahrnehmung, Gedächtnis und Erinnerung dynamische und komplexe Prozesse sind, wobei körperliche, emotionale und kognitive Prozesse eng miteinander verwoben sind. Das Gedächtnis ist nicht in einem bestimmten Organ (Kopf?) lokalisiert, sondern der Körper selbst ist das Gedächtnis. Daher auch der treffende Buchtitel *Das Gedächtnis des Körpers* des psychotherapeutischen Mediziners, Internisten und Psychiaters Joachim Bauer (2002). Auch die Psychoanalytikerin Marianne Leuzinger-Bohleber und der Informatiker Rolf Pfeifer stellen fest: »Gedächtnis ist – dies legen Forschungen von Brooks, Edelman, Rosenfeld, Clancey, Glenberg und der Forschungsgruppe um Pfeifer nahe – ein Aspekt des gesamten Organismus: Es ist kein bestimmtes Modul oder Organ.«[309] Demzufolge ist Gedächtnis »ein theoretisches Konstrukt zur Erklärung von Verhalten, wobei wir von Lernen und Gedächtnis sprechen, wenn sich das Verhalten des Organismus mit der Zeit ändert«[310].

Grundsätzlich muss unterschieden werden zwischen unterschiedlichen Qualitäten von Erfahrungen, die jeweils unterschiedliche Prozesse im Körper sowie unterschiedliche Erinnerungsprozesse involvieren. Für die Fragestellung des Forschungsprojekts waren insbesondere die Unterscheidungen relevant zwischen

- dem *semantischen* Gedächtnis (das neutrales Faktenwissen bzw. die »Fakten-Anteile« von Erfahrungen beinhaltet) und dem *autobiographischen* oder episodischen Gedächtnis (das sich auf die eigene Erfahrung bezieht und emotional eingefärbt ist).
- Des Weiteren ist zu unterscheiden zwischen *bewusstem* (oder explizitem) Gedächtnis und *unbewusstem* (oder implizitem) Gedächtnis.[311]

Die neurobiologische Erforschung des Gehirns beginnt zu verstehen, wie sich menschliche Erfahrungen (auch dann, wenn sie unbewusst sind) zu Gedächtnisinhalten addieren. Sie hinterlassen im Körper Inschriften (Engramme), die verlorengehen können – oder aktiv bleiben, auch dann, wenn sie Jahre oder Jahrzehnte Zeit stumm waren, um dann wieder aktiviert zu werden. Sinneseindrücke werden zu biologischen Signalen umgewandelt, unter deren Einfluss das Gehirn seine eigene Mikrostruktur verändert und eine Reihe körperlicher Veränderungen (bis hin zur Aktivierung von Genen, Hormonen usw.) bewirkt werden.

Wahrnehmungen und Vorstellungen beruhen auf synaptischen Verschaltungen von Nervenzellen zu Netzwerken. Einer bestimmten subjektiven Wahrnehmung oder Vorstellung entspricht jeweils ein spezifisch ausgebildetes Verknüpfungsmuster zwischen Nervenzellen. Dabei werden

Elemente der äußeren Welt mit inneren (körperlichen und emotionalen) Reaktionen verbunden. Es gibt fast unendlich viele Verknüpfungen von Nervenzellen. In einer gegebenen Situation, wenn ein begrenzter Wahrnehmungs- oder Vorstellungsinhalt *selektiv* aktiviert wird, wird das betreffende Nervenzell-Netzwerk gegenüber dem »Hintergrund« all der anderen Netzwerke hervorgehoben. Nach Joachim Bauer befinden sich die Nervenzell-Netzwerke, die an einer momentanen Wahrnehmung oder Vorstellung beteiligt sind, im Moment dieser gemeinsamen Aktion »in einer zeitgleichen (simultanen), phasengleichen (synchronen), rhythmischen bioelektrischen Aktivität, zu der sie sich über ihre Verbindungen anregen«[312]. Durch die Aktivierung von Nervenzellen und Nervenzell-Netzwerken werden ihre Verknüpfungen verstärkt; auf diese Weise werden gleichartige Erfahrungen immer intensiver eingeprägt.

Grundsätzlich ist zu differenzieren zwischen verschiedenen Qualitäten von Erfahrungen, etwa *positiven* Erfahrungen (z. B. freundliche oder interessante Interaktionen oder reizvolle Aufgabenstellungen), auf der einen Seite und *unangenehmen*, schmerzhaften oder gefährlichen Situationen auf der anderen. Die positiven Erfahrungen aktivieren wesentlich andere Reaktionen als die unangenehmen. Letztere bewirken u. a. die Aktivierung des Alarmzentrums des Gehirns, was zu Stressreaktionen führt; in der Folge verändern sich Herzfunktion, Atmung, Muskelanspannung usw.

Diese biologischen Veränderungen bilden sich meistens wieder zurück, wenn die Belastung *rasch* vorübergeht. Anders bei *weiterbestehenden*, *wiederholten* oder *traumatischen* Belastungen, die schwerwiegende körperliche Folgewirkungen (wie auch Krankheiten) haben können und daher nicht schnell veränderbar sind. Bereits 1890 formulierte William James: »Ein Erlebnis kann unsere Gefühle so aufwühlen, dass es fast eine Narbe im zerebralen Gewebe hinterlässt.«[313]

Bereits die Wahrnehmung ist mit *körperlichen* Reaktionen verbunden (z. B. mit den genannten Stressreaktionen und Schreckgefühlen) und hinterlässt Spuren in den Nervenzell-Netzwerken. Dabei werden die verschiedenen Aspekte einer Erfahrung (z. B. Bilder, Geräusche, Gefühle, Bedeutungen, Fakten) nicht als ein zusammengeschnürtes Bündel »gespeichert«, sondern auf die verschiedenen Körperregionen verteilt (z. B. die emotionalen Aspekte im limbischen System, die Fakten in der Hirnrinde usw.). Umgekehrt werden beim Abrufen und Erinnern die verschiedenen kognitiven, emotionalen und körperlichen Aspekte des Erinnerten aus den verschiedenen jeweils beteiligten Körperregionen sozusagen wieder »zusammengepuzzled«. Dieses Zusammenwirken von Wahrnehmen, körperlichen Reaktionen und Erinnern bewirkt, dass nicht nur die Wahrnehmung, sondern auch die Erinnerung z. B. an eine beängstigende Situation mit der Aktivierung von körperlichen Prozessen verknüpft ist und unweigerlich ein Zittern der Stimme auslöst. Oder dass mit der Erinnerung an eine Jugendliebe die Stimme einen zärtlichen oder schwärmerischen Klang bekommt usw. Diese körperlichen Aspekte des Erinnerns und Erzählens teilen sich – vor allem über das auditive Medium – wiederum dem Zuhörer mit. Daher das von uns gewählte Auswertungsverfahren.

Die Nerven-Netzwerke »befinden sich in ständiger ›Stand-by‹-Bereitschaft, sie sind großenteils unbewusst, werden jedoch immer dann automatisch tätig, wenn neue aktuelle Ereignisse bewertet werden müssen«[314]. Somit bleiben frühere Erfahrungen, auch wenn sie der Erinnerung nicht mehr bewusst zugänglich sind, für das Erleben und Verhalten in künftigen Situationen in hohem Maße wirksam.[315] Die Art und Intensität der Erinnerungsspuren hängen vor allem von drei Faktoren ab:

1. Davon, wie *emotional* besetzt ein Ereignis erlebt wurde. Die autobiographische Erinnerung ist umso genauer, je größer die emotionale Valenz einer Erfahrung war.[316] So wird in der Forschung vom »Schmerzgedächtnis«, vom »Gedächtnis für Angst« und vom »Suchtgedächtnis« gesprochen.[317] Die Qualität der Erinnerung hängt auch davon ab, wie wichtig die Erfahrung für uns war, »wie viel Aufmerksamkeit wir dem Ereignis ursprünglich geschenkt haben«[318]. Dieser Tatbestand war wesentlich für unser Forschungsvorhaben, denn wir suchten ja die *Emotionen* der Interviewten zum »Dritten Reich«. Wir fragten sie ja nicht danach, was sie am 2. März 1934 zum Frühstück gegessen hatten. Für die Erforschung von emotional irrelevanten Informationen wäre die Interview-Methode nach so vielen Jahrzehnten in der Tat ungeeignet.
2. Von der *Intensität* des Ereignisses, der sogenannten Verarbeitungstiefe: »Die Theorie der Verarbeitungstiefe (›levels of processing‹) verweist darauf, dass es bei größerer ›Tiefe‹ der Informationsverarbeitung wahrscheinlicher ist, dass die Information im Gedächtnis eingeprägt wird.«[319] Die Gedächtnisforschung spricht von einem »Dauerspeicher«, in dem besonders gut gelernte Informationen aufbewahrt sind und in dem kein erkennbares Vergessen stattfindet.
3. Von der *Wiederholung des Ereignisses:* Häufig und intensiv gebrauchte Nervenzell-Netzwerke sind besonders stabil.

Gerade die nationalsozialistische Propaganda beruhte wesentlich auf dem Prinzip der Wiederholung. So betonte Adolf Hitler in *Mein Kampf*, Propaganda habe sich »*auf wenig zu beschränken und dieses ewig zu wiederholen. Die Beharrlichkeit ist hier wie bei vielem auf der Welt die erste und wichtigste Voraussetzung zum Erfolg.*«[320] Propaganda sei »*nicht dazu da, blasierten Herrchen laufend interessante Abwechslung zu schaffen, sondern zu überzeugen, und zwar die Masse zu überzeugen […] Nur einer tausendfachen Wiederholung einfachster Begriffe wird sie endlich ihr Gedächtnis schenken.*«[321]

In einer (auf S. 161 f. bereits zitierten) Rede am 4. 12. 1938 benennt Hitler, wie die deutsche Jugend durch wiederholte und intensive Gruppenerfahrungen in NS-Organisationen dauerhaft geprägt werden solle: von Jungvolk und Hitlerjugend über Partei, SA, SS, NSKK, Arbeitsdienst zur Wehrmacht und dann wieder zu SA und SS. Hitler schloss mit der Prognose: »*Und sie werden nicht mehr frei ihr ganzes Leben!*«

Zwölf Jahre lang erlebten die von uns interviewten Männer und Frauen den Nationalsozialismus in der von Hitler beschriebenen Weise: wiederholt, intensiv und, wie sich zeigte, sehr emotional, nämlich mit Begeisterung. Was diese Erfahrungen betrifft, ist aufgrund der Gedächtnisforschung zu erwarten, dass sie recht gut »erhalten« sind.

Soweit die Erinnerungen an diese Erfahrungen bewusst sind, können sie per Interview, Transkription und Textanalyse erfasst werden. Soweit diese Erinnerungen jedoch unbewusst sind, werden sie unvermeidlich in der Beziehung des Interviewten mit dem Interviewer wiederholt und durch Gegenübertragungsanalyse verstehbar. Erinnerungen können aus verschiedenen Gründen unbewusst sein: Etwa wenn die zugrunde liegenden Erfahrungen nicht mit ganzem Bewusstsein erlebt wurden (z. B. die sublimen Einflüsse von Musik) oder wenn sie im weiteren Verlauf des Lebens nicht aufgearbeitet oder vergessen wurden. Oder wenn sie einer Tabuisierung unterliegen, das ist, wie wenn sie luftdicht unter einer Plastikfolie versiegelt würden.

Anliegen des Forschungsprojekts und dieses Buches ist es, unbewusste bzw. tabuisierte Aspekte der Erinnerung von am Nationalsozialismus Beteiligten aus ihrer luftdichten Versiegelung zu befreien – mit der Hoffnung, dass sie, gemäß der Metapher William Randalls, so einer Kompostierung zugänglich werden: einem Lernen *aus* der Geschichte.

Anmerkungen

1 Lenz (1988), S. 92.
2 Vgl. Randall (2007).
3 Das Cargo-Theater (www.cargo-theater.de) entwickelte unter der Regie von Christian Suchy ein Theaterstück, dass die Spannung zwischen den beiden Verständnissen des menschlichen Gedächtnisses (Computer oder Komposthaufen?) thematisiert. »Glücklich ist, wer vergisst ...« ist, wie die Badische Zeitung rezensierte, »eine genial inszenierte Gratwanderung über die Abgründe des Nationalsozialismus, fernab jeder moralinsauren Betroffenheitskultur.« Dem Cargo-Theater gelingt es, »einen ganz persönlichen Erinnerungsprozess fern der Stockstarre des offiziellen Gedenkens zu initiieren«. (Klötzer [2005], S. 26.)
4 Adorno (1969), S. 87; 91. Ich werde in diesem Buch auch von Bewusstseinsstrukturen oder psychischen Aggregatzuständen sprechen.
5 Ebd., S. 95; 87.
6 Vgl. Schröder (2000, 2003); Balle (1990); Günther (1992).
7 Borries (2004), S. 49.
8 Ebd., S. 49.
9 Duden (2000), Sp. 1308.
10 Kraft (2004), S. 42.
11 Freud (1912–13/1970), S. 311.
12 Ebd., S. 314 f.
13 Vgl. Ullrich (2002).
14 Ebd.
15 Nach Aly (2005) waren die wenigen tausend Mitarbeiter der Gestapo vorwiegend damit beschäftigt, den zahlreichen Denunziationen aus der Bevölkerung nachzugehen.
16 Rede Himmlers bei der SS-Gruppenführertagung in Posen am 4. Oktober 1943. Eine Abschrift der Rede wurde erstmals 1948 veröffentlicht in einer Sammlung von Dokumenten zum Nürnberger Prozess gegen die Hauptkriegsverbrecher vor dem Internationalen Militärgerichtshof, Nürnberg, 14. November 1945–1. Oktober 1946.
17 Wagensommer (2003), S. 117.
18 Dies drückt sich beispielsweise in Abbildungen wie dem Spiegel-Titelbild vom 3. Juni 2002 aus; es zeigt das Gesicht Adolf Hitlers, das in eine Rauchwolke übergeht.
19 Der Vortragstext wurde veröffentlicht unter dem Titel »Zukunft entsteht aus Erinnerung« (Rau 2005).
20 Tatsächlich *werden* diese Erinnerungen in vielen Familien durchaus an die nachfolgenden Generationen weitergegeben, allerdings oft in unaufgearbeiteter Weise – und aus diesem Grund besteht in der Tat Anlass zur Sorge in Bezug auf

die deutsch-jüdischen Beziehungen. Auch in einschlägigen TV-Produktionen werden Aussagen von Anhängern des Nationalsozialismus häufig in unreflektierter Weise weitergegeben. Ich plädiere nicht für ein Sprechverbot, sondern für eine kritische Reflexion von Aussagen über die Vergangenheit, die – insbesondere unter dem gleichschaltenden Etikett »Zeitzeugen« – oft ausbleibt.

21 Zit. in: Sichrowsky (1987), S. 41 f.

22 Dieses Tabu dürfte durch § 130 StGB von 1994 noch verstärkt werden: »Mit Freiheitsstrafe bis zu fünf Jahren oder mit Geldstrafe wird bestraft, wer eine unter der Herrschaft des Nationalsozialismus begangene Handlung der in § 220 a Abs. 1 (= Völkermord) bezeichneten Art, die geeignet ist, den öffentlichen Frieden zu stören, öffentlich oder in einer Versammlung billigt, leugnet oder verharmlost.«

23 Ein Beispiel: Die Gedenkstätten-Initiative einer hessischen Kleinstadt veranstaltete 2005 einen wissenschaftlichen Vortrag über die Motive der NS-Anhänger. Das Plakat zeigte jubelnde Nationalsozialisten auf dem Reichsparteitag 1938. Die Veranstalter erhielten daraufhin einen besorgten Anruf vom Bürgermeister: Ob es denn erlaubt sei, Hakenkreuze abzubilden.

24 Schmidt (2000), S. 254.

25 Kraft (2004), S. 13 f.

26 Dörr (1986), S. 49.

27 Hier wird deutlich, dass »Begegnung« von den Interviewten ganz anders begriffen wird als z. B. von Martin Buber.

28 Freud (1912–13/1970), S. 335.

29 Verschiedene Autoren interpretieren diese Propaganda dahingehend, dass Hitlers Popularität bei Frauen erhalten werden sollte. Diese Interpretation übersieht die magische Dimension des nationalsozialistischen Bewusstseins.

30 Weber (1972), S. 140.

31 Wolf (2005), S. 22.

32 Ebd., S. 27.

33 Die Betonung der *Gott*-ähnlichen Kräfte Hitlers erfuhr nach 1945 eine Umpolung von positiv zu negativ, insofern Hitler besondere *dämonische* Kräfte zugeschrieben werden, z. B. durch Joachim Fest in Beiträgen für den Spiegel mit Titeln wie: »Das Böse als reale Macht« (1999) und »Die Verkörperung des Bösen« (2001).

34 Eine umfassende Analyse der NS-Propaganda (und der NSDAP-internen Fraktionen und Widersprüche) kann an dieser Stelle nicht geleistet werden.

35 Dacqué (1938), S. 177.

36 Zit. in: Digitale Bibliothek (2005). Bd. 49: Das Dritte Reich. Droste Directmedia, S. 1572. Im Internet verfügbar unter: www.digitale-bibliothek.de/scripts/ts.dll?s=7&id=B529ACEC&mp=/art/4049/&sc=band49.htm.

37 Flickenschild (1940), S. 43.

38 Gugenberger & Schweidlenka (1993), S. 130.
39 Murawski (1941), S. 51.
40 Plassmann (1939), S. 93.
41 Ebd.
42 Bracher (1972), S. 158; 161; 164; 164 f.
43 Jens (1966), S. 14.
44 Fest (1999), S. 197.
45 Bloch (1962), S. 155.
46 Haug (1980), S. 76.
47 Jean Gebser (1973) bezeichnet die Bewusstseinsstruktur des modernen Menschen als »mental«.
48 Horkheimer & Adorno (2001), S. 40.
49 Vgl. Jung (1931/1969, 1985), S. 432.
50 Vgl. Neumann (1974), S. 300.
51 Nach der NS-Ideologie sollte das »Wissen« vielmehr auf nicht-kognitivem Wege erworben werde. So schrieb z. B. der NS-Ideologe J. O. Plassmann: »Dies Wissen ist kein aus dem Verstand geborenes Dogma und kein dürres Prinzip, sondern ein stetes inneres Miterleben und Mitschwingen mit dem Weltgeschehen. Es ist in keiner Moral zu erfassen.« (Plassmann [1942], S. 2.)
52 Diese Aussage wird Joseph Goebbels zugeschrieben.
53 Kraft (2004).
54 Nach Kraft »dürfte es wohl kaum ein Zufall sein, dass sich die drei Affen in unzähligen kunsthandwerklichen Varianten in deutschen Wohnungen nach dem Zweiten Weltkrieg befanden«. (Kraft [2004], S. 63.)
55 Grieswelle (1972), S. 129.
56 Kay Hoffman (1996) weist darauf hin, dass bei Begriffen wie »eingeschränkt«, »reduziert« und »Regression« Abwertungen mitklingen, die aus ethnologischer Sicht zu hinterfragen sind. Denn der Standpunkt, von dem aus diese Bewertung erfolgt, ist das mentale Ich-Bewusstsein des modernen westlichen Menschen. Von *diesem* Standpunkt aus betrachtet erscheint der hypnotische Bewusstseinszustand als Einschränkung, Reduzierung, Regression und ist mit existenziellen, archetypischen Ur-Ängsten verbunden. Daher lösen die Begriffe Trance und Hypnose oft unheimliche, bedrohliche Assoziationen aus. Es gibt jedoch Kulturen, in denen Trance im sozialen und religiösen Kontext als selbstverständlich gilt.
57 Die Verarbeitungsfähigkeit der Zuhörerin wird auch überlastet, wenn sie keine Gelegenheit bekommt, sich angesichts einer monologisierenden Wörterflut durch Verständnisfragen zu orientieren. Dies ereignete sich in den Interviews, da die Interviewten eine ausgeprägte Neigung zeigten, zu monologisieren und Fragen der Interviewer zu übergehen oder zu unterbinden. So wurde die Fähigkeit des Zuhörers, Informationen zu verarbeiten, schnell erschöpft – umso schneller

dann, wenn darauf verzichtet wurde, sich durch Verständnisfragen zu orientieren (was nach einer verbreiteten Meinung innerhalb der Sozialwissenschaft in der ersten Phase eines Interviews unterbleiben sollte).

58 Erickson & Rossi (1981), S. 316.

59 Ebd., S. 326.

60 O'Hanlon (1995), S. 171.

61 Ebd., S. 171.

62 Grinder & Bandler (1987), S. 18.

63 Vgl. Simons & Chabris (1999).

64 O'Hanlon (1995), S. 163.

65 Bei der Verschriftlichung der Interviews war es oft schwierig zu entscheiden, wo Punkte oder Kommata zu setzen sind; dies lässt sich beispielsweise auch bei Reden Adolf Hitlers beobachten.

66 Dazu ein Lehrbuchbeispiel: Milton Erickson wurde von einer Frau zur Behandlung aufgesucht, die kinderlieb war, aber sich wegen ihres riesigen Gesäßes für unattraktiv hielt. Erickson versuchte nicht, diese Tatsache zu beschönigen, sondern ihre bestehende Meinung über diese Tatsache abzulösen (deframing) und durch eine veränderte Meinung darüber zu ersetzen (reframing). Er sagte ihr, dass der Mann, der sie heiraten wolle, eine prächtige, wundervolle Wiege für die Kinder sehen werde, welche sie beiden wollen. Sie wurde tatsächlich eine glückliche Mutter mit vielen Kindern. Vgl. Weiss (1990), S. 162.

67 Der Begriff Schuld-Kultur wird in Kap. 3 erläutert, vgl. S. 82 f..

68 Diese Annahme übersieht den qualitativen Unterschied zwischen Information und Wissen, vgl. Gore (1992), S. 201.

69 Dasselbe Missverständnis liegt auch manchem Geschichtsunterricht zugrunde: die Annahme, eine hinreichende Menge von Informationen über Menschenrechtsverbrechen (etwa durch den Holocaust) würde die Schüler quasi naturwüchsig zu Toleranz und Demokratie erziehen.

70 Frau Federn hatte zuvor zwei Situationen geschildert, in denen sich ihr die Unmenschlichkeit des Nationalsozialismus offenbarte. Ihre Formulierung »lediglich zwei Fälle« suggeriert, dass dies nicht ausgereicht habe, um sie wachzurütteln: zweimal ist keinmal.

71 Im Jahr 1945 war die Interviewte 24 Jahre alt.

72 Vgl. Jung (1971).

73 Meyers Lexikon (1937), Sp. 1026 f., zit. in: Berning (1964), S. 92.

74 Völkischer Beobachter Nr. 327/23.11.1938, S. 2, zit. in: ebd.

75 Goebbels (1934), S. 28.

76 Völkischer Beobachter Nr. 27/27.1.1933, S. 8, zit. in: Berning (1964), S. 93 f.

77 Goebbels (1941), S. 271.

78 Vgl. Berning (1964), S. 41.

79 Hitler (1930), S. 401.

80 Goebbels (1934), S. 124.

81 Hitler (1930), S. 268; 288; 480 f.

82 Bauer (2005), S. 11.

83 Neurobiologisch beruht die ansteckende Wirkung auf den sogenannten »Spiegelneuronen«, vgl. Bauer (2005).

84 Ein unbewusstes Ansteckungsphänomen in einem Interview wird in Marks (2003) analysiert.

85 Diese Beobachtung korrespondiert mit dem Typus der »charismatischen Herrschaft«, den Max Weber ausgehend von magischen Kulturen und deren Mana-Vorstellungen entwickelte. Diese Form der Herrschaft stützt sich idealtypisch nicht auf einen Verwaltungsapparat geschulter Beamter, sondern auf »Jünger«, »Gefolgschaft« und »Vertrauensmänner«, die ihrerseits »nach charismatischen Qualitäten ausgelesen« (Weber [1972], S. 141) werden. Demnach gibt es keine Anstellung, Absetzung, Laufbahn usw., »sondern nur Berufung nach Eingebung des Führers« (ebd., S. 141) bzw. durch dessen Sendboten.

86 Behrenbeck (1996), S. 45.

87 Aus traumatologischer Sicht dürfte das Gefühl, in der Volksgemeinschaft geborgen zu sein, als Resilienz-Faktor gewirkt haben. Mit »Resilienz« wird in Medizin und Psychologie die menschliche Fähigkeit bezeichnet, Lebenskrisen, den Verlust nahestehender Menschen oder traumatische Erfahrungen ohne größere Beeinträchtigungen durchzustehen. Resilienz wird begünstigt etwa durch körperliche Vitalität, sinnzentrierte Lebenshaltung, positive Einstellung zu Problemen oder ein solidarisches Umfeld.

88 Körner (2000), S. 603. Balint unterscheidet zwischen malignen und gutartigen Regressionen; Letztere geschehen in gut geführten psychotherapeutischen Behandlungen und verhelfen Patientinnen und Patienten zu einem Durcharbeiten vergangener Erfahrungen. Regressionen können von unterschiedlicher Intensität sein.

89 Für Horkheimer und Adorno ist dies »die älteste Angst [...], die vor dem Verlust des eigenen Namens«. (Horkheimer & Adorno [2001], S. 37.)

90 Ebd., S. 40.

91 Vgl. Kaplan-Solms & Solms (2003), S. 195–197.

92 Grieswelle (1972), S. 123.

93 König (1990), S. 170.

94 In den Interviews war die erste Gruppe von Hypnose-Techniken auffälligerweise vorwiegend bei den weiblichen Interviewten, die zweite Gruppe bei männlichen Interviewten zu beobachten.

95 Vgl. Ulonska (1990), S. 118.

96 Kruse (1932), S. 100.

97 Vgl. Gugenberger & Schweidlenka (1993), S. 116–178.

98 Adorno & Horkheimer (2001), S. 27f., verstehen Trommelschlag und monotones Wiederholen von Worten und Gesten als Nachahmung magischer Praktiken.

99 Hoffman (1996), S. 111.
100 Zit. in: Marks (1999), S. 33.
101 Vgl. ebd., S. 35; Patzlaff (1988).
102 Fleischer (1990), S. 9.
103 Bethge (2003), S. 130; 138.
104 Vgl. ebd., S. 135.
105 Ebd., S. 140.
106 Vgl. ebd.
107 Vgl. Kaiser (1997), S. 707 f.
108 Vgl. Klimó & Rolf (2003), S. 1.
109 Die Informationen über Scham und ihre Abwehr in diesem Abschnitt basieren insbesondere auf dem Standardwerk *Die Maske der Scham* von Leon Wurmser (1997).
110 Rushdie (1990), S. 145.
111 Wurmser (1997), S. 47.
112 Hultberg (1987), S. 93.
113 Wurmser (2007), S. 21.
114 Haarer (1934), S. 111.
115 Ebd., S. 176.
116 Vgl. Spiegel (2005).
117 Vgl. Lewis (1993), S. 154.
118 Rushdie (1990), S. 107.
119 Ebd., S. 108.
120 Hultberg (1987), S. 92.
121 Keats (1958), S. 273.
122 Hilgers (1997), S. 171.
123 Vgl. Saint-Exupéry (2006), S. 46.
124 Vgl. Kohlberg (1995).
125 Vgl. Neckel (1991), S. 59.
126 Vgl. Kraft (2004), S. 15 f.
127 Vgl. Kächele (1970).
128 Bezeichnenderweise beginnt die Mitgliedschaft in militaristischen Kulturen oder Subkulturen mit entwürdigenden Initiationsriten.
129 Görtemaker (2004) schätzt, dass ca. elf Millionen Menschen in Konzentrations- und Vernichtungslagern ermordet wurden.
130 Unklar bleibt, weshalb der Interviewte das Kriegsgefangenenlager als »Negerkaserne« bezeichnet; er betont, dass es von einem Juden geleitet wurde.
131 Der Interviewte spricht im Plural von »wir«, womit vermutlich seine Kohorte oder Generation gemeint ist.
132 Bemerkenswerterweise wird fast durchweg von Kameraden, nicht von Freunden gesprochen.

133 Das Verlagern der Scham nach außen bedeutet Schamlosigkeit, aber keine Befreiung von der Scham (Schamfreiheit), da durch die Abwehr verhindert wird, dass die eigenen Scham-Erfahrungen durchgearbeitet, bewusstgemacht und integriert werden können. Daher besteht die Gefahr, dass die weiterbestehende Schamproblematik den Abwehrenden immer wieder einholt. Um diese abzuwehren, muss die Dosis an Abwehr, wie bei jeder Sucht (vgl. Kap. 6), zunehmend gesteigert werden; daher die häufig zu beobachtende Eskalation z. B. bei schammotivierter Gewalt, etwa beim Rassismus.

134 Zufälligerweise wird in diesem Moment während des Interviews auf der Straße der Müll abgeholt; auf die Ähnlichkeit mit dem gerade geschilderten Abtransport von Juden angesprochen, bejaht die Interviewte diesen Eindruck.

135 Mit »schanzen« ist das Graben von Panzergräben gegen die heranrückenden alliierten Truppen gemeint.

136 Erb (1991), S. 215.

137 Arendt (1964), S. 57.

138 Gemeint ist die polnische Stadt Lodz, die von den Nazi-Besatzern als »Litzmannstadt« bezeichnet wurde.

139 Die Nymphe Leirope wurde vom Flussgott Kephissos vergewaltigt.

140 Ranke-Graves (1987), S. 259.

141 Vgl. Kernberg (2006).

142 Altmeyer (2000), S. 143 f.

143 Ebd.

144 Thürmer-Rohr (2002), S. 4.

145 Vgl. ebd., S. 2. Martin Buber betonte: »Ich werde am Du; Ich werdend spreche ich Du. Alles wirkliche Leben ist Begegnung.« (Buber [1994], S. 15.) An anderer Stelle schrieb Buber, dass »das Du-Sagen des Ich im Ursprung alles einzelnen Menschwerdens steht«. (Buber [1994], S. 301.)

146 Thürmer-Rohr (2002), S. 5.

147 Vgl. Schmidt-Lellek (2002), S. 6.

148 Vgl. Symington (1999), S. 93. In Kap. 2 wurden einige der Verwirrungstechniken beschrieben, mit denen viele der Interviewten dafür sorgen, nicht verstanden zu werden.

149 Symington (1999), S. 78. Narzissmus bedeutet nach Symington, im Kokon einer narzisstischen Hülle zu leben, dissoziiert von den Emotionen. Selbsterkenntnis wird um jeden Preis vermieden, »es besteht eine fundamentale panische Angst, tiefer zu blicken.« (Symington [1999], S. 84.) Daher auch die Unfähigkeit, Kritik anzunehmen. Selbsterkenntnis wird dadurch verhindert, dass die unerwünschten Aspekte des eigenen Charakters (wie z. B. Neid, Eifersucht oder Aggressivität) auf andere projiziert werden.

150 Beispielhaft für diese Haltung ist etwa folgende Kleinanzeige: »Liebe A ..., bleib so, wie wir Dich lieben!« (Badische Zeitung, 25. 10. 2003.)

151 Vgl. Heyne (1993), S. 341.
152 Ebd., S. 341.
153 Miller (1983).
154 Vgl. Heyne (1993), S. 344.
155 Ebd., S. 344.
156 Schmidt-Lellek (2002), S. 3.
157 Willi (1991), S. 65.
158 Vgl. Willi (1991), S. 190. Kollusion wird dann erreicht, »wenn man im anderen jenen anderen findet, der einen in dem falschen Selbst ›bestätigt‹, das man zu realisieren sucht. Jeder hat einen anderen gefunden, der ihm seine eigene falsche Vorstellung von sich selbst bekräftigt und diesem Eindruck den Schein von Realität verleiht.« (Ebd., S. 190.)
159 Tatsächlich ist der Rhein an der betreffenden Stelle so breit, dass von deutscher Seite aus weder die Hautfarbe noch die Narben in den Gesichtern der französischen Soldaten erkennbar sein konnten. Dies deutet darauf hin, wie stark die Wahrnehmung der *objektiven* Lebenssituation des Interviewten durch den *subjektiven* Faktor Scham geprägt war.
160 Diese Beobachtung korrespondiert mit Max Webers These über charismatische Herrschaft und den Herrschaftsverband der emotional vergemeinschafteten »Gemeinde«. Im Unterschied zum Verwaltungsstab des Beamtentums (bei der »legalen Herrschaft«) ist der charismatische Führer von Jüngern oder Vertrauensmännern umgeben, die ihrerseits nach charismatischen Qualitäten auserlesen wurden. Anstellung ist ersetzt durch »Berufung nach Eingebung des Führers auf Grund der charismatischen Qualifikation des Berufenen. Es gibt keine ›Hierarchie‹, sondern nur Eingreifen des Führers (und durch ihn) beauftragte Sendboten.« (Weber [1972], S. 141.)
161 Nach Auskunft eines Interviewten was das »so ein Edelhaufen, wo noch die alten Traditionen galten«.
162 Grundsätzliches zur Heldenehrung in der Reihe »Unsere Feier«, in: Die neue Gesellschaft, August 1940, S. 3 f., Bundesarchiv Koblenz, NSD 12/40, zit. in: Behrenbeck (1996), S. 495.
163 Hannes Kremer, Leiter des Amtes Kultur der Reichspropagandaleitung: An alle Gaupropagandaleiter und Gaukulturstellenleiter, am 13.8.1940, Bl. 1, Bundesarchiv Koblenz, NS 18/112, zit. in: ebd., S. 495.
164 Meldungen aus dem Reich vom 4.11.1940, zit. in: ebd., S. 497.
165 Vgl. ebd.
166 Ebd., S. 500.
167 Vgl. ebd., S. 500 f.
168 Kohlberg (1995), S. 53.
169 Nach Ulrich Ulonska zielte Hitlers Rhetorik u. a. darauf, eine neue gesellschaftliche Moral zu propagieren. Während Goebbels, in einer Art Arbeitsteilung mit

Hitler, »die Rolle des hetzenden Demagogen« übernahm, stellte sich Hitler selbst mehr als »sinnstiftender, moralischer Überbauproduzent« (Ulonska [1990], S. 291) dar. Um bürgerliche Wählerinnen und Wähler zu gewinnen, setzte Hitler zunehmend sittliche Ermahnungen ein.

170 Rede Himmlers bei der SS-Gruppenführertagung in Posen am 4. Oktober 1943.

171 Vgl. Grunberger & Dessuant (2000), S. 29.

172 Vgl. ebd., S. 43.

173 Dieses Denkmuster erfordert zugleich einen Prozess der Reinigung der nicht-paradiesischen Realität von ihren Ambivalenzen, Konflikten, »Sünden« usw. Diese Reinigung besteht nach Grunberger und Dessuant in der christlichen Tradition seit zwei Jahrtausenden darin, »sich vom Bösen [zu] befreien, indem man es auf den Judaismus projiziert«. (Ebd., S. 26.)

174 Das Gefühl von Allmacht zeigt sich deutlich z. B. im Interview mit Herrn Dr. Friedrich, das bereits auf S. 59 f. zitiert wurde.

175 Passend zur paradiesisch-magischen Zeitlosigkeit wird die NS-Zeit hier als unbestimmtes »damals« bezeichnet.

176 Wüst (1938), S. 98.

177 Wurmser (1997), S. 24.

178 Auch viele andere der Interviewten äußern sich abwertend über Neonazis. Dies ist vielleicht ein Hinweis darauf, dass emotionale Bindungen, die ehemalige Anhänger des Nationalsozialismus gegenüber »Führer« und »Drittem Reich« noch empfinden, nicht automatisch bedeuten, dass die Betreffenden auch einen Neonazismus befürworten würden.

179 Der interviewte Hubert Schweitzer wurde durch idealisierte ältere Jungen (Sendboten des Führers) zum Eintritt in das DJ (Deutsches Jungvolk in der HJ) bewegt. Er machte vorwiegend aus nicht-kognitiven Gründen mit. Der so auserlesene Junge wird später selber zum Sendboten für wiederum andere, jüngere Kinder, die er zum Engagement für den NS motiviert: Er wird zum »Pimpfenführer und [hat] das mit Begeisterung gemacht«. Die Dynamik ist: Nicht-Pimpf bewundert Pimpf und sehnt sich danach, den Pimpfen anzugehören. Als Pimpf verachtet er Nicht-Pimpfe und bewundert ranghöhere bzw. ältere Hitlerjungen, denen anzugehören er ersehnt. Und immer so weiter, all die Ränge nach oben.

180 Vgl. Epstein (1999); Faimberg (1987); Grünberg (1987, 2000 & 2001); Bergmann, Jucovy & Kestenberg (1995); Herzog (1996), u. a.

181 Grünberg (2000), S. 1014.

182 Vgl. Grünberg (2000), S. 1019.

183 Zit. in: Grünberg (2000), S. 1009.

184 H. A. und C. B. Barocas (1979): Wounds of the Fathers: The Next Generation of Holocaust Victims. Int. Rev. Psa., 6, S. 331–340. Übersetzt von und zitiert in: Herzog (1982), S. 127.

185 2. Mose 20,5.

186 Vgl. Eckstaedt (1992); Hauer (1994); Bar-On (1996); Bohleber (1997 & 1998); Kittler (1999) u. a.

187 Vgl. Grünberg (2000 & 2001).

188 Bohleber (1997), S. 972.

189 In abgeschwächter Form ereigneten sich diese Wiederholungen auch in der Interaktion mit den Interviewern. Dadurch eröffnete sich die Chance, ihre damaligen Erfahrungen, Gefühle, Haltungen und Einstellungen zu beobachten und zu analysieren (vgl. Anhang).

190 Indem die Eltern in die Seele des Kindes eindringen und ihre unverarbeiteten Erfahrungen dort deponieren, wird die Grenze des Kindes verletzt; sein Recht auf eigenen Gefühle, eigenen Gedanken und eigene Entwicklungen wird missachtet. Dies hat, wie bei allen Opfern von Missbrauch oder anderen Traumata (wie in Kap. 3 ausgeführt), unter anderem traumatische Scham zur Folge.

191 Wutka & Riedesser (2000), S. 155.

192 Vgl. ebd., S. 152.

193 Ebd., S. 152.

194 Vgl. ebd.

195 Ebd., S. 153.

196 Jünger (1978), S. 12 f.

197 Jünger (1979), S. 156 f.

198 Vgl. Krystal (1968).

199 Jünger (1978), S. 31.

200 Wutka & Riedesser (2000), S. 159.

201 Jünger (1978), S. 38.

202 Wutka & Riedesser (2000), S. 160.

203 Jünger (1980 a), S. 103.

204 Jünger (1980 b), S. 159.

205 Ebd., S. 158.

206 Eine nordamerikanische Redensart, die in der dortigen Familientherapie kursiert, bringt diesen Prozess auf den Begriff: »Shit rolls downhill.«

207 Zit. in: Hackenbroch (2003), S. 195.

208 Zit. in: ebd.

209 Adolf Hitler in einer Rede an die Hitlerjugend auf dem Parteitag 1935.

210 Motto der Rede von Josef Goebbels auf der Großkundgebung in Münster am 28. Februar 1940.

211 Schneider, Stillke & Leineweber (1996), S. 61.

212 Bemerkenswerterweise hat das Wort »Opfer« in der deutschen Sprache eine doppelte Bedeutung: einerseits Opfer z. B. eines Verbrechen, wie das englische Wort *victim*, und andererseits *sacrifice* im Sinne eines religiösen Opfers »für eine höhere Sache«.

213 Hitler (1930), S. 327 f.

214 Jünger (1979), S. 158 f.

215 Ebd., S. 158.

216 Ebd.

217 Die Begriffe »Abhängigkeit« und »Sucht« werden hier synonym verwendet; sie bezeichnen das, was in der Psychoanalyse »Wiederholungszwang« genannt wird.

218 Das Bild des Rauschs wird auch in massenpsychologischen Erklärungsansätzen in der Tradition von Gustave Le Bon, Sigmund Freud, Serge Moscovici u. a. verwendet.

219 Einen Schritt in diese Richtung stellte die Tagung *Rausch und Diktatur* am 6. und 7. 12. 2002 an der Humboldt-Universität in Berlin dar. Vgl. Klimó & Rolf (2003).

220 Vgl. ebd., S. 1; 4; 6.

221 Vgl. Bruns (2002), S. 74; 80.

222 Ebd., S. 80.

223 Fischer & Riedesser (1998), S. 342.

224 Vgl. Panksepp (2003).

225 Vgl. Holzer (2002), S. 99.

226 Vgl. Schmitz (1983).

227 Holzer (2002), S. 109.

228 Statistiken nach ebd., S. 92 ff.

229 Vgl. Vogt & Scheerer (1989), S. 13.

230 Vgl. ebd.

231 Vgl. Hochadel (2002), S. 1.

232 Vgl. Pieper (2002 a), S. 42.

233 Ebd., S. 50.

234 Zit. in: Browning (1999), S. 118.

235 Eine »weitere Drogen-Neuentwicklung der Forscher im 3. Reich hat über den Umweg USA zurück ins Ex-Reich gefunden: Methadon«. (Pieper [2002 b], S. 13); das betreffende Patent gehörte zur amerikanischen Kriegsbeute.

236 Ebd., S. 12.

237 OKW (829/44 Geh), zitiert in: ebd., S. 13.

238 Kemper (2002), S. 130.

239 Aussage von Traudl Junge im Film von André Heller und Othmar Schmiderer (2002): *Im toten Winkel. Hitlers Sekretärin*. Berlin: DOR Film. In diesem Film gibt es weitere Hinweise auf eine Abhängigkeitsdynamik. So bezeichnet Frau Junge Hitler als »abhängig von seinem Leibarzt«. Sie sagt über Hanna Reitsch, diese habe Hitler kurz vor dessen Selbstmord mit »besessener Hingabe« begrüßt und sei »todesbereit für ihn« gewesen. Schließlich fällt auf, dass die Menschen um Hitler auf dessen Tod zuallererst mit Alkohol- und Tabakkonsum reagieren. Dies wird auch in Joachim Fests Film *Der Untergang* (2002)

gezeigt. Darin finden sich weitere Hinweise auf Sucht und Entzugssyndrom: Auf die Nachricht vom Tod Hitlers jagen sich mehrfach Männer sogleich eine Kugel in den Kopf. Tatsächlich stieg die Zahl der Selbstmorde in Berlin – verglichen mit den Jahren 1921 bis 1949 – im April und Mai 1945 um etwa das 16-fache (etwa gleich viele Männer und Frauen), vgl. Elsner (1983). Allerdings dürften nicht alle dieser Selbstmorde als Entzugssyndrom zu interpretieren sein.

240 Zit. in: Fest (2002), S. 169.

241 Vgl. Singer & Lalich (1997).

242 Schmidbauer (1977), 86.

243 Vgl. Bion (1952/1985), S. 79.

244 Schmidbauer (1977), S. 85.

245 Vgl. ebd., S. 66.

246 Zu diesem Abschnitt vgl. Foulkes (1977); Main (1977); Maré (1977); Skynner (1977); Turquet (1977); Whiteley (1977); Ballhausen-Scharf (1994); Bardé (1994); Schwarz (1994). Bei einer Gruppengröße ab etwa 25 Personen entsteht eine Psychodynamik, die sich von der in Kleingruppen unterscheidet (diese Dynamik ist nicht zu verwechseln mit massenpsychologischen Erklärungsansätzen in der Tradition von Le Bon und Freud).

247 Hopper & Weyman (1977), S. 151 & 153.

248 Skynner (1977), S. 239.

249 Main (1977), S. 68. Die Sprecher in Großgruppen »führen ›kollektive Monologe‹ (Piaget), indem sie nur noch ›zu‹ anderen, aber nicht mehr ›mit‹ anderen sprechen« (Bardé [1994], S. 259). Dies entspricht einer häufigen Erfahrung in Interviews, wonach viele Interviewte nicht *mit*, sondern zu den Interviewern sprachen.

250 Main (1977), S. 52 f.

251 Schwarz (1994), S. 249.

252 Foulkes (1977), S. 47.

253 Schwarz (1994), S. 248.

254 Turquet (1977), S. 98.

255 Bardé (1994), S. 260.

256 Ebd., S. 262.

257 Schwarz (1994), S. 250.

258 Eine wesentliche, die Großgruppendynamik noch intensivierende Wirkung hatte das lange Warten, das die körperlichen und geistigen Kräfte ermüdete und so die Regressionsbereitschaft förderte.

259 NSKK steht für Nationalsozialistisches Kraftfahrkorps.

260 Rede Adolf Hitlers am 2.12.1938 in Reichenberg. In: Völkischer Beobachter vom 4.12.1938.

261 Die Historikerin Herzog (2005) relativiert das Bild des sexualfeindlichen Nationalsozialismus. So wurden schon 1934 BDM-Führerinnen angewiesen, die

jungen Mädchen zum vorehelichen Geschlechtsverkehr zu ermutigen – freilich nur mit »arischen« Männern.

262 Feuerlein, Küfner & Soyka (1998), S. 44.

263 Weitere Beispiele wurden in den Kapiteln 1 und 2 ausgeführt: Die Wahrnehmung des Nationalsozialismus ist häufig befangen durch magische Vorstellungen von »Faszinosum« und von Hitlers vermeintlich »besonderer Persönlichkeit« (Charisma) sowie seinen »besonderen hypnotischen Kräften«.

264 Sekretariat der Ständigen Konferenz der Kultusminister der Länder in der Bundesrepublik Deutschland (1997), S. 5 f.

265 Vgl. von Borries (2004); Wagensommer (2003), S. 55; Marks & Schwendemann (2003).

266 Vgl. Kaiser (1997); Hoffmann (2003).

267 Wermke (2001), S. 7.

268 Vgl. Schill (1998); Hoffmann (2003).

269 Vgl. Klenke (1999); Sauer (1996); Wimmer (1994 & 1996).

270 Vgl. Schneider (1999).

271 Marks & Schwendemann (2003), S. 199.

272 Verschiedene Interviewte erlebten auch die erste Wehrmachtsausstellung, die von 1995 bis 1999 gezeigt wurde, als Beschämung.

273 Einige der Interviewten verwenden durchaus den Begriff der Schuld, allerdings nach dem Scham-Paradigma, d. h. als einen externen Vorwurf.

274 Ein anderer Interviewter: »Die Juden machen ja heut' den Fehler, jetzt übertreiben sie doch auch wieder [!], jetzt so ein Riesenmonster von einem Denkmal. Die sollen doch diese grausamen Gedächtnisstätten und ruhig Führungen hinmachen. Das ist doch viel effizienter, als da zu provozieren mit einem Fußballfeld, das da aufgebaut werden soll.«

275 Vgl. die Rede Martin Hohmanns vom 3. 10. 2003.

276 Vgl. Erb (1991), S. 215.

277 Assmann (1999), S. 94.

278 Ebd., S. 93.

279 Vgl. Brendler (1997), S. 55.

280 Vgl. Hilgers (1997); Neckel (1991).

281 Unbewusste Inhalte »streben danach, sich zu reproduzieren, entsprechend der Zeitlosigkeit […] des Unbewussten« (Freud [1912 b/1975], S. 167). In seiner Schrift *Erinnern, Wiederholen und Durcharbeiten* von 1914 schrieb Freud über einen Patienten, der überhaupt nichts von dem Vergessenen und Verdrängten erinnerte, sondern es agierte. »Er reproduziert es nicht als Erinnerung, sondern als Tat, er wiederholt es, ohne natürlich zu wissen, dass er es wiederholt.« (Freud [1914/1975], S. 209 f.). Nach Ute Finger-Trescher wird das wiederholt, »was eben nicht bewusster Erinnerung und Reflexion zugänglich ist, und zwar ›zwanghaft‹ […], d. h. unbewusst und unkontrollierbar« (Finger-Trescher

[1991], S. 264 f.). Wiederholungen ereigneten sich auch in der Patient-Arzt-Beziehung sowie zwischen den Interviewpartnern und wurden dadurch der Analyse zugänglich (vgl. Anhang).

282 Vgl. Hasselbach & Bonengel (2001).

283 Cziesche u. a. (2005), S. 44.

284 Buford (1992).

285 Ebd., S. 22; 98; 234.

286 Rost (2001), S. 11.

287 Dabei sind alte Menschen in besonderem Maße vom Thema Scham betroffen: Altern ist unvermeidlich verbunden mit der Erfahrung verminderter Leistungsfähigkeit, Verlust von Kontrolle über Körperfunktionen, Hilflosigkeit und Abhängigkeit – mit anderen Worten: Erfahrung von Schwäche. Diese aber gilt traditionell als beschämend – vor allem für die Millionen Männer und Frauen, die im Nationalsozialismus sozialisiert wurden, d. h. zu einer Zeit, da Schwäche als lebensunwert und auszurotten galt. Für diese Menschen kann Altern = Schwäche mit existenziellen Ängsten verbunden sein – und diese Menschen sind es, die in den kommenden Jahren und Jahrzehnten auf Betreuung und Pflege angewiesen sein werden.

288 Vgl. Melzer (2001).

289 Vgl. Prengel (2002), ähnlich Krumm & Eckstein (2003).

290 Vgl. Marks (2005).

291 Geführt wurden halboffene Leitfaden-Interviews, die auch »Raum für Assoziationen, Gefühle und Themenangebote der Interviewten« (Hauer [1994], S. 25) ließen.

292 Die Begriffe »Täter« und »Mitläufer« wurden in diesem Forschungsprojekt nicht verwendet, weil sie a) auf die *Taten* von Menschen abzielen, wir erforschten jedoch ihre *Motive*. Sie suggerieren b), dass die Bevölkerungsgruppen klar voneinander abgrenzbar seien, was aber gar nicht möglich ist (vgl. u. a. Hilberg [1982]). c) Diese Begriffe setzen Menschen gleich mit Fehlern, die sie in ihrer Vergangenheit begangen haben. Diese Denkweise ist statisch, sie negiert mögliche Entwicklungsprozesse der Betreffenden seit 1945 und ist daher d) Ausdruck einer Scham-Kultur, wie der Nationalsozialismus selbst.

293 Der Begriff der *Generation* ist problematisch und unscharf, wird hier dennoch verwendet, um die transgenerationale Qualität der NS-Erfahrung zum Ausdruck zu bringen.

294 Vgl. Schneider, Stillke & Leineweber (1997).

295 Vgl. Gysling (1995).

296 Der deutsche Titel lautet: »Angst und Methode in den Verhaltenswissenschaften«. Devereux (1984).

297 Vgl. ebd., S. 17 f.

298 Vgl. Lorenzer (1970 & 1986); König (1990, 1997 a, 1997 b, 2001 & 2003);

Leithäuser (1989); Leithäuser & Volmerg (1979 & 1988); Bosse (1994) und Jureit (1998 & 2000).

299 Dies lässt sich etwa aus Sicht der Neurobiologie begründen. So stellt Joachim Bauer (2005) in seinem Buch *Warum ich fühle, was du fühlst* die Forschung über die Spiegelneuronen vor. Diese Neuronen befähigen uns, die Gefühle unserer Mitmenschen mit-zu-fühlen. In den verschiedenen Emotionszentren des Gehirns werden durch unsere eigenen neuronalen Systeme unwillkürlich und spontan die Gefühle unserer Mitmenschen rekonstruiert. Bauer schreibt: »Aus neurobiologischer Sicht besteht aller Grund zur Annahme, dass kein Apparat und keine biochemische Methode den emotionalen Zustand eines anderen Menschen jemals so erfassen und beeinflussen kann, wie es durch den Menschen selbst möglich ist.« (Bauer [2005], S. 51.)

300 Vgl. Flick (1998), S. 16.

301 Etwa Abhängigkeiten zwischen Student, Doktorandin oder Assistent von Professor oder Prüferin.

302 Tietel (2000), S. 15.

303 Freud (1912 a/1975), S. 171.

304 Ebd., S. 172.

305 Die Schwierigkeit, ein dreidimensionales Objekt auf zweidimensionale Weise wiederzugeben, inspirierte Künstler wie Maurice Escher oder René Magrittes. Letzterer bildete eine Pfeife auf der Leinwand ab und schrieb dazu: »C'est pas une pipe.« – »Das ist keine Pfeife.«

306 Fleßner (2001), S. 351.

307 Fleischer (1990), S. 9. Auch durch die neuro-psychoanalytische Forschung wird bestätigt, dass es notwendig ist, zwischen visuell-räumlichen und audio-verbalen Wahrnehmungen zu differenzieren. Nach Kaplan-Solms und Solms beruht die außergewöhnliche Bedeutung des Hörens vor allem auf der Tatsache, »dass die audioverbale Modalität enger mit dem Bewusstsein über das Selbst verbunden ist als die visuell-räumliche Modalität, die stärker mit dem Bewusstsein über Objekte in Verbindung steht«. Kaplan-Solms & Solms (2003), S. 246.

308 Dieser Abschnitt basiert insbesondere auf Bauer (2002); Schacter (2001); Markowitsch (2000 & 2002).

309 Leuzinger-Bohleber & Pfeifer (1998), S. 912.

310 Ebd.

311 Vgl. Schacter (2001), S. 304 ff.

312 Bauer (2002), S. 76.

313 Zit. in: Schacter (2001), S. 326.

314 Bauer (2002), S. 106.

315 »Wenn Psychologen vom Langzeitgedächtnis sprechen, so geschieht dies in Kenntnis der Tatsache, dass Erinnerungen oft ein Leben lang behalten werden.« (Zimbardo & Gerrig [1999], S. 244).

316 Vgl. Bohleber (2003).
317 Vgl. Böning (2002), S. 73 f.
318 Schacter (2001), S. 51.
319 Zimbardo & Gerrig (1999), S. 251.
320 Hitler (1930), S. 202.
321 Ebd., S. 203.

Literatur

Quellentexte

Dacqué, Edgar (1938). Das verlorene Paradies. Zur Seelengeschichte des Menschen. München: Oldenbourg.
Flickenschild, Hermann (1940). Die Freiheit des Politischen. Sein Bereich im Werden des deutschen Volkes. Berlin: Junker und Dünnhaupt.
Goebbels, Josef (1934). Signale der neuen Zeit. 25 ausgewählte Reden. München: Zentralverlag der NSDAP.
Goebbels, Josef (1941). Die Zeit ohne Beispiel. München: Eher.
Haarer, Johanna (1934). Die deutsche Mutter und ihr erstes Kind. Berlin: J. F. Lehmanns.
Hitler, Adolf (1930). Mein Kampf. München: Zentralverlag der NSDAP.
Kruse, Uwe (1932). Die Redeschule. München/Leipzig: Felsen.
Meyers Lexikon (1937). Bd. 3. 8. Aufl. Leipzig: Bibliographisches Institut.
Murawski, Friedrich (1941). Das Gott. Umriss einer Weltanschauung aus germanischer Wurzel. Berlin: Fritsch.
Plassmann, Joseph Otto (1939). Der Jahresring. Ein Wegweiser zum deutschen Ahnenerbe. Berlin: Ahnenerbe-Stiftung.
Plassmann, Joseph Otto (1942). Freudig wie ein Held zum Siegen. In: Germanien 1, S. 2–4.
Wüst, Walther (1938). Österreich – deutsches Land. In: Germanien 4 (Sonderausgabe).

Sekundärliteratur

Adorno, Theodor (1969). Erziehung nach Auschwitz. In: Stichworte. Kritische Modelle 2. Frankfurt a. M.: Suhrkamp, S. 85–101.
Altmeyer, Martin (2000). Narzissmus, Intersubjektivität und Anerkennung. In: Psyche 2, S. 143–171.
Aly, Götz (2005). Hitlers Volksstaat. Raub, Rassenkrieg und nationaler Sozialismus. Frankfurt a. M.: S. Fischer.

Amati, Silvia (1990). Die Rückgewinnung des Schamgefühls. In: Psyche 44, S. 724–740.

Arendt, Hannah (1964). Eichmann in Jerusalem. Ein Bericht von der Banalität des Bösen. München: Piper.

Arnim, Gabriele von (1989). Das große Schweigen. Von der Schwierigkeit, mit dem Schatten der Vergangenheit zu leben. München: Knaur.

Assmann, Aleida (1998). Stabilisatoren der Erinnerung – Affekt, Symbol, Trauma. In: Jörn Rüsen & Jürgen Straub (Hg.). Die dunkle Spur der Vergangenheit. Psychoanalytische Zugänge zum Geschichtsbewusstsein. (Erinnerung, Geschichte, Identität 2.) Frankfurt a. M.: Suhrkamp, S. 131–152.

Assmann, Aleida (1999). Teil I. In: Aleida Assmann & Ute Frevert. Geschichtsvergessenheit – Geschichtsversessenheit. Vom Umgang mit deutschen Vergangenheiten nach 1945. Stuttgart: DVA, S. 17–147.

Balle, Christel (1990). Tabus in der Sprache. Frankfurt a. M.: Peter Lang.

Ballhausen-Scharf, Birgitt (1994). Regression. In: Rolf Haubl & Franziska Lamott (Hg.). Handbuch Gruppenanalyse. Berlin: Quintessenz, S. 134–149.

Bandler, Richard & John Grinder (1981 & 1982). Struktur der Magie. 2 Bde. Paderborn: Junfermann.

Bar-On, Dan (1996). Die Last des Schweigens. Gespräche mit Kindern von Nazi-Tätern. Reinbek b. Hamburg: Rowohlt Tb.

Bardé, Benjamin (1994). Großgruppe. In: Rolf Haubl & Franziska Lamott (Hg.). Handbuch Gruppenanalyse. Berlin: Quintessenz, S. 253–267.

Bauer, Joachim (2002). Das Gedächtnis des Körpers. Wie Beziehungen und Lebensstile unsere Gene steuern. Frankfurt a. M.: Eichborn.

Bauer, Joachim (2005). Warum ich fühle, was du fühlst. Intuitive Kommunikation und das Geheimnis der Spiegelneuronen. Hamburg: Hoffmann und Campe.

Behrenbeck, Sabine (1996). Der Kult um die toten Helden. Nationalsozialistische Mythen, Riten und Symbole 1933 bis 1945. Vierow: SH-Verlag.

Bergmann, Martin S., Milton E. Jucovy & Judith S. Kestenberg (Hg.) (1995). Kinder der Opfer – Kinder der Täter. Psychoanalyse und Holocaust. Frankfurt a. M.: S. Fischer.

Berning, Cornelia (1964). Vom ›Abstammungsnachweis‹ zum ›Zuchtwart‹. Vokabular des Nationalsozialismus. de Gruyter: Berlin.

Bethge, Philip (2003). Die Musik-Formel. In: DER SPIEGEL 31, S. 130–140.

Bion, Wilfried (1952/1985). Gruppendynamik. In: Tobias Brocher & Peter Kutter (Hg.). Entwicklung der Gruppendynamik. Darmstadt: Wissenschaftliche Buchgesellschaft, S. 79–123.

Bloch, Ernst (1962). Erbschaft dieser Zeit. Frankfurt a. M.: Suhrkamp.

Bölsche, Jochen (2002). Pfusch am Kind. In: DER SPIEGEL 20, S. 96–123.

Bohleber, Werner (1997). Trauma, Identifizierung und historischer Kontext. Über die Notwendigkeit, die NS-Vergangenheit in den psychoanalytischen Deutungs-Prozess einzubeziehen. In: Psyche 51, S. 958–995.

Bohleber, Werner (1998). Transgenerationelles Trauma, Identifizierung und Geschichtsbewusstsein. In: Jörn Rüsen & Jürgen Straub (Hg.). Die dunkle Spur der Vergangenheit. Psychoanalytische Zugänge zum Geschichtsbewusstsein. (Erinnerung, Geschichte, Identität 2.) Frankfurt a. M.: Suhrkamp, S. 256–274.

Bohleber, Werner (2003). Trauma, Erinnerung und historische Realität. Vortrag auf der 27. Arbeitstagung *Erinnern*. Freiburger Arbeitskreis Literatur & Psychoanalyse. 31. 1. 2003.

Borries, Bodo von (2004). Chancen der Geschichtsdidaktik für gelingenden Unterricht über Nationalsozialismus. In: Wilhelm Schwendemann & Georg Wagensommer (Hg.). Erinnern ist mehr als Informiertsein. Münster: LIT, S. 48–74.

Bosse, Hans (1994). Der fremde Mann. Jugend, Männlichkeit, Macht. Frankfurt a. M.: Fischer Tb.

Böning, Jobst (2002). Neurobiologie und Klinik des Suchtgedächtnisses – vom Konstrukt zur Therapie. In: Gudrun Richter, Hans Rommelspacher & Claudia Spies (Hg.). »Alkohol, Nikotin, Kokain … und kein Ende?« Suchtforschung, Suchtmedizin und Suchttherapie am Beginn des neuen Jahrzehnts. Lengerich: Pabst Science Publishers, S. 73–82.

Bracher, Karl Dietrich (1972). Die deutsche Diktatur. Entstehung, Struktur, Folgen des Nationalsozialismus. Köln: Kiepenheuer & Witsch.

Brendler, Konrad (1997). Die NS-Geschichte als Sozialisationsfaktor und Identitätsballast der Enkelgeneration. In: Dan Bar-On, Konrad Brendler & Paul Hare (Hg.). Da ist etwas kaputtgegangen an den Wurzeln … Identitätsformationen deutscher und israelischer Jugendlicher im Schatten des Holocaust. Frankfurt a. M.: Campus, S. 53–104.

Browning, Christopher R. (1999). Ganz normale Männer. Das Reserve-Polizeibataillon 101 und die ›Endlösung‹ in Polen. Reinbek b. Hamburg: Rowohlt Tb.

Bruns, Georg (2002). Sehnsucht nach dem leichten Sein – Rausch als Transzendenzerlebnis. In: Stephan Uhlig & Monika Thiele (Hg.). Rausch – Sucht – Lust. Kulturwissenschaftliche Studien an den Grenzen von Kunst und Wissenschaft. Gießen: Psychosozial, S. 73–98.

Buber, Martin (1994). Das dialogische Prinzip. Darmstadt: Wissenschaftliche Buchgesellschaft.

Buford, Bill (1992). Geil auf Gewalt. Unter Hooligans. München: Goldmann.

Bullock, Alan (1964). Hitler. Eine Studie über Tyrannei. 2 Bde. Frankfurt a. M.: Fischer Tb.

Cziesche, Dominik u. a. (2005). NPD statt LSD. In: DER SPIEGEL 21, S. 44–46.

Devereux, Georges (1984). Angst und Methode in den Verhaltenswissenschaften. Frankfurt a. M.: Suhrkamp.

Digitale Bibliothek (2005). Bd. 49: Das Dritte Reich. Droste Directmedia. Im Internet verfügbar unter: www.digitale-bibliothek.de/scripts/s.dll?s=7&id=B529ACEC&mp=/art/4049/&sc=band49.htm.

Dörr, Margarete (1986). Warum sind so viele Menschen Hitler freiwillig gefolgt? In: Lehren und Unterricht 11.2, S. 40–67.

Duden (2000). Duden Fremdwörterbuch. Mannheim: Dudenverlag.

Eckstaedt, Anita (1992). Nationalsozialismus in der ›zweiten Generation‹. Psychoanalyse von Hörigkeitsverhältnissen. Frankfurt a. M.: Suhrkamp.

Elsner, E.(1983). Selbstmord in Berlin. In: Berliner Statistik, 1983, S. 11.

Epstein, Hedy (1999). Erinnern ist nicht genug. Münster: Unrast.

Erb, Rainer (1991). Antisemitismus wegen Auschwitz in der jungen Generation? In: Konrad Brendler & Günter Rexilius (Hg.). Drei Generationen im Schatten der NS-Vergangenheit. Wuppertal: Bergische Univ./Gesamthochschule, S. 204–218.

Erdheim, Mario (2002). Omnipotenz, Rausch und Lust. In: Stephan Uhlig & Monika Thiele (Hg.). Rausch – Sucht – Lust. Kulturwissenschaftliche Studien an den Grenzen von Kunst und Wissenschaft. Gießen: Psychosozial, S. 121–140.

Erickson, Milton & Ernest Rossi (1981). Hypnotherapie. Aufbau – Beispiele – Forschung. München: Pfeifer.

Faimberg, Haydée (1987). Die Ineinanderrückung (Telescoping) der Generationen. In: Jahrbuch der Psychoanalyse 20, S. 114–142.

Fest, Joachim (1999). Das Böse als reale Macht. In: DER SPIEGEL Nr. 43, S. 182–197.

Fest, Joachim (2001). »Die Verkörperung des Bösen«. SPIEGEL-Gespräch. In: DER SPIEGEL Nr. 19, S. 76–80.

Fest, Joachim (2002). Der Untergang. Eine historische Skizze. In: Michael Töteberg (Hg.). Der Untergang. Das Filmbuch. Reinbek b. Hamburg: Rowohlt Tb, S. 7–208.

Fest, Joachim (2004). »Mitleidlosigkeit bis zum allerletzten Punkt«. Interview mit Roger Köppel. In: DIE WELT, 10. 9. 2004.

Feuerlein, Wilhelm, Heinrich Küfner & Michael Soyka (1998). Alkoholismus – Missbrauch und Abhängigkeit. Entstehung – Folgen – Therapie. Stuttgart: Thieme.

Finger-Trescher, Ute (1991). Wirkfaktoren der Einzel- und Gruppenanalyse. (Problemata 125). Stuttgart: Frommann-Holzboog.

Fischer, Gottfried & Peter Riedesser (1998). Lehrbuch der Psychotraumatologie. München: Ernst Reinhardt.

Fleischer, Gerald (1990). Lärm – der tägliche Terror. Stuttgart: Trias.

Fleßner, Alfred (2001). Hören statt lesen. Zur Auswertung offener Interviews im Wege einfühlenden Nachvollziehens. In: Sozialer Sinn. Zeitschrift für hermeneutische Sozialforschung 2, S. 349–358.

Flick, Uwe (1998). Qualitative Forschung. Reinbek b. Hamburg: Rowohlt Tb.

Foulkes, Siegmund H. (1977). Probleme der großen Gruppe vom gruppenanalytischen Standpunkt aus. In: Lionel Kreeger (Hg.). Die Großgruppe. Stuttgart: Klett, S. 27–49.

Freud, Sigmund (1912 a/1975). Ratschläge für den Arzt bei der psychoanalytischen Behandlung. In: Alexander Mitscherlich, Angela Richards, James Strachey & Ilse

Grubrich-Simitis (Hg.). Sigmund Freud. Studienausgabe. Ergänzungsband: Schriften zur Behandlungstechnik. Frankfurt a. M.: S. Fischer, S. 169–180.
Freud, Sigmund (1912 b/1975). Zur Dynamik der Übertragung. In: Alexander Mitscherlich, Angela Richards, James Strachey & Ilse Grubrich-Simitis (Hg.). Sigmund Freud. Studienausgabe. Bd. 3: Psychologie des Unbewußten. Frankfurt a. M.: S. Fischer, S. 119–192.
Freud, Sigmund (1912–13/1970). Totem und Tabu. In: Alexander Mitscherlich, Angela Richards, James Strachey & Ilse Grubrich-Simitis (Hg.). Sigmund Freud. Studienausgabe. Bd. 9: Fragen der Gesellschaft. Ursprünge der Religion. Frankfurt a. M.: S. Fischer, S. 287–444.
Freud, Sigmund (1914/1975). Erinnern, Wiederholen und Durcharbeiten. In: Alexander Mitscherlich, Angela Richards, James Strachey & Ilse Grubrich-Simitis (Hg.). Sigmund Freud. Studienausgabe. Ergänzungsband: Schriften zur Behandlungstechnik. Frankfurt a. M.: S. Fischer, S. 205–215.
Friedländer, Saul (1999). Kitsch und Tod. Der Widerschein des Nazismus. Frankfurt a. M.: Fischer Tb.
Fromm, Erich (1941/2003). Die Furcht vor der Freiheit. München: dtv.
Funke, Hajo (2001). Rechtsextremismus 2001. Eine Zwischenbilanz. Verwahrlosung und rassistisch aufgeladene Gewalt – Zur Bedeutung von Familie, Schule und sozialer Integration. In: Roland Eckert u. a. (Hg.). Demokratie lernen und leben. Eine Initiative gegen Rechtsextremismus, Rassismus, Antisemitismus, Fremdenfeindlichkeit und Gewalt. Bd. 1. Weinheim: Freudenberg-Stiftung, S. 59–108.
Gebser, Jean (1973). Ursprung und Gegenwart. 3 Bde. München: dtv.
Geiger, Ludwig (1975). Die Morphin- und Kokainwelle nach dem Ersten Weltkrieg in Deutschland und ihre Vergleichbarkeit mit der heutigen Drogenwelle. Dissertation, Ludwig Maximilian-Universität München.
Görtemaker, Manfred (2004). Geschichte der Bundesrepublik Deutschland. Frankfurt a. M.: Fischer Tb.
Gore, Al (1992). Wege zum Gleichgewicht. Ein Marshallplan für die Erde. Frankfurt a. M.: Fischer Tb.
Grieswelle, Detlev (1972). Propaganda der Friedlosigkeit. Eine Studie zu Hitlers Rhethorik 1920–1933. Stuttgart: Enke.
Grinder, John & Richard Bandler (1987). Therapie in Trance. Stuttgart: Klett-Cotta.
Grünberg, Kurt (1987). Folgen nationalsozialistischer Verfolgung bei jüdischen Nachkommen Überlebender in der Bundesrepublik Deutschland. In: Psyche 41, S. 492–507.
Grünberg, Kurt (2000). Zur Tradierung des Traumas der nationalsozialistischen Judenvernichtung. In: Psyche 54, S. 1002–1037.
Grünberg, Kurt (2001). Vom Banalisieren des Traumas in Deutschland. Ein Bericht über die Tradierung des Traumas der nationalsozialistischen Judenvernichtung und über Strategien der Verleugnung und Rationalisierung der Shoa im Land der

Täter. In: Kurt Grünberg & Jürgen Straub (Hg.). Unverlierbare Zeit. Psychosoziale Spätfolgen des Nationalsozialismus bei Nachkommen von Opfern und Tätern. Tübingen: Edition diskord.

Grunberger, Béla & Pierre Dessuant (2000). Narzissmus, Christentum, Antisemitismus. Eine psychoanalytische Untersuchung. Stuttgart: Klett-Cotta.

Günther, Ulla (1992). »und aso das isch gar need es Tabu bi üs, nei, überhaupt need«. Sprachliche Strategien bei Phone-in-Sendungen am Radio zu tabuisierten Themen. Bern: Peter Lang.

Gugenberger, Eduard & Roman Schweidlenka (1993). Die Fäden der Nornen. Zur Macht der Mythen in politischen Bewegungen. Wien: Gesellschaftskritik.

Gysling, Andrea (1995). Die analytische Antwort. Eine Geschichte der Gegenübertragung in Form von Autorenporträts. Tübingen: Edition diskord.

Hackenbroch, Veronika (2003). Blind für Wut und Freude. In: DER SPIEGEL 49, S. 190–199.

Hallgarten, Georg (1957). Dämonen oder Retter? Frankfurt a. M.: Europäische Verlagsanstalt.

Hasselbach, Ingo & Winfried Bonengel (2001). Die Abrechnung. Ein Neonazi steigt aus. Berlin: Aufbau Tb.

Hauer, Nadine (1994). Die Mitläufer oder die Unfähigkeit zu fragen. Opladen: Leske + Budrich.

Haug, Wolfgang Fritz (1970). Der hilflose Antifaschismus. Frankfurt a. M.: Suhrkamp.

Haug, Wolfgang Fritz (1980). Annäherung an die faschistische Modalität des Ideologischen. In: Argument Sonderband 60. Berlin: Argument, S. 44–80.

Haug, Wolfgang & Rolf Czeskleba (1965). Ideologische Komponenten in den Theorien über den Faschismus. In: Das Argument 33, S. 1–34.

Heimannsberg, Barbara & Christoph Schmidt (Hg.) (1992). Das kollektive Schweigen: Nationalsozialistische Vergangenheit und gebrochene Identität in der Psychotherapie. Köln: Ed. Humanist. Psychologie.

Heller, André & Othmar Schmiderer (2002). Im toten Winkel. Hitlers Sekretärin. (Film) Berlin: DOR Film.

Herzog, Dagmar (2005). Die Politisierung der Lust. Sexualität in der deutschen Geschichte des 20. Jahrhunderts. München: Siedler.

Herzog, James (1982). Welt jenseits von Metaphern. Überlegungen zur Transmission des Traumas. In: Martin S. Bergmann, Milton E. Jucovy & Judith S. Kestenberg (Hg.) (1995). Kinder der Opfer – Kinder der Täter. Psychoanalyse und Holocaust. Frankfurt a. M.: Fischer, S. 127–146.

Herzog, James (1996). Übermittlung eines Traumas: Unbewusste Phantasie und deren Auslösung durch die äußere Realität, mit besonderer Rücksicht auf den Holocaust. In: Psyche 50, S. 548–563.

Heyne, Claudia (1993). Täterinnen: Offene und versteckte Aggression von Frauen. Zürich: Kreuz.

Hilberg, Raul (1982). Die Vernichtung der europäischen Juden. Berlin: Olle und Wolter.

Hilgers, Micha (1997). Scham. Gesichter eines Affekts. Göttingen: Vandenhoeck & Ruprecht.

Hochadel, Oliver (2002). Die Lungen des ›erwählten Volkes‹ sind rein. Blitzkrieg gegen den Krebs. In: Freitag 13, 12. 3. 2002. Im Internet verfügbar unter: www.freitag.de/2002/13/02131702. php#top.

Hoffman, Kay (1996). Das Arbeitsbuch zur Trance. München: Hugendubel.

Hoffmann, Bernward (2003). Medienpädagogik. Eine Einführung in Theorie und Praxis. Paderborn: Schöningh.

Holzer, Tilman (2002). Globalisierte Drogenpolitik. Die protestantische Ethik und die Geschichte des Drogenverbotes. Berlin: VWB.

Hopper, Earl & Anne Weyman (1977). Große Gruppen aus soziologischer Sicht. In: Lionel Kreeger (Hg.). Die Großgruppe. Stuttgart: Klett, S. 154–183.

Horkheimer, Max & Theodor Adorno (2001). Dialektik der Aufklärung. Frankfurt a. M.: Fischer Tb.

Hultberg, Peer (1987). Scham – eine überschattete Emotion. In: Analytische Psychologie 18, S. 84–104.

Jens, Walter (1966). Im Stile eines schlechten Predigers, in: DIE ZEIT Nr. 32, S. 13 f.

Jünger, Ernst (1978): In Stahlgewittern. In: Sämtliche Werke. Bd. 1: Tagebücher I. Der Erste Weltkrieg. Stuttgart: Klett, S. 9–300.

Jünger, Ernst (1979): Strahlungen I. In: Sämtliche Werke. Bd. 2: Tagebücher II, Stuttgart: Klett, S. 9–492.

Jünger, Ernst (1980 a). Der Kampf als inneres Erleben. In: Sämtliche Werke. Bd. 7. Stuttgart: Klett, S. 11–103.

Jünger, Ernst (1980 b). Über den Schmerz. In: Sämtliche Werke. Bd. 7. Stuttgart: Klett, S. 143–191.

Jung, Carl Gustav (1931/1969, 1985). Die Lebenswende. In: Gesammelte Werke. Bd. 8: Die Dynamik des Unbewußten. Hg. von Marianne Niehus-Jung / Lena Hurwitz-Eisner/Franz Riklin u. a. Olten: Walter, S. 425–442.

Jung, Carl Gustav (1971). Gesammelte Werke. Bd. 11: Zur Psychologie westlicher und östlicher Religion. Hg. von Marianne Niehus-Jung / Lena Hurwitz-Eisner / Franz Riklin u. a. Olten: Walter.

Jureit, Ulrike (1998). Flucht und Ergreifung. Übertragung und Gegenübertragung in einem lebensgeschichtlichen Interview. In: BIOS 11.2, S. 229–241.

Jureit, Ulrike (2000). Patterns of Repetition: Dimensions of Biographical Memory. In: Trauma Research Newsletter 1. Hamburg Institute for Social Research. Im Internet verfügbar unter: www.traumaresearch.net/focus1/jureit.htm.

Kächele, Horst (1970). Der Begriff »psychogener Tod« in der medizinischen Literatur. In: Zeitschrift für Psychosomatische Medizin und Psychoanalyse 16, S. 105–129; 202–222.

Kaiser, Wolf (1997). Rundfunk. In: Wolfgang Benz, Hermann Graml & Hermann Weiß (Hg.). Enzyklopädie des Nationalsozialismus. München: dtv, S. 707 f.

Kaplan-Solms, Karen & Mark Solms (2003). Neuro-Psychoanalyse. Eine Einführung mit Fallstudien. Stuttgart: Klett-Cotta.

Keats, John (1958). The Letters of John Keats 1814–1821. Bd. 1. Cambridge: Harvard University Press.

Kemper, Wolf-Reinhard (2003). Pervitin – die Endsieg-Droge? Wach und leistungsstark durch Metamphetamin. In: Werner Pieper (Hg.). Nazis on Speed. Drogen im 3. Reich. Bd. 1. Löhrbach: Edition Rauschkunde, S. 122–133.

Kernberg, Otto F. (2006). Borderline-Störungen und pathologischer Narzissmus. 13. Aufl. Frankfurt a. M.: Suhrkamp.

Kittler, Erika (1999). Ophelia und Hamlet: Täterkinder, die nicht erwachsen werden. Die Bedeutung der Adoleszenz im Prozess der Transmission über Generationen. In: Georg Fiedler & Reinhard Lindner (Hg.). So hab ich doch etwas in mir, das Gefahr bringt. Göttingen: Vandenhoek & Ruprecht, S. 66–98.

Klenke, Dietmar (1999). Musik. In: Hans-Jürgen Pandel & Gerhard Schneider (Hg.). Handbuch Medien im Geschichtsunterricht. Schwalbach: Wochenschau Verlag, S. 407–450.

Klimó, Árpád von & Malte Rolf (2003). Rausch und Diktatur. Bericht der Tagung an der Humboldt-Universität Berlin, 6./7. 12. 2002. Im Internet verfügbar unter: http://hsozkult.geschichte.hu-berlin.de/tagungsberichte/id=159.

Klötzer, Marion (2005). Dunkle Flecken, aufgehellt. »Glücklich ist, wer vergisst …«: Erinnerungs-Stücke des Freiburger Cargo-Theaters. In: Badische Zeitung vom 27. 9. 2005, S. 26.

König, Hans-Dieter (1990). Hitlers charismatische Masseninszenierungen. Eine sozialpsychologische Interpretation im Anschluss an Max Weber und Sigmund Freud. In: Kultur Analyse 1/1990, S. 142–179.

König, Hans-Dieter (1997 a). Unfreiwillige Vorurteilsproduktion im politischen Unterricht. In welche Falle eine Lehrerin trotz guter Absichten aufgrund einer uneingestandenen Gefühlsambivalenz tappte. In: Gegenwartskunde 46.1, S. 73–82.

König, Hans-Dieter (1997 b). Tiefenhermeneutik als Methode kultursoziologischer Forschung. In: Ronald Hitzler & Anne Honer (Hg.). Sozialwissenschaftliche Hermeneutik. Opladen: Leske + Budrich.

König, Hans-Dieter (2001). Ein Neonazi in Auschwitz. Psychoanalytische Rekonstruktion exemplarischer Szenen aus einem Dokumentarfilm über Rechtsextremismus. In: Forum Qualitative Sozialforschung / Forum Qualitative Social Research (Online Journal) 2.3. Im Internet verfügbar unter: www.qualitative-research.net/fqs-texte/3-01/3-01koenig-d.pdf.

König, Hans-Dieter (2003). Tiefenhermeneutik. In: Ralf Bohnsack, Winfried Marotzki & Michael Meuser (Hg.). Hauptbegriffe Qualitativer Sozialforschung. Ein Wörterbuch. Opladen: Leske + Budrich, S. 156–158.

Kohlberg, Lawrence (1995). Die Psychologie der Moralentwicklung. Frankfurt a. M.: Suhrkamp.
Körner, Jürgen (2000). Regression – Progression. In: Wolfgang Mertens & Bruno Waldvogel (Hg.). Handbuch psychoanalytischer Grundbegriffe. Stuttgart: Kohlhammer, S. 603–609.
Kraft, Hartmut (2004). Tabu. Magie und soziale Wirklichkeit. Düsseldorf: Walter.
Kreeger, Lionel (Hg.) (1977). Die Großgruppe. Stuttgart: Klett.
Krumm, Volker & Kirstin Eckstein (2003). »Geht es Ihnen gut oder haben Sie noch Kinder in der Schule?« Über Lehrerverhalten, das Schüler und manche Eltern krank macht. In: Ewald J. Brunner, Peter Noack, Günther Scholz & Ivonne Scholl (Hg.): Diagnose und Intervention in schulischen Handlungsfeldern. Münster: Waxmann, S. 47–72.
Krystal, Henry (1968). Massive Psychic Trauma. New York: International University Press.
Künneth, Walter (1947). Der große Abfall – eine geschichtstheologische Untersuchung der Begegnung zwischen Nationalsozialismus und Christentum. Hamburg: Wittig.
Leithäuser, Thomas (1989). Psychoanalytische Sozialforschung oder ›wilde‹ Psychoanalyse? In: Psychoanalytisches Seminar Zürich (Hg.). Die Gesellschaft auf der Couch. Psychoanalyse als sozial-wissenschaftliche Methode. Frankfurt a. M: Athenäum, S. 11–32.
Leithäuser, Thomas & Birgit Volmerg (1979). Anleitung zur empirischen Hermeneutik. Psychoanalytische Textinterpretation als sozialwissenschaftliches Verfahren. Frankfurt a. M.: Suhrkamp.
Leithäuser, Thomas & Birgit Volmerg (1988). Psychoanalyse in der Sozialforschung. Opladen: Leske + Budrich.
Lenz, Siegfried (1988). Am Rande des Friedens. Dankesrede zur Verleihung des Friedenspreises des deutschen Buchhandels. In: Ders. (1992). Über das Gedächtnis: Reden und Aufsätze. Hamburg: Hoffmann und Campe, S. 85–103.
Leuzinger-Bohleber, Marianne & Rolf Pfeifer (1998). Erinnern in der Übertragung – Vergangenheit in der Gegenwart? Psychoanalyse und Embodied Cognitive Science: Ein interdisziplinärer Dialog zum Gedächtnis. In: Psyche 52, S. 884–918.
Lewis, Michael (1993). Scham. Annäherung an ein Tabu. Hamburg: Kabel.
Lorenzer, Alfred (1970). Sprachzerstörung und Rekonstruktion. Frankfurt a. M.: Suhrkamp.
Lorenzer, Alfred (1986). Tiefenhermeneutische Kulturanalyse. In: Ders. (Hg.). Kultur-Analysen. Psychoanalytische Studien zur Kultur. Frankfurt a. M.: Suhrkamp, S. 11–98.
Main, Tom (1977). Zur Psychodynamik großer Gruppen. In: Lionel Kreeger (Hg.). Die Großgruppe. Stuttgart: Klett, S. 50–80.

Mann, Golo (1958). Deutsche Geschichte des 19. und 20. Jahrhunderts. Frankfurt a. M.: S. Fischer.

Maré, Patrick de (1977). Die Politik großer Gruppen. In: Lionel Kreeger (Hg.). Die Großgruppe. Stuttgart: Klett, S. 140–153.

Markowitsch, Hans (2000). Die Erinnerung von Zeitzeugen aus der Sicht der Gedächtnisforschung. In: BIOS 13.1, S. 30–50.

Markowitsch, Hans (2002). Autobiographisches Gedächtnis aus neurowissenschaftlicher Sicht. In: BIOS 14.2, S. 187–201.

Marks, Stephan (1999). Es ist zu laut! Ein Sachbuch über Lärm und Stille. Frankfurt a. M.: Fischer Tb.

Marks, Stephan (2003). War der Nationalsozialismus eine ›hypnotische‹ Bewegung? Wenn ja, wirkt das heute noch nach? In: Hypnose und Kognition 20, S. 187–202.

Marks, Stephan (2010). Die Würde des Menschen oder Der blinde Fleck in unserer Gesellschaft. Gütersloh: Gütersloher Verlagshaus.

Marks, Stephan (2011). Scham – die tabuisierte Emotion. Ostfildern: Patmos (3. Aufl.).

Marks, Stephan & Heidi Mönnich-Marks (2008). Nationalsozialismus und Schamabwehr. In: Psyche 62, 9/10 (Sonderheft »Beschämung, Ressentiment, Vergeltung«), S. 1015–1038.

Marks, Stephan & Wilhelm Schwendemann (2003). Was (und wie) lernen wir aus der Geschichte? Eine Befragung von Hauptschülerinnen und Hauptschülern zum Unterrichtsthema ›Nationalsozialismus‹. Ergebnisse einer Pilotstudie. In: Wilhelm Schwendemann & Stephan Marks (Hg.). Aus der Geschichte lernen? – Nationalsozialismus und Antisemitismus als Unterrichtsthema. Bd. 1. Münster: LIT, S. 187–210.

Melzer, Wolfgang (2001). Schulkultur und ihre Auswirkung auf Gewalt. In: Roland Eckert u. a. (Hg.). Demokratie lernen und leben. Eine Initiative gegen Rechtsextremismus, Rassismus, Antisemitismus, Fremdenfeindlichkeit und Gewalt. Bd. 1: Probleme – Voraussetzungen – Möglichkeiten. Weinheim: Freudenberg-Stiftung, S. 127–168.

Miller, Alice (1983). Du sollst nicht merken. Frankfurt a. M.: Suhrkamp.

Mitscherlich, Alexander und Margarete (1988). Die Unfähigkeit zu trauern. München: Piper.

Moscovici, Serge (1984). Das Zeitalter der Massen. Eine historische Abhandlung über die Massenpsychologie. München: Hanser.

Neckel, Sighard (1991). Status und Scham. Zur symbolischen Reproduktion sozialer Ungleichheit. Frankfurt a. M.: Campus.

Neumann, Erich (1974). Ursprungsgeschichte des Bewußtseins. Olten: Walter.

Neumann, Franz (1942/1977). Behemoth. Struktur und Praxis des Nationalsozialismus 1933–1944. Köln/Frankfurt a. M.: Europäische Verlagsanstalt.

Noack, Paul (1998). Ernst Jünger. Eine Biographie. Berlin: Alexander Fest.
O'Hanlon, William Hudson (1995). Eckpfeiler. Grundlegende Prinzipien der Psychotherapie und Hypnose Milton H. Ericksons. Salzhausen: iskopress.
Panksepp, Jaak (2003). Neuroscience: Feeling the Pain of Social Loss. In: Science 302, S. 237–239.
Patzlaff, Rainer (1988). Medienmagie und die Herrschaft über die Sinne. Stuttgart: Freies Geistesleben.
Pieper, Werner (2002 a). Drogenstatistiken und -handel in der 1. Hälfte des 20. Jahrhunderts. In: Ders. (Hg.). Nazis on Speed. Drogen im 3. Reich. Bd. 1. Löhrbach: Pieper and the Grüne Kraft, S. 41–54.
Pieper, Werner (2002 b). Das Drogenbroblem – ein Erbe der (Vor-)Väter. Ein Vorwort. In: Ders. (Hg.). Nazis on Speed. Drogen im 3. Reich. Bd. 1. Löhrbach: Pieper and the Grüne Kraft, S. 9–17.
Prengel, Annedore (2002). »Ohne Angst verschieden sein« – Mehrperspektivische Anerkennung von Schulleistungen in einer Pädagogik der Vielfalt. In: Benno Hafeneger, Peter Henkenborg & Albert Scherr (Hg.). Pädagogik der Anerkennung. Grundlage, Konzepte, Praxisfelder. Schwalbach: Wochenschau Verlag, S. 203–221.
Prengel, Annedore & Friederike Heinzel (2003). Anerkennungs- und Missachtungsrituale in schulischen Geschlechterverhältnissen. In: Christoph Wulf & Jörg Zirfas (Hg.). Innovation und Ritual. Jugend, Geschlecht und Schule. (Zeitschrift für Erziehungswissenschaft 6.2.) Opladen: Leske + Budrich, S. 115–128.
Randall, William (2004). From computers to compost: Rethinking our metaphors for memory. In: Theory & Psychology 17, S. 611–633.
Ranke-Graves, Robert von (1987). Griechische Mythologie. Quellen und Deutung. Reinbek b. Hamburg: Rowohlt Tb.
Rau, Johannes (2005). Zukunft entsteht aus Erinnerung. In: Aufbau 1, S. 5.
Rauschning, Hermann (1940). Gespräche mit Hitler. New York/Zürich: Europa.
Rehmann, Jan Christoph (1980). Die Behandlung des Ideologischen in marxistischen Faschismustheorien. In: Argument Sonderband 60. Berlin, S. 13–43.
Rost, Wolf-Detlef (2001). Psychoanalyse des Alkoholismus. Theorie, Diagnostik, Behandlung. Stuttgart: Klett-Cotta.
Rushdie, Salman (1990). Scham und Schande. München: Piper.
Saint-Exupéry, Antoine de (2006). Der Kleine Prinz. 63. Aufl. Düsseldorf: Karl Rauch.
Sauer, Michael (1996). Lieder im Geschichtsunterricht. In: Geschichte lernen 50, S. 4–10.
Schacter, Daniel (2001). Wir sind Erinnerung. Gedächtnis und Persönlichkeit. Reinbek b. Hamburg: Rowohlt Tb.
Schill, Wolfgang (1998). Auditive Medien im Unterricht. Ein medienpädagogischer Orientierungsrahmen. In: medien praktisch 1/1998, S. 19–23.
Schmidbauer, Wolfgang (1977). Selbsterfahrung in der Gruppe. Theorie, Praxis, Ergebnisse. München: List.

Schmidt, Axel (2000). Tabu. In: Bernhard Streck (Hg.). Wörterbuch der Ethnologie. Wuppertal: Peter Hammer, S. 252–255.

Schmidt-Lellek, Christoph (2002). Narzisstischer Machtmissbrauch. Grenzgänge und Grenzverletzungen in der therapeutischen Beziehung. Vortrag auf der Drei-Länder-Tagung der Schweizerischen Gesellschaft für Analytische Psychologie 7. 9. 2002 in Zug.

Schmitz, Rudolf (1983). Friedrich Wilhelm A. Sertürner und die Morphinentdeckung. In: Pharmazeutische Zeitung 128.25, S. 1350–1359.

Schneider, Christian, Cordelia Stillke & Bernd Leineweber (1997). Das Erbe der Napola. 2. Aufl. Hamburg: Hamburger Edition.

Schneider, Gerhard (1999). Filme. In: Hans-Jürgen Pandel & Gerhard Schneider (Hg.). Handbuch Medien im Geschichtsunterricht. Schwalbach: Wochenschau Verlag, S. 365–386.

Schore, Allan (1998). Early Shame Experiences and Infant Brain Development. In: Paul Gilbert & Bernice Andrews (Hg.). Shame. Interpersonal Behavior, Psychopathy, and Culture. New York u. a.: Oxford University Press, S. 57–77.

Schröder, Hartmut (2000). Das darf man einfach nicht! Interview mit Edith Kresta, in: taz 17. 7. 2000.

Schröder, Hartmut (2003). Tabu. In: Alois Wierlacher (Hg.). Handbuch Interkulturelle Germanistik. Stuttgart: Metzler, S. 307–315.

Schwarz, Christian (1994). Kollektiver Narzissmus. In: Rolf Haubl & Franziska Lamott (Hg.). Handbuch Gruppenanalyse. Berlin: Quintessenz, S. 243–253.

Sekretariat der Ständigen Konferenz der Kultusminister der Länder in der Bundesrepublik Deutschland (Hg.) (1997). Zur Auseinandersetzung mit dem Holocaust in der Schule. Ein Beitrag zur Information von Länderseite. Bonn.

Sichrovsky, Peter (1987). Schuldig geboren. Kinder aus Nazifamilien. Köln: Kiepenheuer & Witsch.

Signer-Fischer, Susy (1997). Symbolhandlungen. Ritus oder Zwang. In: Siegfried Mrochen, Karl-Ludwig Holtz & Bernhard Trenkle (Hg.). Die Pupille des Bettnässer. Heidelberg: Carl Auer, S. 164–185.

Simons, Daniel & Christopher Chabris (1999). Gorillas in our Midst: Sustained Inattentional Blindness for Dynamic Events. In: Perception 28, S. 1059–1074.

Singer, Margaret Thaler & Janja Lalich (1997). Sekten. Wie Menschen ihre Freiheit verlieren und wiedergewinnen können. Heidelberg: Carl Auer.

Skynner, Robin (1977). Die große Gruppe als Trainingsmethode In: Lionel Kreeger (Hg.). Die Großgruppe. Stuttgart: Klett, S. 220–244.

Spiegel, Miriam Victory (2005). Über Generationen. Weitergabe von Traumata in Familien von Shoah-Überlebenden. Vortrag in der Reihe *Erinnern aus zweiter Hand – Kultur der Erinnerung*, Freiburg, 10. 10. 2005.

Symington, Neville (1999). Narzißmus. Neue Erkenntnisse zur Überwindung psychischer Störungen. Gießen: Psychosozial.

Tietel, Erhard (2000). Das Interview als Beziehungsraum. In: Forum Qualitative Sozialforschung / Forum Qualitative Social Research (Online Journal) 1.2. Im Internet verfügbar unter: www.qualitative-research.net/fqs-texte/2-00/2-00tietel-d.pdf.

Thürmer-Rohr, Christina (2002). Das Gewicht des Anderen. In: Freitag 26, 21.6.2002. Im Internet verfügbar unter: www.freitag.de/2002/26/02261101.php.

Turquet, Pierre (1977). Bedrohung der Identität in der großen Gruppe: Phänomenologie der Erfahrungen des Individuums bezüglich eines wechselnden Mitgliederstatus in einer großen Gruppe. In: Kreeger, Lionel (Hg.). Die Großgruppe. Stuttgart: Klett, S. 81–139.

Ullrich, Volker (2002). Ach, wie wir gelitten haben. Der alliierte Bombenkrieg war nie ein Tabuthema. In: DIE ZEIT 52. Im Internet verfügbar unter: www.zeit.de/archiv/2002/52/S_45_Glosse.

Ulonska, Ulrich (1990). Suggestion der Glaubwürdigkeit. Untersuchungen zu Hitlers rhetorischer Selbstdarstellung zwischen 1920 und 1933. Ammersbek: Lottbek Jensen.

Vaulont, Manuel & Stephan Marks (2009). Welche Emotionen haben Schüler zu Deutschland und seiner Geschichte? Eine Pilotstudie. Freiburg i.Br. (unveröffentl. Manuskript).

Vogt, Irmgard & Sebastian Scheerer (1989). Drogen und Drogenpolitik. In: Sebastian Scheerer & Irmgard Vogt (Hg.). Drogen und Drogenpolitik. Ein Handbuch. Frankfurt a. M.: Campus, S. 5–50.

Wagensommer, Georg (2003). Die Psychodynamik von Nationalsozialismus, Antisemitismus und Holocaust in der vierten Generation nichtjüdischer Deutscher. In: Wilhelm Schwendemann & Stephan Marks (Hg.). Aus der Geschichte lernen? – Nationalsozialismus und Antisemitismus als Unterrichtsthema. Bd. 1. Münster: LIT, S. 43–171.

Walden, Jesco von (1960). … und morgen die ganze Welt. Die Verschwörung der braunen Paladine. Berlin (Ost): Kongress.

Weber, Max (1972). Wirtschaft und Gesellschaft. Hg. von Johannes Winckelmann. Tübingen: J. C. B. Mohr.

Weiss, Hanspeter (1990). Man kann das auch anders sehen – Hypnotherapie und die gezielte Veränderung von Sichtweisen. In: Bernhard J. M. Diehl & Theres Miller (Hg.). Moderne Suggestionsverfahren. Hypnose, autogenes Training, Biofeedback, neurolinguistisches Programmieren. Berlin: Springer, S. 158–168.

Welzer, Harald (1997). Verweilen beim Grauen. Essays zum wissenschaftlichen Umgang mit dem Holocaust. Tübingen: Edition diskord.

Welzer, Harald, Sabine Moller & Karoline Tschugnall (2002). »Opa war kein Nazi«. Nationalsozialismus und Holocaust im Familiengedächtnis. Frankfurt a. M.: Fischer Tb.

Wermke, Jutta (2001) (Hg.). Hören und Sehen: Beiträge zu Medien- und ästhetischer Erziehung. München: KoPäd-Verlag.

Whiteley, Stuart (1977). Die große Gruppe als Medium der Soziotherapie. In: Kreeger, Lionel (Hg.). Die Großgruppe. Stuttgart: Klett, S. 186–204.

Willi, Jürg (1991). Was hält Paare zusammen? Reinbek b. Hamburg: Rowohlt Tb.

Wimmer, Fridolin (1994). Das historisch-politische Lied im Geschichtsunterricht. Frankfurt a. M.: Peter Lang.

Wimmer, Fridolin (1996). »Unsere Fahne flattert uns voran«. Nationalsozialistische Lieder. In: Geschichte lernen 50, S. 55–58.

Wolf, Axel (2005). Charisma. Die außeralltägliche Gabe. In: Psychologie Heute 10, S. 20–27.

Wutka, Bernhard & Peter Riedesser (2000). Ernst Jünger: Heroisierung und Traumasucht. In: Wolfram Mauser & Carl Pietzcker (Hg.). Trauma. Freiburger Literaturpsychologische Gespräche. Jahrbuch für Literatur und Psychoanalyse. Bd. 19. Würzburg: Königshausen & Neumann, S. 151–163.

Wurmser, Leon (1997). Die Maske der Scham. Zur Psychoanalyse von Schamaffekten und Schamkonflikten. Berlin: Springer-Verlag.

Wurmser, Leon (2007). Scham, Schamabwehr und tragische Wahrheit. In: Stephan Marks (Hg.). Scham – Beschämung – Anerkennung. Münster: LIT, S. 19–32.

Zimbardo, Philip & Richard Gerrig (1999). Psychologie. Berlin: Springer.

Zimmer, Hans (2003). »Ich pirsche mich ans Publikum ran«. SPIEGEL-Gespräch. In: DER SPIEGEL 31, S. 142–144.

Bildnachweis

44 © Keystone / Getty Images
71 © Historical / Getty Images
85 © Landesarchiv Thüringen – Staatsarchiv Altenburg, Bildersammlung, Nr. 5112, Nr. 5113
111 © Bettmann / Getty Images
162 © Historical / Getty Images